경제학을 통해 세상을 이해하는 곳

유시민의 경제학 카페

돌베개

유시민의 경제학 카페

2002년 1월 28일 초판 1쇄 발행
2024년 1월 15일 초판 64쇄 발행

글쓴이 유시민
펴낸이 한철희
펴낸곳 주식회사 돌베개
등록 1979년 8월 25일 제406-2003-000018호
주소 (10881) 경기도 파주시 회동길 77-20 (문발동)
전화 (031) 955-5020
팩스 (031) 955-5050
홈페이지 www.dolbegae.co.kr
전자우편 book@dolbegae.co.kr
KDC 320.1
ISBN 89-7199-136-4 03320

편집 김수영·최세정·김윤정
인쇄·제본 상지사 P&B

유시민의 경제학 카페

경제학 카페를 열면서

"인생에 즐거운 일만 가득한 사람이 어디 있으랴." 이 '경제학 카페'를 지으면서 수도 없이 중얼거린 말이다. 1년이 넘는 기간 동안 먹고사는 데 꼭 필요한 일을 하느라 들어간 시간을 빼고 모든 여유를 쓸어 넣었으니, 이렇게라도 가끔씩 스스로를 위로하지 않을 수가 없었다. 여기서 다룬 주제들은 하나같이 간단치가 않다. 간단치 않은 문제를 간단하게 설명하려고 애썼지만 무척이나 힘이 부쳤다. 독자들이 과연 이 책에 쉽게 다가설 수 있을지도 알 수 없다. 그래서 머리말을 쓰는 지금도 이 말을 되뇐다.

경제학은 어려운 학문이다. 대학 강의실에서 가르치는 내용을 이해하는 것도 쉽지 않다. 신문 방송이 날마다 산더미처럼 쏟아내는 경제 뉴스를 제대로 알아듣기란 더욱 어렵다. 나름의 주장을 경제이론으로 뒷받침하는 일이야 말할 나위도 없다. "서당개 삼 년이면 풍월을 읊는다"는 속담은 통하지 않는다. 예컨대 나는, 강아지보다 지능이 훨씬 높았지만, 대학의 경제학과를 졸업한 뒤에도 여전히 신문의 경제면을 이해하지 못했다.

사실 경제학은 첫 대면부디 별로 마음에 들지 않았다. 벌써 23년이 지난 대학 초년생 시절의 일이다. 나는 그 이름에 '농촌'이라는 단어가 포함된 서클의 회원이었다. 농업문제를 가지고 공부와 토론을 하고 여름과 겨울방학에는 열흘씩 '농촌활동'을 했다. 모내기철과 추수철에도 며칠씩 수업을 빼먹고 노력봉사를 하러 갔다. 언제나 농민들의 노고에 감사해야 한다는 선배들의 '교시'(敎示)에 따라 논산 훈련소의 훈련병처럼 밥을 먹기 전에는 잠깐씩 묵상(默想)까지 하곤 했다.

햇볕이 좋은 어느 오후였다. 학생식당에서 우연히 점심을 함께 먹던 친구가 밥을 많이 남겼다. 여기서 실랑이가 시작되었다. "야, 밥 더 먹어." "그만 먹을래." "귀한 쌀을 왜 버려?" "반찬이 모자라서 그래." "내 반찬 더 줄게." "싫어." '서클 범생이' 기질이 발동한 탓으로 나는 기어코 썰렁한 훈계 한마디를 하고 말았다. "농민들의 노고를 생각해야지." 잠시 침묵이 흘렀다.

그러나 공부 잘하던 그 친구는 곧바로 카운터 펀치를 날렸고 무식한 나는 속수무책으로 얻어맞았다. "농민들을 위한다면 나처럼 해야 돼." "무슨 소리야?" "농민들이 잘 살려면 쌀값이 올라야지?" "그렇지!" "쌀값이 오르려면 수요가 늘어야지?" "맞아!" "수요가 증가하려면 소비가 늘어야지?" "그래서?" "나처럼 하는 사람이 많아야 소비가 늘 거 아니냐 그 말이야!" 기분은 나쁘지만 논리적으로는 맞는 것 같았다. 하지만 그냥 끝낼 수는 없었다.

"그래서 밥을 그렇게 버리는 거야?" "아니, 그건 아니구…." "그럼?" "미시적으로 보면 나한테 밥의 한계효용이 지금 제로가 되었거든. 여기서 더 먹으면 한계효용이 마이너스로 간다구. 그만 먹는 게 나로서는 합리적인 행동이야." 논리로는 도저히 그 친구를 대적할 수 없었다. 그래서 주먹으로라도 열세를 만회해 보려고 했다. 육탄전 일보 직전까지 갔던 그날의 작은 소동은 심상치 않은 분위기를 감지한 다른 친구들의 현명한 예방조처 덕분에 그 정도로 끝이 났다. 내가 내린 그 날의 결론은 이랬다. "경제학을 공부하면 인간성이 나빠진다."

어떤 가수는 "마음대로 안 되는 게 사랑이더라"고 노래했다. 어디 사랑만 그런가. 인생 그 자체가 그렇다. 너무 구질구질해서 자세히 설명할 수 없는 어떤 이유 때문에 나는 그로부터 몇 달 후 '인간성을 망치는 경제학'을 전공으로 선택했다. 그리고 어찌어찌 해서 겨우 졸업은 했지만 경제학 공부를 제대로 한 적이 없었던 만큼 경제학과 관련된 일로 밥을 벌어먹을 일은 없을 것이라고 생각했다. 그랬는데 엉뚱하게도 유럽까지 가서 또 경제학을 공부했고, 돌아와서는 시사평론가를 참

칭하면서 가끔씩 경제평론도 쓰게 되었다. 이 책을 보면 나를 잘 아는 친구들은 아마 이렇게 말할 것이다. "뜬금없는 짓을 참 잘도 하는 녀석이야."

내 직업은 '지식소매상'이다. 이 '경제학 카페'를 여는 것도 다 내 영업활동 가운데 하나다. '유시민의 경제학 카페'에 오면 경제학과 경제현상에 대한 정보와 지식을 얻을 수 있다. 하지만 이 카페가 경제에 대한 정보와 경제학 지식 그 자체를 파는 곳은 아니다. 미디어의 경제보도를 이해하는 데 필요한 정보는 인터넷에서도 얼마든지 얻을 수 있고 단행본 자습서도 숱하게 많이 나와 있다. 경제학 지식을 원한다면 경제학개론 교과서를 보면 된다.

'유시민의 경제학 카페'가 손님들에게 제공하려는 것은 경제학적 사고방식이다. 모든 경제학적 개념과 이론에는 나름의 철학적·사회적 배경이 있다. 어떤 이론이 교과서와 미디어에 등장할 정도로 널리 사용되는 것은 현실을 이해하고 설명하는 데 쓸모가 있기 때문이다. 철학적·사회적 배경과 용도를 알고 공부하면 무작정 공부하는 경우보다 훨씬 더 큰 재미를 느낄 수 있고 더 쉽게 이해할 수 있다. 일단 기본적인 흥미와 이해력을 기르고 나면 경제학적 정보와 지식을 스스로 해석하고 취사선택할 수 있다. 나는 '경제학 카페'의 손님들에게 맛있는 커피를 팔려는 게 아니라 커피를 맛나게 끓이는 방법에 관해 이야기를 하려는 것이다. 잘 될지는 모르겠으나 어쨌든 내 의도는 그렇다.

나는 우선 대학에서 전공이나 교양 과목으로 경제학개론 또는 경제학원론 강의를 듣는 학생들을 이 카페로 초대하고 싶다. 대학에서 쓰는 경제학 교재와 강의는 학생들을 주눅들게 만든다. 수학적 논증방법도 그러려니와 경제학의 토대를 이루는 철학과 사회적 배경에 대한 설명을 하지 않고 곧바로 미시적인 연습문제 풀이 기술을 가르치기 때문이다. 게다가 효용함수니 생산함수니 탄력성이니 하는 것들이 현실의 경제문제를 설명하는 데 어떻게 쓰이는지 설명이 부족하다. 경제학이 어떤 철학적 토대 위에 서 있으며, 그것이 실제 경제현상을 어디까지 얼마나 설명할 수 있는지, 그 장점과 한계를 알면서 공부하면, 무미건조하기 짝이 없어 보이는 수학적 개념과 모형에서도 사람 냄새를 맡을 수가 있다. 나는 초보 경제학도들이 이 카페에서 경제학 공부의 재미를 느껴 보기를 기대한다.

'유시민의 경제학 카페'에서는 경제학과 경제전문가를 야유하고 조롱하는 발언을 심심치 않게 들을 수 있다. 경제학개론을 가르치는 대학교수들이 기분이 나빠 학생들이 이 카페에 출입하는 것을 못마땅하게 여길지도 모른다. 그래도 할 수 없다. 나는 경제학과 일정한 거리를 두어야 경제학을 제대로 공부할 수 있다고 믿는다. 일정한 거리를 두기 위해서는 비판적 시선이 필요하다. 숲을 제대로 보려는 사람은 덜컥 숲 속으로 들어가는 일을 피해야 한다. 경제학 공부를 막 시작한 사람들을 이러한 위험에서 보호하는 가장 효과적인 수단이 바로 지배적인 경제이론에 대한 야유다. 또 농담과 야유도 마음놓고 할 수 없다면야 카페 분위기가 그 얼마나 썰렁할 것인가.

나는 또한 경제현상을 이해하고 싶지만 경제학 교과서를 펼치고 싶은 생각은 전혀 없는 분들을 '경제학 카페'에 초대하고 싶다. 극히 일부를 제외하면 이 카페에서 주고받는 이야기의 주제는 모두 미디어에 자주 등장하는 현실적인 문제들이다. 카페의 고객들은 경제문제가 신문 경제면에만 등장하는 것이 아니라는 것을 새삼 깨닫게 되실 것이다. 정치와 교육에서 환경오염과 마약, 매매춘, 부정부패에 이르기까지 경제학의 관점에서 다룰 수 없는 문제는 거의 없다. 한마디로 인간의 행위 가운데 경제적 선택행위가 아닌 것은 없다는 말이다. 나는 경제학에 대한 학문적 관심이 없는 독자들도 이 카페를 자주 출입하다 보면 더 깊이 있는 책도 스스로 읽게 될 것으로 믿는다.

나는 '지식소매상'으로서 언제나 상도덕을 지키려고 노력한다. 이 카페를 꾸미는 데 직접 가져다 쓴 책의 저자와 제목은 본문에 밝혀 두었다. 분위기를 내는 데 중요하게 활용한 책은 카페 고객들께도 권해드릴 만한 좋은 마음의 양식인지라

카페 출구 쪽에 진열해 두었다. '더 깊이 알고자 하는 독자를 위한 권장도서'라고 이름 붙인 목록이 바로 그것이다.

도서출판 돌베개 한철희 사장이 적지 않은 인세를 미리 준 것이 언제였던지 이젠 기억조차 가물가물하다. 매주 한 꼭지씩 원고를 보내도록 독촉을 게을리 하지 않은 김혜형 편집장께도 감사를 드려야 마땅하다. 그 두 분의 기다림과 채찍질이 아니었다면 이 책은 아직도 반쪽짜리 원고 상태로 컴퓨터에서 잠을 자고 있을 것이다. 여자 나이 마흔에 늦둥이를 낳도록 만든 원인 제공자가, 사후관리 책임을 게을리 하면서 틈만 나면 컴퓨터 앞에 들러붙는 걸 참고 보아준 아내에게도, 이 자리를 빌어 고마움을 표하고 싶다.

2002. 1.

유시민

차 례

제3부　시장과 세계

제1부

인간과 시장

경제학이 사람을 행복하게 할 수 있을까

경제학이 사람을 더 행복하게 만들 수 있을까? 경제학에 관심이 있는 사람이라면 한번쯤은 품어보았을 법한 의문이다. 결론부터 말하자. 경제학은 사람을 조금도 더 행복하게 만들어주지 못한다. 그런데 제대로 배운 경제학자는 좀처럼 이런 질문을 던지지 않는다. 이유가 뭘까? 경제학이 사람을 더 행복하게 만들지 못한다는 것을 처음부터 알고 있거나, 이런 의문을 품어볼 정신적 여유가 없기 때문이다.

경제학은 문턱이 아주 높다. "시작이 반"이라는 속담을 믿다가는 낭패보기 쉽다. "가다가 중지 곧 하면 아니 감만 못하다"는 말씀도 통하지 않는다. 시작은 아무 것도 아니며 가다가 중지하면 그만큼 이익일 수도 있다. 게다가 그 높은 문턱을 넘었다고 해서 '득도'(得道)의 경지에 들어서는 것도 결코 아니다. 고명하신 경제학 박사와 교수와 내로라 하는 경제연구소 전문가들이 철철이 내놓는 경제전망이라는 게 최소한 절반은 엉터리로 밝혀지는 데서 보듯, 경제학에서는 '득도'의 경지에 이르기가 거의 불가능하다. 그런 만큼 대부분의 경제학도들이 그 높은 문턱을 넘어 심오한 이론의 미로를 헤매는 동안 경제학과 행복 사이의 관계를 성찰해 볼 정신적 여유를 잃어버리는 것도 이해할 수 있는 일이 아니겠는가.

경제학에 관한 책을 쓰는 사람이 첫머리에서부터 비관적인 말씀을 해서 죄송하지만 어쩔 수 없다. 혹시라도 경제학의 바다를 '정복' 해 보겠노라 결심한 독자가 계시다면 그 무모한 야망을 접으시라는 충고를 드려야 하겠다. 바다를 속속들이 다 알 수는 없겠지만 수평선을 직접 목격하고 짠맛도 느껴보고 파도타기라도 한 번 함으로써 부분적으로라도 이해해 보겠다는 정도의 소박한 의욕이야 물론 탓할 일이 아니다. 하지만 그런 분들도 우선, 재미라고는 찾아보기 어려운 다음과 같은 문장을 이해해야 한다. 이건 우리나라 경제학 교과서로서는 썩 잘 쓴 책이라고 호평을 받는 교과서(이준구·이창용, 『경제학원론』 제1장)에서 뽑아낸 것인데, 사실 나라를 불문하고 대학에서 많이 팔리는 경제학 교과서 제1장에는 거의 똑같은 문장이 들어 있다.

잠깐, 경고 한마디. 독자들 가운데 경제학개론 수강생이 있다면 이 문장이 마음에 들지 않더라도 무조건 외워두는 것이 신상에 이롭다. 대학교 선생님들은 경제학개론 강의 중간고사에 다음과 같은 문제를 내는 수가 많기 때문이다. "경제학의 정의(定義)에 대해 논하시오." 이건 사실 황당한 요구다. 경제학이 뭔지 몰라서 배우러 온 학생들한테 겨우 열 다섯 시간 남짓(첫 시간은 대충 강의 소개로 때우고 중간에 공휴일이나 휴강 한 번 끼면 열심히 가르쳐도 그 정도밖에는 안 되는 것이 현실이다.) 강의를 하고서는 대뜸 그 어렵다는 학문이 무엇인지를 물으니 말이다. 이제 겨우 말귀나 알아들을 법한 유치원 아이더러 "인생이란 무엇인가" 논하라고 하는 거나 마찬가지 아닌가. 신앙심이 깊거나 도올 선생의 노자 강의에 심취한 학생 같으면, 경제학자란 족속들은 인생과 우주에 대해서 뭘 몰라도 한참 모르는 것들이라고 끌끌 혀를 찰 것이다. 그러나 어쨌든 이 문장은 경제학이 사람을 조금도 더 행복하게

해줄 수 없다는 무의식적인 고백을 담고 있기 때문에 깊이 음미해 볼 만한 가치가
있다.

경제학은 인간의 무한한 물질적 욕구를 충족시키기 위해 희소한 자원을 어떻게 활용
할 것인가를 연구하는 학문이다.

요즘에는 경제학자들도 계몽이 되어서 달라졌지만 자기가 자연법칙이나 진배
없는 '경제적 법칙'을 탐구하는 과학자라고 거들먹거리는 이가 옛날에는 무척 많
았다. 21세기에 들어선 지금까지도 그런 사람이 있다면, 거만하거나 무식하거나
또는 무식한 데다 거만하기까지 한 사람이라고 보면 된다. 왜 그런가? 지금 인용한
경제학의 정의를 깊이 음미하면 답을 알 수 있다.

이 문장이 담고 있는 메시지는 세 가지다. 첫째, 인간의 물질적 욕구는 무한하
다. 물론 이건 한물 간 생각이다. 인간은 밥만 먹고는 살 수 없는 고상한 동물이기
때문이다. 품위 있는 인간이 되려면 책을 읽어야 하고 영화도 봐야 하며 베토벤 콘
서트에 앉아 내려앉는 눈꺼풀하고 전쟁도 치러야 한다. 별 힘도 없이 욕만 먹는 시·
군·구 의회 의원을 하려고 돈을 물 쓰듯 하는 땅부자들을 보라. 남한테 인정받으려
는 정신적 욕구가 그 얼마나 강력한가. 그러니 이 말은 "인간의 물질적·정신적 욕
구는 무한하다", 또는 그냥 "인간의 욕구는 무한하다"로 고치는 것이 좋겠다.

둘째는 "자원은 유한하다"는 메시지다. 이건 틀림없는 사실이다. 자원이 무한
하다고 주장하는 정신나간 사람은 본 적이 없으니까.

세번째 메시지는 앞의 둘을 합치면 저절로 드러난다. '유한한 자원'을 가지고
'무한한 욕구를 충족'시키려면 '선택'이라는 걸 해야 한다. 쉽게 말해서 가진 돈이

1만 원뿐인데(유한한 자원) 하고 싶은 건 너무 많다고(무한한 욕구) 하자. 그 돈으로 무얼 할 것인가? 자장면을 한 그릇 먹고 비디오방에나 갈 것인지, 호프집에 가서 생맥주를 한 잔 때릴 것인지, 그도 저도 아니면 서울역 지하도의 노숙자에게 집어 줄 것인지, 여하튼 '선택'을 할 수밖에 없다. 이때 경제학자는 사람들이 어떤 선택을 하는지를 관찰한다. 그리고는 왜 저런 짓을 할까, 그걸 밝히느라고 불철주야 고민을 거듭한다. 경제학이 '선택에 관한 학문'이라는 건 이런 뜻이다.

그런데 경제학자에게 물어보자. "인간은 도대체 왜 욕구를 채우려고 할까요?" 대답은 뻔하다. "행복해지기 위해서." 그렇다면 유한한 자원의 양을 최대한 늘여서 더 많은 욕구를 채우면 사람은 그만큼 더 행복해지는 걸까? 사람들은 보통 그렇게 믿고 산다. 하지만 이건 착각에 불과하다.

알아듣기 쉽게 '돼지 같은 인간'이 하나 있다고 가정하자. 이 돼지 또는 인간은 처음에는 먹을 것만 있으면 행복했다. 그래서 열심히 일해서 먹어도 먹어도 남을 만큼 먹이를 많이 구했다. 막상 이렇게 되니까 돼지는 이제 먹을 것만 가지고는 행복을 느끼지 못한다. 문득 주위를 돌아보니 제가 싼 똥이 너무 더러워 기분이 나빠졌다. 돼지는 또 일해서 집을 깨끗이 수리하고 화장실을 만들었다. 그 다음에는 침대를 들여놓고 마누라도 구했다. 그런데도 돼지는 여전히 충분히 행복하지는 않았다. 룸살롱에 진출해서 날씬하고 예쁜 돼지와 춤도 추고 2차도 갔다. 그것마저도 곧 싫증이 난 돼지는 호화유람선을 타고 세계일주 여행을 한다. 유람선 안에서 돼지는 생각한다. 나는 정말 행복한가? 밤새 생각해 봤는데 그런 것 같기도 하고 아닌 것 같기도 했다. 도대체 돼지에게는 무슨 문제가 있는 것일까?

경제학자들이 좋아하는 '수학적 표현'을 끌어다 정리해 보자. 다음 방정식은 행복과 자원과 욕구의 양적 관련성을 매우 과격하게 단순화하여 나타낸 것이다.

$$\text{행복지수} = a\,\frac{\text{충족시킨 욕구의 양}}{\text{충족시키려는 욕구의 양}} \quad ;\ a\text{는 양}(+)\text{의 상수}$$

이 방정식이 말하려는 것은 아주 단순하다. 돼지가 얼마나 행복한지는 자기가 충족시키고자 하는 욕구 가운데 얼마만큼을 실제로 충족시키느냐에 좌우된다는 것이다. 돼지가 더 행복해지려면 이 '행복방정식'의 좌변이 커져야 한다. 그렇게 하기 위해서 돼지는 우변의 분자를 키웠다. 먹이, 화장실, 침대, 룸살롱, 세계일주는 다 그 수단이었다. 하지만 이건 아무짝에도 쓸모 없는 정력과 시간의 낭비에 불과하다. 그는 조금도 더 행복해질 수가 없다. 그 이유를 아는 데는 초등학교 고학년 수준의 수학만으로 충분하다. 자원의 양은 유한하기 때문에 그걸로 충족할 수 있는 욕구의 양 역시 유한하다. 방정식 우변의 분자는 유한한 크기라는 말이다. 그런데 충족시키고 싶은 욕구는 무한하다. 분모는 무한대라는 이야기다. 유한한 것을 무한한 것으로 나누면 뭐가 되나? 답은 0이다. 이건 '수학적 진리'다. 돼지가 새로운 그 무엇을 소유하고 소비할 때마다 느낀 행복은 '심리적 착각'에 불과하다. 수학적으로 볼 때 '무한한 욕망'을 가진 돼지의 행복지수는 언제나 0이다. 그가 지배하고 처분하고 소비하는 '자원의 양'은 아무런 영향도 주지 않는다. 어떤 경제학자가 아무리 절묘한 '선택'의 이론을 제시한다 할지라도 이 수학적 진리를 폐기하지는 못한다. 앞서 인용한 정의(定義)를 고수하는 한, 경제학은 사람을 조금도 더 행복하게 해줄 수 없는 것이다.

사람을 행복하게 만드는 일에서 경제학자는 성직자를 능가할 수 없다. 사기꾼이 아닌 성직자들은 누구나, 양(洋)의 동서(東西)와 시(時)의 고금(古今)과 그 종교의 이름을 불문하고, 돼지에게 욕구를 제한하라고 가르친다. 행복 방정식 우변의 분모를 무한대에서 어떤 유한한 크기로 제한하라는 것이다. 우변 분모에 무한 대신 유한한 크기가 들어서면 돼지는 가진 자원의 양이 아무리 적어도 0보다 높은 행복의 수준을 누리게 된다. 불교든 기독교든 제대로 된 모든 종교는 진정한 행복을 얻고 싶으면 탐욕을 버리라고 한다. 그렇게 하면 유한한 자기의 재산 일부를 가난한 이웃에게 나누어주고서도, 그 모든 것을 오로지 자기의 '무한한 욕망'을 채우는데 쓸 때보다 훨씬 더 행복해질 수 있다는 것이다. 이것은 종교적 진리인 동시에 수학적 진리이기도 하다.

정말 재미있는 현상이다. 수학적 방법을 애호하는 경제학자들이 이 수학적 진리를 외면하고 있으니 말이다. 그들은 사람을 행복하게 만드는 일은 성직자와 철학자에게 미루어버리고 자기네는 계속 '유한한 자원'으로 '무한한 욕구'를 최대한 충족하기 위한 '합리적 선택'을 찾는 일에 몰두한다. 욕구의 양을 제한함으로써 행복의 수준을 높이는 방법을 연구하는 것은 과학의 임무가 아니라는 것이 그들의 굳센 '과학적 신념'이다.

경제학이 선택에 관한 학문이라는 주장은 '일체의 가치판단이 배제된 객관적 정의'가 아니다. 경제학자들의 '주관적 신념'의 산물일 뿐이다. 하지만 시험을 봐야 하는 경제학도들은 그냥 그렇게 외워 두는 것이 좋다. 별로 긴 문장도 아니지 않은가. 경제학자들은 '종교적 진리'의 혐의를 받는 사안을 과학의 세계로 끌어들이는 것을 학문에 대한 모욕으로 간주하는 경우가 많다. 진리가 아닌 것을 진리처럼 받들어야 하는 괴로움은 모를 바 아니지만, 이런 경우에 대비해서 위로를 주는 말도 있으니 참을 만은 할 것이다. "진리는 교과서에 있지 않다."

하지만 경제학은 결코 호락호락한 학문이 아니며, 경제학자들 역시 쓸데없는 짓에 인생을 허비할 만큼 멍청하지 않다. 그들도 경제학이 물질을 연구하는 자연

과학이 아니라 인간과 인간의 행동, 인간 행동 사이의 관계를 연구하는 학문이라는 걸 너무나 잘 안다. 앞에서 인용한 경제학의 정의가 안고 있는 모순을 알고 있으며, 이 모순에서 벗어나는 확실한 해결책도 강구해 두었다. 그 해결책이란 경제학의 정의를 폐기하는 것이 아니라 철학적·이론적인 영역에서 인간의 본성을 그 정의에 맞게 바꾸는 오묘한 방책이다.

경제학자들은 자기가 연구 대상으로 삼는 인간이 어떤 존재인지를 나름대로 명확하게 규정했다. 경제학의 세계에서 삶을 영위하는 인간은 성직자나 철학자가 상대하는 인간이나 우리가 경험적으로 아는 인간과는 크게 다른 존재다. '경제인'(經濟人, homo economicus)이라는 이름표를 달고 있는 이 인간은 한 마디로 말해서 '자기의 쾌락을 극대화하는 데만 관심이 있는 이기적 인간'이다. 경제학자들은 보통 '이기적'이라는 말보다는 '합리적'이라는 멋들어진 표현을 선호하는 편이다. 앞서 인용한 책은 경제인에 대해서 다음과 같이 설명한다.

경제학에서는 개인이나 기업 등 모든 경제주체가 합리적이라는 기본 가정을 채택하고 있다. 경제학에서 설정하는 전형적인 인간형인 '경제인'의 특징은 바로 '합리성'(合理性, rationality)에서 찾아볼 수 있다. 합리성은 경제학에서 추구하는 올바른 선택의 전제 조건이다.

이게 무슨 말인지 단번에 알아차리는 사람이라면 경제학자로 대성할 자질이 있다. 전혀 이해하지 못하는 사람은 경제학개론 수강신청 철회를 신중하게 검토해 보기 바란다. 경제학 전공자 가운데, 이걸 정확하게 이해하지만 받아들일 수 없다고 생각하는 학생은 지금이라도 전공을 바꾸는 게 좋다. 무언가 알 듯도 하고 모를 듯도 한 독자라면 다음 해설이 도움이 될 것이다.

'합리성'이 '경제학에서 추구하는 올바른 선택의 전제조건'이라는 말을 뒤집어놓으면, '합리성'이 없는 사람은 경제학의 세계에서 다룰 수 없다는 뜻이 된다. 그러면 합리적인 인간이란 도대체 어떤 인간을 말하는 것일까?

첫째, 합리적 인간은 남이야 어찌 되든 전혀 신경을 쓰지 않고 오로지 자기의 이익만을 챙기는 데만 관심을 기울이는 철저히 이기적인 인간이다. 이러한 '합리적 인간'을 창조한 인물은 공리주의(功利主義, utilitarianism : 한글로만 쓰면 구분이 잘 되지 않아서 그런지 이것을 이기적 욕망 충족이 아니라 공동체의 이익을 추구한다는 의미의 公利主義로 착각하는 경우가 있으니 조심할 것! 功利主義는 공공의 이익과는 아무런 상관이 없는 개념이다.) 철학의 원조 제레미 벤담(J. Bentham)이다. 벤담이 창안한 '합리적 인간'은 오직 두 주인만을 섬긴다. 하나는 쾌락(행복, 즐거움, 만족 또는 효용)이요 다른 하나는 고통(불행, 괴로움, 고생 또는 비효용)이다. '합리적 인간'은 언제나 자기의 쾌락을 추구하고 자기의 고통을 회피하려 한다.

그럼 무엇이 쾌락이고 무엇이 고통일까? 그건 오직 '합리적 인간' 그 자신만 안다. 무엇이 나에게 얼마만한 쾌락 또는 고통을 주는지는 오로지 나 자신만 안다. 우리 어머니든 학교 선생님이든 대통령 할아버지든 국가정보원장이든, 나말고 그 어느 누구도 나를 대신해서 그런 판단을 내리거나 간섭할 수 없다는 말이다.

요즘 인기를 모으고 있는 신용카드 복권에 당첨되어 공돈 백만 원이 생겼다고 하자. 그 운수 좋은 사람은 그 돈으로 무얼 할까? 한글판 『국부론』을 사다가 밤새 읽는 사람이 없으란 법은 없다. 하지만 똑같은 일을 끔찍한 자기 학대 행위로 간주하면서 곧바로 단란주점으로 달려가 하룻밤을 즐겁게 지낼 '씩씩한 싸나이'도 있을 것이다. 숙원사업이던 콧대 세우기를 하러 성형외과 문을 두드릴 여자도 물론

Jeremy Bentham 제레미 벤담 (1748-1832)

벤담은 영국의 법학자 철학자로 18세기 말과 19세기 초에 걸쳐 활동했다. 그의 이름을 경제학의 역사에 새긴 책은 1789년에 나온 『도덕과 입법의 원리 서론』(An Introduction to the Principle of Morals and Legislation)이다. 벤담은 도덕적 선악의 기준을 외부적 규범이 아니라 인간의 본성에서 찾았다. 벤담에 따르면 삶의 목적은 행복을 추구하는 것이고 행복은 고통을 피하고 쾌락을 얻는 데 있다. 무엇이 쾌락이며 무엇이 고통인지를 판단하는 주체는 행복을 추구하는 개인이다. 사회의 행복은 개인의 행복을 합친 것이며 입법의 목적은 사회 전체의 행복을 증진하는 것이다. 이러한 생각은 '최대다수의 최대행복'이라는 표현으로 집약된다.

벤담의 공리주의는 매우 보수적인 정책을 요구한다. 국가는 누군가의 행복을 감소시킴으로써 다른 사람의 행복을 증진하려 해서는 안 된다. 예컨대 부자한테서 많은 세금을 거둬 빈민을 돕는 재분배정책은 부자의 행복을 감소시키고 빈민의 행복을 증진시킨다. 이때 감소한 부자의 행복과 증가한 빈민의 행복은 전적으로 주관적인 성격을 지니기 때문에 개인간 양적(量的) 비교를 할 수 없다. 이러한 정책이 사회 전체의 행복을 증진한다고 볼 수 없는 것이다.

그런데 후일 벤담은 스스로 이 원리에 중대한 수정을 가했다. 개인이 부유할수록 화폐의 한계효용이 감소하기 때문에 부자의 세금으로 빈민을 구제하면 사회 전체의 행복이 증가할 수 있다며 시장에 대한 정부의 개입을 옹호한 것이다. 그러나 '젊은 벤담'의 순수 공리주의에 철학의 왕관을 씌웠던 19세기 유럽의 왕과 관리들은 '늙은 벤담'의 절충적 공리주의를 차갑게 외면해 버렸다. 21세기인 지금도 보수적인 경제학자와 부자들 사이에서 여전히 철학의 왕으로 대접받는 벤담도 당연히 '젊은 벤담'이다.

있겠다. 모두가 저 나름으로 행복해지기 위해서다. 『국부론』과 폭탄주, 그리고 오똑한 콧대 가운데서 어느 것이 가장 큰 행복을 주는지를 객관적으로 판정하는 건 불가능하다. 똑같은 일도 어떤 사람에게는 기쁨을 주지만 다른 사람에게는 고통이 된다. 독서광과 술주정뱅이와 성형미인은 '합리적 경제인'이라는 점에서는 전적으로 평등하다. 이런 멋진 평등의 신세계가 바로 경제학의 세계다.

둘째, '합리적 인간'은 효율성을 추구한다. 여기서 효율성이란 최소의 비용(또는 투입)으로 최대의 성과(산출)를 얻는 것을 의미한다. 시험공부를 예로 들자. 똑같은 시간과 똑같은 액수의 과외비를 들여 공부를 하는 경우 '효율적'으로 공부한 수험생은 더 높은 점수를 받는다. 일정한 점수를 목표로 하는 경우, '효율적'으로 공부하는 학생은 최소의 시간과 과외비를 쓴다. 서로 다른 시간과 과외비를 들인 경우라면 수능 점수를 시간적·금전적 비용이라는 투입량으로 나눈 값이 높을수록 효율적이다.

합리성은 윤리 도덕과는 아무 상관이 없다. 오로지 자기 자신의 행복에만 관심이 있고, 주어진 조건 아래서 언제나 최소의 비용으로 최대의 성과를 얻으려고 노력하는 사람, 이것이 바로 '합리적 경제인'이다. 경제학은 이런 인간을, 그리고 바로 이런 인간만을 연구 대상으로 하는 학문이다. 합리적 경제인은 소비자로서 제한된 소득을 지출하여 최대한의 만족을 얻기 위해 끊임없이 계산하고 선택한다. 기업인이라면 제한된 사업자금으로 최대의 이윤을 얻기 위해 불철주야 노력한다. 그가 서울역 지하도를 건너가다 쓰러져 누운 노숙자에게 세종대왕 한 장을 선사하는 경우에도 예외가 될 수 없다. 이것 역시 자기가 무언가 좋은 일을 했다는 심리적 만족을 얻기 위한 '소비 행위'로 본다는 말이다.

이제 '합리성'의 개념을 다시 정리해 보자. 무엇이 쾌락이고 무엇이 고통인지 스스로 가장 잘 아는 개인이 자기가 가진 제한된 자원으로 최대한 욕망을 충족시키기 위해 내리는 이기적인 선택은 언제나 '합리적'이다. 경제학에서 '합리적'이라는 표현은 단지 그런 의미일 뿐 사회적으로 바람직하다거나 윤리적으로 정당하다는 걸 의미하지 않는다. 이걸 오해하면 절대 안 된다.

우리 정치인과 언론인들은 '국민들의 과소비(過消費)'를 즐겨 질책하는데, 그들이 그러는 거야 이론적으로 무지해서 그러려니 눈감아줄 수 있다. 하지만 텔레비전 토론에 나와서 과소비를 입에 올리는 경제학자는 기초가 박약한 얼간이거나, 아니면 기존의 경제학을 전면적으로 부정하는 혁명적 발상의 소유자, 둘 가운데 하나임에 분명하다. 자기의 소득 가운데 얼마를 어디에다 쓰든지간에, 그건 언제나 그 개인의 취향과 계산에 따른 '합리적 선택'일 뿐이다. 이걸 부정하면 국가권력이 국민 개개인의 소비 행위에 대해 이건 하라 저건 말라고 간섭을 하거나 명령을 내려야 하는데, 시장경제와 민주주의를 기본질서로 채택하는 민주주의 사회에서 이런 것은 용납할 수 없는 반체제 행위로 간주해 마땅하다.

편리한 수학적 기법을 좋아하는 현대의 경제학자들은 이와 같은 공리주의 철학을 '효용함수'(效用函數, utility function)라는 것에 담아놓았다. 가장 단순하게는 $U=f(C)$로 표기하는 효용함수는 행복의 수준(U, utility)과 재화 소비량(C, consumption) 사이의 관계를 수학적으로 표현한 것이다. 대학에서 경제학개론 강의를 듣거나 혼자서 개론서를 읽는 사람들이 첫번째로 만나는 수학적 표현이 바로 이 효용함수다. 일반적으로 쓰는 효용함수는 다음과 같은 의미를 담고 있다.

내가 재화를 소비해서 얻는 행복은 오직 나의 재화 소비량에 달려 있다. 나의 재화 소비량이 증가하면 나의 행복이 증가하고 소비량이 감소하면 행복도 감소한다. 나 아닌 다른 사람이 얼마만큼을 소비하느냐는 나의 행복에 전혀 영향을 미치지 않으며 나의 소비량 또한 다른 사람의 행복에 전혀 영향을 주지 않는다.

나의 행복은 오로지 내가 얼마만큼 소비하느냐에 달려 있을 뿐 내 친구나 이웃 사람의 소비량과는 아무 상관이 없다는 말이다. 그런데 정말 그럴까? 예컨대 내가 하루 두 끼밖에 먹지 못하는데 이웃 사람은 모두 세 끼에다 새참까지 먹는 경우와, 누구나 똑같이 두 끼를 먹는 경우, 그리고 남들은 한 끼도 변변히 먹지 못하는 가운데 나만 두 끼를 먹는 경우를 생각해 보자. 내가 두 끼 밥의 소비에서 얻는 만족은 이 세 경우에 모두 똑같을까? 우리는 그렇지 않다는 것을 안다. "사촌이 논을 사면 배가 아프다"는 속담이 있다. 사촌이 논을 사는데 왜 내 배가 아파야 할까? 그 이유는 시기심 또는 상대적 박탈감이다. 사촌이 논을 사서 잘 먹고 잘 사는 것이 나의 복통을 유발한다면, 그것은 일정한 양의 재화를 소비하는 데서 내가 얻는 만족이 다른 사람이 소비하는 재화의 양에 영향을 받는다는 것을 의미한다.

정반대의 경우도 얼마든지 생각할 수 있다. 내가 상다리가 휘어지게 잘 차린 밥상을 받는데 이웃들도 모두 그렇게 먹는다고 하자. 그러면 별 문제 없다. 그렇지만 우리 집 문간에 굶어 쓰러진 아이들이 있다고 한다면 이야기는 달라진다. 아마도 마음이 불편해서 그 진수성찬이 목구멍에 자꾸 걸리는 사람이 많을 것이다. 만약 내가 그 밥상을 굶주리는 아이들에게 내준다면 그렇게 하는 쪽이 더 행복하기 때문이다. 나는 나의 소비량을 줄이고 남의 소비량을 늘림으로써 더 행복해지는 것이다.

현실의 인간은 시기심과 동정심을 가진 존재다. 그는 언제나 이웃집 담장 너머를 흘끔거리면서 남이 어떻게 사는지를 살핀다. 그러나 경제학의 세계에서 인간은 언제나 혼자서 자기의 행복을 키우는 데만 관심이 있는 철두철미 이기적이고 고립된 존재다. 물론 경제학자들이 냉혈한이라 이렇게 된 것은 아니다. 그들이 이기적 인간을 경제 행위의 주체로 설정하는 것은 두 가지 이유 때문이다.

첫째는 '기술적 어려움'이다. 나의 행복이 나의 재화 소비량만이 아니라 남의 재화 소비량에도 영향을 받는다고 하면 너무나 복잡해서 분석을 위한 수학적인 모형(model)을 만들 수가 없다. 경제학의 모형을 만드는 데는 고려해야 할 변수가 모두 합쳐서 세 가지를 넘어서는 곤란하다. 변수가 둘이면 평면으로 보여줄 수 있고 셋이면 입체로 그릴 수 있지만 그보다 많으면 인간의 직관으로는 이해하기 어려운 단계에 들어가 버리기 때문이다.

둘째는 '평균적 인간'이라는 관념이다. 어떤 분야든 학문은 보편적인 존재를 연구 대상으로 삼는다. 현실에는 이타적 심성을 가진 사람이 많이 있다. 지하철 선로에 떨어진 일본인 취객을 구하려고 뛰어들었다가 함께 목숨을 잃었던 한국인 청년 이수현 씨의 경우가 대표적이다. 그가 이름도 얼굴도 모르는 일본인의 목숨을 구하려고 죽음을 무릅쓰고 뛰어든 것은 자기 자신의 행복만을 추구하는 '합리적 경제인'의 관점에서 보면 불합리하기 짝이 없는 행동이었다. 경제학자들은 이런 사람을 '평균적인 인간'이 아닌 '예외적인 사람', 달리 말해서 '이타주의적 효용함수'를 가진 사람으로 규정한다. 현해탄 양편에서 수많은 '평균적 인간'들이 그의 죽음을 두고 눈시울을 붉힌 것은 그가 이기적이고 합리적인 보통 사람이라면 할 수도 없고 또 하지도 않을 일을 했기 때문이다. 하지만 그의 행동이 아무리 아름다운 것이었다 할지라도 경제학은 이 예외적으로 '아름다운 청년'을 연구 대상으로 삼을 수는 없다. 경제학의 세계에서 인간은 이기적으로 생각하고 행동한다. 이것은 증명 없이 참으로 인정하는 명제, 즉 공리(公理, axiom)이다.

경제학자들이 만들어낸 수많은 정리(定理, theorem) 또는 이론들은 바로 '이기적 인간'이라는 공리를 토대로 삼아 엄정한 수학적 증명 과정을 거쳐 확립되었다. 그래서 이기적 인간의 '합리적 선택'이라는 표현의 배후에 놓인 '공리주의적 인간관'은 경제학이 딛고 선 철학적 토대를 이룬다고 할 수 있다. 경제학을 이해하려는 사람은 '자기밖에 모르는 이기적 인간'이 아무리 싫다고 해도 그런 느낌을 접어두어야 한다. 그리고 그러한 경제인이 강요에 의해서가 아니라 스스로 내리는 모든 종류의 경제적 선택은 '합리적'이라고 인정해야 한다. 그렇게 하지 않으면 '인간은 이기적 존재'라는 공리를 집터 삼아 만들어 올린 이론의 건축물도 전면적으로 거부해야 하기 때문이다. 그리고 '합리적'이라는 말은 사회적·윤리적으로 바람직하다는 식의 가치판단과는 아무 관계가 없다는 것을 잊지 마시기를 노파심에서 다시 한 번 강조해 둔다.

시장경제도 계획경제다

사회주의 혁명운동이 탄생한 19세기 이후 오랫동안 사람들은 '시장경제'와 '계획경제'를 놓고 대립해 왔다. 특히 1917년 볼셰비키혁명을 통해 러시아에 사회주의 계획경제가 출현하고 제2차 세계대전 직후 동유럽과 중국이 붉은 깃발로 뒤덮이자, 사회주의 세계의 지도자들은 '자본주의의 필연적 몰락'을 호언장담했다. 그러나 몰락의 운명을 맞은 것은 자본주의가 아니라 사회주의 계획경제였다.

그렇다면 이것을 '계획경제'에 대한 '시장경제'의 전면적인 승리라고 할 수 있을까? 그렇게 말할 수 없다. '계획경제'와 '시장경제'의 대결이라는 도식은 이데올로기적 과장에 불과하기 때문이다. 사실 모든 경제는 계획경제다. 아무도 '계획'을 세우지 않는 국민경제는 있을 수 없다. 1989년을 전후하여 벌어진 소련과 동유럽 사회주의의 몰락은 '계획경제' 일반이 아니라 '중앙통제식 계획경제'의 종말을 의미한다.

그러면 '시장경제'는 무엇인가? 그것은 '분권적 계획경제'의 다른 이름에 불과하다. 보통 말하는 '계획경제'와 '시장경제'가 다른 것은 국가와 기업과 가계가 세우는 서로 다른 계획들 사이의 관계가 다르기 때문이며, 사회적·기술적 분업을 조직하는 방식이 다르기 때문이다. '계획경제'는 중앙집권적이고 '시장경제'는 분권적이다.

앞에서 이야기한 것처럼 경제학의 세계에는 오로지 자기 자신의 행복에만 관심을 가지는 이기적 개인들이 산다. 하지만 그들은 해변의 모래알처럼 따로 굴러 다니는 존재가 아니다. 모두가 자기의 행복에만 관심이 있지만, 마찬가지로 자기의 이익만을 추구하는 다른 개인이 없으면 아무도 행복해질 수 없는 관계에 있다. 사람은 서로 의존함으로써만 생존할 수 있는 '사회적 존재'라는 말이다. 이러한 상호의존성을 만들어낸 것은 다름 아닌 분업(分業)이다. 사회주의 계획경제와 자본주의 시장경제의 대립이란, 사실은 사회적·기술적 분업을 조직하는 방법의 차이를 이념적으로 부풀린 데 지나지 않는다.

기독교 세계에 출현한 최초의 인간은 '아담'(Adam)이다. 경제학의 세계에서도 그렇다. 흔히 '경제학의 아버지'라고들 하는 아담 스미스(Adam Smith)는 경제학을 창시한 인물이며 따라서 최초의 경제학자라고 할 수 있다. 그는 '성서 이래 가장 중요한 문헌'이라는 『국부론』(An Inquiry into the Nature and Cause of the Wealth of Nations)을 써서 이런 지위를 획득했다. 『국부론』은 하도 자주 인용되기 때문에 경제학을 공부하는 사람들 중에는 한 번도 그 책을 읽지 않고서도 마치 읽은 것처럼 착각하는 사람이 아주 많다.

스미스는 경제학자이기 이전에 철학자였다. 경제학자로 유명해진 이후에도 그는 철학자의 면모를 잃지 않았다. 『국부론』에는 오늘날의 경제학개론서나 경제이론서와는 달리 방정식이나 그래프가 없다. 이런 것들은 재능 있는 경제학자들이 수학적 방법을 끌어들인 19세기 이후에야 경제학 서적에 등장했다. 철학자 스미스

Adam Smith 아담 스미스 (1723-1790)

스미스는 스코틀랜드 해안의 커콜디라는 작은 마을에서 세관원의 유복자로 태어났다. 라틴어와 수학 분야에서 뛰어난 재주를 보였던 스미스는 글래스고와 옥스퍼드 대학에서 공부했으며 에딘버러 대학의 도덕철학을 강의하면서 철학자로서 명성을 얻었다.

스미스는 1764년부터 3년간 돈 많은 백작부인 아들의 가정교사로서 그 귀공자와 함께 프랑스의 여러 도시를 여행했다. 이 여행에서 귀공자가 무엇을 배웠는지는 기록에 남아 있지 않지만 가정교사 스미스는 데이비드 흄과 달랑베르, 케네 등 당대의 걸출한 사상가들을 사귀면서 학문적 자양분을 흠뻑 섭취했다. 귀공자의 의붓아버지는 평생 동안 연금을 지급해 스미스의 학문 연구를 지원함으로써 『국부론』의 탄생에 큰 기여를 했다.

스미스는 국부(國富)를 "모든 국민이 해마다 소비하는 생필품과 편의품의 양"으로 규정한 혁신적인 주장을 제시함으로써 농업만이 부의 원천이라고 주장한 중농주의(重農主義)와 왕의 금고에 쌓인 귀금속의 양을 국부의 척도로 삼은 중상주의(重商主義) 등 낡은 사상의 토대를 일거에 무너뜨렸다. 오늘날 기득권을 옹호하는 데만 혈안이 된 보수적인 경제학자와 정치가들이 자기의 충실한 제자임을 자처하는 걸 알면 저승의 스미스는 아마 속이 편치 않을 것이다.

한때 파리 귀부인의 살롱을 드나들면서 여인들의 사랑을 받기도 했지만 스미스는 평생 독신으로 어머니와 함께 살았다. 깊은 생각에 빠져 허공을 쳐다보면서 정신나간 사람처럼 에딘버러 거리를 배회하곤 했던 이 위대한 철학자는, 미완성 원고와 자료를 모두 불태우도록 한 다음 약 3,000권의 장서와 "내가 한 일은 정말 조금밖에 없다"는 말을 남기고 세상을 떠났다.

는 자기의 시야에 들어온 당대의 경제적·사회적 현상을 풍부한 어휘와 명료한 문장으로 묘사하면서 그 현상들을 이끄는 법칙을 모두 말로 설명했다. 이런 대작은 요약하기조차 쉽지 않다. 그런데도 이 책을 단 한 단어로 압축하는 무모한 시도를 한다면 핵심단어는 단연 '분업'(分業)이다. '여러 국민의 부의 원인과 성질'을 연구한 끝에 그가 내린 결론은 이것이었다. "분업이 너희를 부유하게 하리라." 스미스는 이 결론을 분업이라는 제목을 단 『국부론』 제1편 제1장에 다음과 같이 제시했다.

번영하는 문명국의 가장 일반적인 수공업자 또는 날품팔이 노동자의 생활용품을 관찰해 보면, 그에게 이러한 생활용품을 제공하기 위해 노동을 조금이라도 투하한 사람의 수가 헤아릴 수 없을 만큼 많다는 것을 알게 될 것이다. 예컨대 날품팔이 노동자가 입고 있는 모직 상의는 비록 조잡해 보일지 모르지만 수많은 노동자들이 결합노동으로 만들어진 것이다. 양치기, 양모선별공, 소모공, 염색공, 방적공, 직포공, 끝손질공 등이 이 조잡한 생산물을 완성하기 위해 상이한 노동을 결합시켰음에 분명하다. 그밖에도 원료를 매우 먼 곳에 사는 다른 노동자에게 수송하는 데 얼마나 많은 상인과 운송인들이 관련되었던가! 세계의 먼 한 귀퉁이에서 오기도 하는 염색 약품을 운반하는 데 얼마나 큰 무역과 항해가 필요했으며, 얼마나 많은 선박제조업자와 밧줄제조업자가 필요했던가! … 수천 명의 도움과 협력 없이는 문명국의 가장 초라한 사람조차도 우리가 단순하다고 오해하고 있는 단순한 일상생활을 영위할 수 없을 것이다. 물론 부자들의 엄청난 사치에 비하면 그의 생활은 분명 매우 단순하다. 하지만 유럽의 왕과 근면 검소한 농민의 생활의 차이보다는 그 농민과 수만 명의 벌거벗은 야만인들의 생명과 자유를 절대적으로 지배하는 아프리카의 왕의 생활의 차이가 아마도 더 클 것이다.

문학작품을 방불케 하는 화려한 글에서 스미스가 말하고자 하는 것은 노동생산력의 눈부신 발전은 모두 분업 덕분이라는 사실이다. 현대 산업사회에서는 아무리 자잘한 일상용품이라도 그것을 자기 손으로 만드는 경우는 찾아보기 어렵다. 한 대의 자동차를 만드는 데는 수많은 나라의 수많은 기업이 만든 다채롭기 짝이 없는 원자재와 부품이 들어가며, 한 가지의 부품을 생산하는 데도 여러 가지 종류의 노동을 결합해야 한다. 분업을 포기하는 바로 그 순간 인간 사회는 돌도끼를 들고 짐승을 사냥하던 석기시대로 돌아가고 만다. 스미스는 분업의 효과를 설명하기 위해 유명한 못 제조공장의 사례를 들었다.

　　첫째 사람은 철사를 잡아늘이고 둘째 사람은 철사를 곧게 편다. 셋째 사람은 철사를 끊고 넷째 사람은 끝을 뾰족하게 하며 다섯째 사람은 머리를 붙이기 위해 끝을 문지른다. 머리를 만드는 데도 두세 개의 서로 다른 조작이 필요하다. 머리를 붙이는 것도 특수한 작업이며 못을 희게 만들고 종이로 싸는 것도 별도의 작업이다. … 그들은 가난하고 기계도 충분치 않았지만 힘써 일하면 … 10명이 하루 48,000개, 한 사람이 하루 4,800개의 못을 만들 수 있었다. 하지만 그들이 특별한 교육을 받지 않은 채 제각기 완성품을 만든다면 하루에 20개도 만들 수 없었을 것이며 아마 하루 하나도 만들기 어려웠을 것이다.

　　스미스는 분업이 생산력을 높이는 이유를 세 가지로 나누었다. 첫째, 각자 하나의 단순한 공정만을 담당하면 개별 노동자의 기교가 향상된다. 이른바 전문화 효과다. 둘째, 분업을 하지 않을 경우 한 작업에서 다른 작업으로 전환할 때 들어가는 시간의 손실을 막아준다. 셋째, 분업은 노동절약적인 기계의 발명과 기술혁신을 촉진한다.

그러면 왜 인간은 분업을 할까? 스미스의 말에 따르면 "분업은 인간의 지혜가 아니라 인간의 어떤 성향에서 매우 천천히 점진적으로 발생한 필연적 결과"다. 그 성향이란 "하나의 물건을 다른 물건과 거래하고 교환하는 성향"이다. 이런 성향이 본능 가운데 하나인지 아니면 이성과 언어의 속성에서 나오는 것인지는 알 수 없지만 어쨌든 인간이라면 누구에게서나, 그리고 오직 인간에게서만 나타나는 독특한 것으로서 다른 종류의 동물에게서는 찾아볼 수 없다. 예컨대 개 두 마리가 함께 한 마리의 토끼를 쫓는 일은 있지만 "어떤 개가 다른 개와 뼈다귀를 공정하게 의도적으로 교환하는 것을 본 사람은 아무도 없다."

교환은 재능과 환경이 다른 사람들이 어울려 사는 사회에서 자기가 원하는 것을 얻을 수 있는 유일한 방법이다. 내가 남에게서 내게 필요한 무언가를 얻고 싶다면 나는 그 대신 그가 원하는 것을 주어야 한다. 나에게 필요한 무엇을 손에 넣으려면 남에게 필요한 그 무엇을 만들어야 한다. 이처럼 '합리적 경제인'이 하는 일은 언제나 남을 위한 봉사가 아니라 자기의 행복을 위한 이기적 행동이다. 교환을 통해서 오로지 이기적 욕망의 충족만을 추구하는 개인들이 서로에게 도움을 주는 존재가 되는 것이다. 스미스는 이것을 다음과 같이 표현했다.

우리가 맛있는 식사를 할 수 있는 것은 정육점 주인과 양조업자와 빵집 주인의 자비심이 아니라 자기의 이익에 대한 그들의 관심 덕분이다. 우리는 그들의 인간성이 아니라 이기심에 호소하며 우리에게 무엇이 필요한지가 아니라 그들이 어떤 이익을 얻을 것인지를 이야기한다. 거지말고는 아무도 다른 사람의 자비에 전적으로 의존하지 않는다.

모든 사회는 분업사회다. 그러면 어디까지 분업이 이루어지는지를 결정하는 요인은 무엇일까? 그건 시장의 크기다. 여기서 시장의 크기란 교환이 이루어지는 공간적 범위가 아니라 교환의 규모를 의미한다. 교환에 참여하는 사람이 많을수록, 그들이 평균적으로 교환하는 재화와 서비스가 많을수록 시장은 커진다. 땅덩이가 크고, 인구가 많고, 소득이 높은 나라일수록 시장도 크다. 그리고 시장이 크면 클수록 분업의 정도는 높아지며 직업의 종류도 늘어난다.

오늘날 한국에는 약 4만 가지 직업이 있다고 하며, 우리는 예전에는 듣도 보도 못한 수많은 직업을 알고 있다. 예컨대 여행 전문 프리랜서가 그렇다. 걸어서 지구를 돌다시피 한 '바람의 딸' 한비야 씨를 보라. 대다수 국민이 헐벗고 굶주리면서 사는 나라에서는 여행을 하는 사람이 적어서 여행안내서를 필요로 하는 사람도 적다. 그런 곳에서는 여행안내서를 써서 먹고살 수 없기 때문에 여행 전문 프리랜서라는 직업은 생길 수가 없다. 한비야라는 씩씩한 여성이 지구 구석구석을 밟고 다니면서 자기 마음대로 살 수 있는 것은 우리 국민이 과거보다 더 잘 살게 되어서 한글로 된 여행 전문 서적을 구입하려는 사람이 많아졌기 때문이다. 시장이 커진다는 것은 다양한 재능과 취향과 인생관을 가진 사람들에게 더 나은 자아실현의 기회를 제공하는 축복이다.

미국에는 약 20만 가지의 직업이 있다고 한다. 이건 미국 사람들이 특별히 잘나서가 아니라 순전히 미국 시장이 큰 덕분에 가능해진 일이다. 분업 수준이 높은 큰 시장에는 일찍부터 한 분야를 파고들어 큰 성공을 거두는 '큰 인물'이 많이 나오게 마련이다. 빌 게이츠나 스티븐 스필버그 같은 인물이 왜 한국에서는 나오지 않느냐면서 우리나라에 문제가 많은 것처럼 한탄하는 이들이 많은데 그럴 필요 없다. '한글과 컴퓨터' 이찬진 사장이나 '서편제'의 임권택 감독이 미국에서 태어나

살았다면 능히 그만한 인물이 되었을 것이다. 예컨대 우리나라에서 10만 부가 팔린 소설을 쓴 작가는 영어권에서 태어났다면 수백만 부를 팔아 갑부가 되었을 것이다. 거대한 시장은 다양성이 꽃필 수 있는 가장 좋은 토양이다.

높은 수준의 분업이 이루어지는 고도 산업사회는 고등동물과 같다. 이 고등동물의 가장 중요한 특징은 서로 다른 신체부위 사이의 높은 상호의존성이다. 지렁이와 같은 하등동물은 두 토막으로 잘리면 잘린 부위가 각자 따로따로 기어간다. 하지만 사람 같은 고등동물은 손가락 하나만 잘려도 출혈을 많이 하면 죽는 수가 있다. 척추 마디 하나만 잘못되어도 남의 도움 없이는 생존할 수 없는 처지에 빠진다. 우리의 국민경제도 그렇다. 외환시장에서 벌어진 원화가치 폭락이 200만 실업자를 만들어내는 총체적 경제난으로 비화하고, 기아나 대우 같은 개별 기업의 부도가 국민경제 전체의 동요를 가져오며, 지하철 노조의 파업이나 의사들의 집단폐업이 시민생활을 단숨에 마비시키는 현실을 보라. 우리는 각자가 자기만의 행복을 추구하면서도 남의 행동에 전적으로 의존할 수밖에 없는 고도 분업사회에 살고 있는 것이다.

그런데 신기한 것은 수만 가지의 상이한 직업을 가진 수천만 명의 개인이 저마다 자기 자신을 위해서 자기의 일만을 하면서 사는데도 경제가 잘 돌아간다는 사실이다. 서울은 무려 1천만 명이 넘게 사는 괴물 같은 거대도시다. 특별히 머리를 싸매고 고민하는 사람이 아무도 없는데도 이 사람들이 먹고 마시고 입고 즐기는 모든 재화와 서비스가 공급된다. 이런 '기적'을 날마다 일으키는 주인공은 다름 아닌 시장(市場)이다.

이러한 고도 분업사회에서 이루어지는 모든 생산과 소비활동은 너무나 복잡해서, 그 누구도 이것을 전체적으로 조망하면서 계획하거나 통제할 수 없다. 한때 국가기구를 통해 사회의 생산활동을 효율적이고 체계적으로 조직할 수 있다고 믿은 사람들이 있었다. 그러나 그들이 시도했던 사회주의 실험은 참담한 실패로 끝났다. 그 실험은 고도 분업사회에서 이루어지는 수없이 다양한 경제활동을 유기적으로 연결할 수 있는 시스템은 '분권적 계획경제'인 시장경제밖에 없다는 것을 확인해 주었을 뿐이다.

다시 말하지만 '시장경제'는 계획 없는 경제체제가 아니다. 시장경제를 경제적 기본질서로 채택하고 있는 우리나라를 보라. 얼마나 많은 사람들이 계획을 세우는 데 골몰하고 있는가? 알뜰한 가정주부들은 꼼꼼하게 가계부를 쓰면서 식료품비와 아이들 학원비, 외식비와 남편의 용돈, 어버이날 선물 구입비 등등의 지출계획을 세운다. 제 정신을 가진 기업의 경영자라면 당연히 투자를 위한 자금조달 계획과 생산을 위한 인력채용 계획 따위를 미리미리 세울 것이다. 정부는 정부대로 세금을 얼마나 거두어서 언제 어떤 사업에 쓸 것인지를 계획해서 국회의 심의를 받는다. 흔히 개별 경제주체라고 하는 가계와 기업과 정부는 저마다 심사숙고를 거듭하면서 자기의 경제활동과 관련된 계획을 세우고 집행한다. 가계와 기업과 국가가 아무 계획도 없이 경제활동을 하는 경제체제는 상상할 수도 없다.

문제가 되는 것은 서로 다른 경제주체들이 세우고 집행하는 수없이 다양한 계획 사이의 상호관계다. '시장경제'에서는 서로 다른 경제주체의 다양한 계획이 시장 경쟁을 통해 유기적으로 연결되고 조직된다. 정부가 기업에 무엇을 어떻게 생산하라고 지시하거나 민간가계를 향해 밥상에 무슨 반찬을 올리라고 명령하는 따위의 일은 있을 수 없다. 반면 흔히 말하는 '계획경제'에서는 이런 다양한 경제주체가 세우는 계획을 시장이 아니라 국가가 연결하고 조정한다. 이 책 전체가 '분권적 계획경제'인 시장경제의 작동원리를 다루고 있기 때문에 여기서는 '중앙집권적 계획경제'만 집중적으로 살펴보자.

소련과 동유럽의 '중앙집권적 계획경제'는 고도 분업사회와는 조화를 이룰 수 없는 체제였다. 생산력 발전의 열쇠가 분업이라는 스미스의 견해가 옳다면 분업의 발전을 저해하는 체제에서는 생산력의 발전도 지체된다. 그리고 '과학적 사회주의'의 창시자 칼 마르크스의 말대로 생산력의 발전을 방해하는 경제체제는 필연적으로 무너지게 된다면, 사회주의 계획경제가 '제국주의의 침략'이 아니라 자체의 비효율 때문에 제풀에 주저앉고 만 것은 너무나도 자연스러운 일이다.

중앙통제식 계획경제는 왜 고도 분업사회에 맞지 않는 것일까? 이 질문에 대해서는 독일 프라이부르크 학파(Freiburger Schule)의 대부 발터 오이켄(Walter Eucken)이 『경제정책의 원리』라는 고전적 저작에서 한 설명을 요약 소개하는 것이 좋을 듯하다.

30명으로 이루어진 대가족을 생각해 보자. 그리고 1만 평의 땅에서 사급자족 경제를 운영하는 이 대가족을, 절대적 권위를 지닌 한 사람의 가부장이 이끈다고 하자. 가족 구성원 가운데 일할 수 있는 사람은 20명, 나머지는 어린이나 환자, 노약자들이다. 가부장은 계절에 따라 땅을 어떻게 나누어 무엇을 얼마나 심고 거두어야 하는지, 언제 어떤 가축의 축사를 새로 지어야 할지를 정확하게 알고 있을 뿐만 아니라, 농기구를 손질하고 퇴비를 만드는 따위의 일에 노동력을 어떻게 배치해야 좋은지도 모두 파악하고 있다.

하지만 이런 작은 가족경제에서도 계획을 잘못 세워서 문제가 발생하는 사태를 피할 수는 없다. 때로 들일을 할 손이 모자라는데 쓸데없이 나무를 베러 사람을 보낸다거나 쌀이 부족한데 감자를 너무 많이 생산하는 따위의 일이 벌어지는 것이다. 하지만 이런 건 별로 큰 문제가 아니다. 가부장은 언제든 오류를 바로잡을 수 있기 때문이다. 그는 한 뼘의 땅과 한 사람의 일손이 얼마나 귀중한지를 잘 알기 때문에 가족 구성원 개개인의 일이 서로 유기적으로 맞물려 필요한 재화와 서비스를 생산하도록 정밀한 계획을 짤 수 있다. 한마디로 일상적 경제활동의 과정을 성공적으로 조절할 수 있는 것이다. 한 사람의 가부장이 경제활동에 대한 모든 의사결정권을 행사하는 중앙통제식 계획경제는 이런 조건에서라면 훌륭하게 돌아갈 수 있다.

그러면 이제 수천만 명이 어울려 사는 거대한 고도 산업사회, 예컨대 서기 2001년의 한국을 생각해 보자. 그 사회에서는 2천만 명의 경제활동 인구가 수없이 다양한 작업에 투입된다. 그들은 모두 나름의 필요한 작업장비를 가져야 하는데, 그 장비는 어딘가 다른 공장에서 만들어진다. 원료와 부품도 마찬가지다. 그들이 일터 밖의 일상생활에서 필요로 하는 물건 역시 거의 전부 얼굴도 이름도 모르는 다른 어떤 사람이 생산한 것이다. 부두에는 수출용 자동차와 전자제품과 옷을 실은 컨테이너가 산더미처럼 쌓여 있고, 항만의 다른 곳에서는 수입업자들이 석유와 기계와 쇠고기를 나라 안으로 들여온다.

이 모든 사람들의 활동이 사회의 요구를 충족시키는 의미 있는 일이 되도록 하려면 누군가 개개인의 경제활동을 유기적으로 연결하고 조정해 주어야 한다. 여기에는 딴소리가 있을 수 없다. 그러나 누가 그 일을 할 것인가? 예컨대 국가가 한다고 하자. 그렇다면 그 국가를 경영하는 사람들은 다음과 같은 질문에 답을 주어야 한다.

올해 자동차를 몇 대나 만들어야 할까? 더 세부적으로는 버스와 승용차, 트럭을 각각 얼마나 생산해야 할까? 승용차 중에 대형과 중형, 소형의 비율은 어떻게 해야 할까? 금속을 필요로 하는 다른 산업까지 고려할 때 철강 생산량은 얼마나 되어야 하나? 여기에다 다른 수만 개의 기업과 2천만의 민간가계가 소비하는 전력과 석유는 얼마나 될까? 그리고 얼마만큼의 에너지를 어떤 기준에 따라 어떻게 분배해야 할까? 소비재는 어떻게 하나? 양복과 개량한복, 여성용 속옷과 남성용 속옷은 몇 벌을 만들며, 학생 신발과 성인용 남자구두, 여성용 하이힐은 몇 켤레가 있어야 하나? 그리고 그 모든 것을 생산하는 수만 개의 기업에 각각 얼마만큼의 노동력을 배치해야 할까? 서로 다른 산업과 기업에서 서로 다른 일에 종사하는 서로 다른 능력을 가진 노동자들에게 어떤 기준에 따라 얼마만큼의 보수를 주어야 할까? 어느 나라에 무엇을 얼마나 수출하고 또 어느 나라에서 무엇을 얼마나 수입할 것인가?

어떤 천재가 천문학적 용량을 가진 컴퓨터를 개발해서 이 모든 의문에 대한 답을 찾았다고 가정해 보자. 그래도 문제는 계속된다. 세상은 언제나 변화의 와중에 있기 때문이다. 예를 들어 무슨 이유에선지 미국경제가 갑자기 불황에 빠져 자동차 수출이 격감했다고 하자. 그러면 자동차 생산량을 줄여야 하는데 거기서 나온 노동자들은 어느 산업 어느 기업에 배치를 할 것인가? 철강 소비가 줄어드니까 제철소의 생산량도 줄여야 하고 따라서 에너지 수급계획 역시 수정해야 한다.

이런 예는 수도 없이 들 수 있다. 금년 들어 갑자기 유행이 바뀌어 여성들이 너나 없이 굽 높은 구두만 찾는다고 하자. 이미 생산해 놓은 굽 낮은 구두를 어찌 할 것인가? 또 구두 생산라인을 굽 높은 구두에 맞게 개조하는 데 추가적으로 필요한 자재는 어디서 가져올 것인가? 구두뿐만 아니라 속옷과 정장 패션까지 한꺼번에 바뀌었다면 어떻게 할 것인가? 제 아무리 용량이 큰 슈퍼컴퓨터라도 끝없이 일어나는 소비자의 선호와 생산기술의 변화에 대응하여 매일 매일 새로운 해답을 찾을 수는 없다.

그러면 어떻게 할 것인가? 권력층이 나름대로 최선의 계획을 세워 집행하면 된다. 국방력 증강이 우선 필요하다고 생각한다면 자원과 인력을 먼저 군대와 군수산업에 배치하고, 다음으로 중화학공업이 중요하다면 그 다음 순서로 자원을 나누어주고, 그러고도 남는 것을 가지고 소비재를 만드는 것이다. 이렇게 생산한 재화가 소비자의 욕구와 다르다면? 그래도 별 문제는 없다. 너무 많은 건 다음 해에 생산을 줄이고 모자라는 건 배급을 하거나 선착순으로 정해진 값에 팔면 그만이다. 옛 사회주의 나라들의 그 유명한 줄서기 풍경은 이렇게 해서 나타난 것이다.

양(量)의 변화는 질(質)의 변화를 부르게 마련이다. 가부장이 지휘하는 자급자족 경제와는 달리 서로 다른 일을 하는 수천만 명이 서로 의존해서 사는 고도 분업 사회에서는 그 누구도 사회의 생산활동을 전체적으로 조망하고 계획할 수 없다. 이런 면에서 '자본주의'와 '사회주의'를 두고 벌였던 이데올로기 논쟁은 아무런 의미가 없다. 특히 '사회주의'를 중앙통제식 계획경제로 해석한다면 어떤 용어로 포장하든지간에 그런 사회주의 앞에는 좌절의 운명말고는 기다리는 것이 없다. 우리가 지난 시대 목격했던 사회주의 실험은 기술적으로 불가능한 것을 이루려고 한 무모한 시도였다는 이야기다.

중앙통제식 계획경제는 '이기적 인간'의 본성에도 맞지 않는다. 이 체제를 쉽게 이해하려면 모든 기업이 국영기업이고 모든 노동자가 공무원인 나라를 생각하는 것으로 충분하다. 여기서는 국가가 정한 호봉체계에 따라서 일을 잘하든 못하든 같은 봉급을 받는다. 이런 상황에서 자기의 행복을 극대화하려는 '합리적 경제인'들은 어떻게 행동할까? 직장에서는 적당히 시간을 때우면서 자기 집 뒷마당의 채소밭은 열심히 가꾸는 게 최선이다. 요즘 들어 많이 좋아졌다고는 하지만 공무원들의 행정서비스와 국영기업들의 방만한 경영을 목격한 적이 있는 사람이라면 그런 사회를 이상적인 사회라고 생각하지는 않을 것이다.

중앙통제식 계획경제의 비효율성을 공개적으로 고백한 최초의 사회주의 지도자는 고르바초프였다. 그는 권력을 장악한 직후 쓴 『페레스트로이카』에서 이렇게 말했다.

우리 사회(소련)에는 실업이 없다. 게으르거나 직장 규율을 잘 지키지 않아 해고당한 사람들에게도 다른 직장을 준다. 비록 일을 열심히 하지 않거나 무능한 사람이라도 쾌적한 생활을 누릴 수 있는 급료를 받는다. 우리는 이것을 자랑스럽게 생각한다. 그러나 동시에 이러한 사회주의의 이점을 악용하는 악질적인 인간들이 있다는 사실도 우리는 잘 알고 있다. 이들은 권리만 주장하면서 자기에게 부여된 의무는 조금도 생각하지 않는다. 일은 제대로 하지 않으면서 빈둥거리며 술만 퍼마신다.

격분한 고르바초프는 '알콜 중독에 대한 선전포고'를 내리고 여러 연설과 논문을 통해서 격차 없는 임금을 정의롭다고 생각하는 사회주의식 평등 관념에도 직격탄을 날렸다.

사회주의는 평등화와는 아무 관계도 없다는 것을 분명하게 밝혀둔다. '능력에 따라 일하고 필요에 따라 분배받는다'는 원칙은 공산주의에서나 있을 수 있는 일이다. 사회주의는 이러한 생활조건과 소비생활을 보장할 수 없다. 사회주의는 사회적 이익의 배분에 관해서 그와는 다른 기준을 가지고 있다. '능력에 따라 일하고 일한 만큼 받는다'는 것이다. 이것이 사회주의의 기준이다.

이 선언과 더불어 '중앙통제식 계획경제'를 경제적 기본질서로 삼았던 사회주의 체제는 파산을 맞았다. 고도 분업사회에 어울리는 경제적 기본질서는 '분권적 계획경제'인 시장경제밖에 없다. 시장경제가 숱한 결함을 안고 있는 질서임에는 분명하지만 지금 그보다 더 나은 체제를 찾을 수 없다는 의미에서 그것은 선택할 수 있는 유일한 경제적 기본질서다.

다른 조건이 모두 같다면

경제학자들 사이에는 경제학과 경제학자를 아무짝에도 쓸모 없는 존재처럼 묘사하는 우스개가 여럿 돌아다니는데, 그 가운데 대표적인 것이 "앵무새도 경제학자로 만들 수 있다"는 말이다. 어떻게? 딱 두 단어만 가르치면 된단다. 하나는 '수요' (需要, demand), 나머지 하나는 '공급'(供給, supply)이다.

물론 이건 어디까지나 경제학도끼리 낄낄거릴 수 있는 우스개다. 보통 사람들은 수요나 공급 같은 것에 대해서는 관심이 없기 때문이다. 그들이 관심을 가진 것은 언제나 가격(價格, price)이다. 사실 상품이나 서비스, 또는 동물이나 사람의 값어치에 관해서는 이해하기 어려운 수수께끼가 하나 둘이 아니다. 예컨대 다음과 같은 의문이 그렇다.

어째서 동네 다방의 커피 한 잔이 자장면 한 그릇보다 더 값이 비쌀까? 컴퓨터값은 갈수록 떨어지는데 집 값은 왜 오르기만 할까? 박찬호는 한국에 있으나 미국에 있으나 똑같은 박찬호인데, 메이저리그에 가서는 국내에서보다 몇십 배 많은 연봉을 받는 이유가 무엇일까? 샐러리맨들의 봉급이 단숨에 20%씩이나 깎인 IMF

경제위기 때 일부 펀드매니저들이 억대 연봉을 받은 것은 무언가 떳떳하지 못한 일이 아닐까? 시골에서는 농민들이 배추 값이 똥값이라 수확을 포기하고 밭을 갈아엎는데도 대도시 동네 구멍가게의 배추 가격이 별로 떨어지지 않는 것은 도대체 무슨 까닭일까?

오랜 세월 경제학자들은 이런 의문에 대한 일반적인 대답을 찾기 위해서 애를 썼다. 전통적으로 가장 널리 애용되었고, 지금도 보통 사람들의 사고방식에 적지 않은 영향을 미치고 있는 설명 방법은 이른바 '생산비 이론'이다. 어떤 상품이나 서비스는 그것을 생산하는 데 들어가는 비용만큼 가치를 지닌다는 것이다. 이건 물론 옳은 말이다. 가치 있는 그 무엇을 만드는 데는 그에 상응하는 노력을 쏟아야 한다는 삶의 근본 이치에 비추어보면 분명 그렇다. 하지만 이것이 진실의 전부는 아니다.

예컨대 누군가 엄청난 비용을 들여서 자동으로 발을 씻어주는 기계를 만들었다고 하자. 그리고 들어간 비용에 걸맞게 높은 가격을 매겨서 시장에 내놓았다고 하자. 그런데 사람들은 손수 발을 씻거나 사랑하는 사람끼리 서로 씻어주는 걸 좋아하기 때문에 많은 돈을 주고 그 기계를 구입하려 하지 않았다. 발 씻는 기계를 처분하기 위해서 그 기업은 가격을 대폭 내려야 했고, 그래서 결국 파산하고 말았다. 이 경우 가격을 결정하는 데 있어서 생산비는 결정적인 요소가 아니다. 많은 돈을 주고서라도 그 물건을 사려는 사람이 있을 때라야 비로소 생산비가 문제가 되는 것이다.

생산비 이론의 반대편에는 가격의 높고 낮음이 수요의 많고 적음에 달려 있다는 견해가 있다. 땡전 한 푼 들이지 않고 만든 물건도 찾는 사람이 많으면 가격이 올라간다는 것이다. 오늘날의 남아프리카 공화국은 일찍이 네덜란드계 보어인이 지배하던 케이프 식민지였다가 영국군대의 손에 넘어간 지역이다. 영국인들은 1867년 이 식민지의 어떤 거리에서 원주민 아이들이 예쁜 돌멩이를 가지고 노는 걸 보았다. 그런데 알고 보니 이 예쁜 돌멩이는 다이아몬드였다. 이렇게 해서 영국인의 손에 굴러 들어간 다이아몬드는 런던의 귀부인에게 엄청난 값으로 팔렸다. 생산비 이론으로는 이런 현상을 설명할 방법이 없다. 많은 돈을 주고 사겠다는 사람이 있으면 물건값은 생산비와 무관하게 하늘 끝까지라도 올라간다는 것이나.

그럴듯한 설명이다. 하지만 이것 역시 진실의 전부를 말하는 것은 아니다. 더러 맞는 경우도 있지만 보통 상황에서는 이런 설명이 통하지 않는다. 가까운 예로 '한국도로공사 병목관리과 고객서비스센터 요원들'을 보자. 언제나 마스크를 쓴 채 손에 무엇인가를 들고 나타나는 이 사람들은 교통체증이 일어나는 모든 곳에 출현했다가는 체증이 풀리기 무섭게 다른 '병목'을 찾아 홀연히 사라진다. 그들은 뻥튀기에서부터 바나나, 토스트, 김밥, 옥수수, 생밤, 아이스크림에 이르기까지 실로 다양한 상품을 들고 아스팔트 위를 누빈다. 가격은 대개 1,000원 또는 2,000원인데, 이 물건들의 제조원가가 얼마든간에 많이 막히는 곳에서는 이보다 더 높은 값을 부를 수도 있을 것이다. 날씨는 더운데 자동차는 꼼짝도 하지 않고 아이들은 배고프다고 보채는 상황이라면 더 많은 돈을 주고서라도 살 사람이 있을 것이기 때문이다.

하지만 그런 바가지는 찾아보기 어렵다. 왜? 수요가 넘치는 곳에는 공급이 따라붙기 때문이다. 누가 이런 방식으로 폭리를 취할 경우 일자리를 구하지 못해서 거리를 배회하던 다른 누군가가 재빨리 이 사업에 뛰어들어 공급이 늘어난다. 그리고 누군가 더 낮은 가격을 부르면 가격이 떨어지게 된다. 이렇게 해서 '병목관리과 고객서비스센터 요원들'이 판매하는 물건의 가격은 생산비와 점점 가까워져,

비슷하게 위험하고 힘든 다른 일을 하는 경우와 비슷한 정도의 소득밖에 얻을 수 없다. 하지만 그들이 파는 상품의 가격은 결코 생산비 이하로 내려가지 않는다. 그런 가격이라면 '고객서비스 요원들' 가운데 많은 수가 거리에서 철수할 것이고, 그래서 공급이 부족하면 가격이 다시 올라가게 된다.

이런 이유에서 신앙심 깊은 경제학자들은 이렇게 말한다. "하나님은 눈을 둘 주셨으니, 한 눈으로는 공급을 보고 다른 한 눈으로는 수요를 보라는 것이니라." 종교적인 표현을 즐기지 않는 경제학자들은 이렇게 말한다. "가위는 두 날이 교차해야 종이를 자를 수 있다." 가격은 수요와 공급이 협동해서 만든다는 것이다. 철학자들 같으면 이렇게 말할지도 모르겠다. "아름다움이란 대상 그 자체에 있다고만 할 수도 없고, 그것을 보는 사람의 눈 속에 있다고만도 할 수 없다."

신문의 경제보도를 보면 경제 전문 기자들은 이런 교리를 충실하게 따르고 있다. 다음과 같은 한국경제신문 1999년 11월 3일치 골판지 시장 관련 보도는, 내용은 따분해도 하나의 모범사례라 할 만하다.

골판지 원지(原紙) 업체들이 호황을 맞고 있다. 공장 가동률이 큰 폭으로 상승하고 재고가 바닥나는 등 외환위기 이전 수준을 완전히 회복했다. 이 같은 호황은 경기가 가파르게 상승하면서 각종 제품의 포장재로 쓰이는 골판지 상자 수요가 급증하고 있기 때문이다. 이에 따라 골판지 원지 가격도 최근 두 달 사이에 15~20% 상승했다. 이는 수요 증가와 아울러 원자재인 펄프와 고지(古紙) 가격 상승이 겹친 데 따른 것이다. 골판지 원지 업체들은 원자재 가격 상승에도 불구하고 수요부진으로 제품 가격 인상에 어려움을 겪었으나 수요가 살아나면서 제품 가격에 반영할 수 있게 되었다.

이처럼 수요와 공급을 함께 봐야 하는 것은 일종의 신성한 율법이다. 이를 어기는 자는 신성모독의 죄를 쓰고 F학점 성적표를 쥔 채 수요와 공급이 지배하는 경제학의 세계에서 추방당하고 만다. 경제학자들은 학생들이 이 율법을 오해의 여지없이 이해할 수 있도록 그래프로 만들어 세상의 모든 경제학 교과서에 실어놓았다. 이 그림은 어떤 한 상품의 시장가격이 어떻게 결정되는지를 보여준다. 그 상품은 쌀이나 밀가루 같은 농산품일 수도 있고 신발이나 컴퓨터 같은 공산품일 수도 있지만, 여기서는 내가 제일 좋아하는 과일인 사과라고 하자.

〈그림 1〉 사과 가격 결정 원리

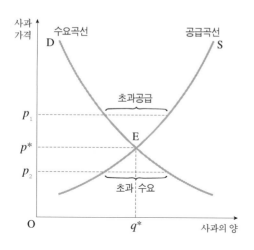

이것은 경제학 모형(economic model) 가운데 가장 단순한 것이다. 하지만 그 중요성으로 따지면 다른 어떤 것도 이 모형을 능가할 수 없다. 겉보기에는 무척 심오하고 복잡한 모형들도 속내를 알고 보면 대부분 이것을 이리저리 변용한 데 불과하다. 그러니 이야기가 좀 따분하더라도 독자들께서는 인내심을 발휘해 주시기를 부탁드린다. 기독교인들이 "주 예수를 통하지 않고는 천국에 이를 수 없다"면, 경제학도는 이 모델을 통하지 않고는 경제학의 세계에 들어설 수 없다.

원점에서 뻗어 나온 그래프의 가로축은 사과의 수요량과 공급량을 나타낸다. 원점에서 오른쪽으로 갈수록 양은 많아진다. 세로축은 가격 수준을 나타낸다. 원점에서 위로 멀어질수록 가격은 높아진다. 우하향으로 내려간 것은 수요곡선이다. 곡선의 모양이나 기울기는 아무래도 좋다. 그저 우하향이기만 하면 된다.

수요곡선은 사과의 가격과 수요량 사이의 관계를 나타낸다. 수요곡선이 우하향인 것은 사과의 가격이 오르면 수요량이 줄고 가격이 내리면 수요량이 늘어난다는 것을 의미한다. 이건 사실 직관적으로 이해할 수 있다. 예컨대 내 월소득이 1백만 원이고 그 가운데 일부를 사과 사먹는 데 쓴다고 하자. 사과 값이 오를 경우에도 내 '명목소득' 1백만 원에는 아무 일도 벌어지지 않는다. 하지만 사과 값이 올랐기 때문에 이 명목소득으로 구입할 수 있는 재화와 서비스의 양이 줄어든다. '실질소득'이 감소하는 것이다. 나는 실질적으로 예전보다 더 가난해졌기 때문에 모든 재화와 서비스를 예전보다 적게 구입해야 한다. 사과도 예외가 아니다. 그래서 사과 가격이 오르면 나의 사과 수요량은 줄어든다. 이걸 경제학자들은 '소득효과'라고 한다.

게다가 나는 값이 오른 사과 대신 귤이나 배를 사먹을 수도 있다. 경제학자는 이것을 '대체효과'라고 한다. 사과의 수요량이 가격과 반대 방향으로 움직이는 것은 바로 이러한 소득효과와 대체효과가 동시에 작용한 결과다. 물론 사과 값이 떨어지는 경우에는 같은 효과가 정반대 방향으로 작용하기 때문에 수요량은 늘어난다. 한마디로 해서 '나의 수요곡선'은 우하향이다. 그럼 '사회 전체의 수요곡선'

은? 그것도 역시 우하향이다. 나와 같은 사람 4천만이 사는 대한민국 사회의 수요
곡선은 4천만 명이 가진 저마다의 수요곡선을 합친 것이기 때문이다.

여기서 주의해야 할 사항이 있다. 지금 이야기한 것은 사과의 수요량과 가격
사이의 관계에 관한 것이다. 다른 이야기는 전혀 없다. 그러나 실제로 사과의 수요
에 영향을 미치는 요소는 가격말고도 숱하게 많다. 예컨대 소득이 올라가면 가격
에 아무 변화가 없는데도 사과 수요가 늘어난다. 사과 값이 변하지 않아도 값싼 미
국산 수입 오렌지가 범람하면 사과 수요는 감소한다. 다른 어떤 알 수 없는 이유
때문에 갑자기 사람들의 취향이 변해서 사과 수요가 줄어들 수도 있다. 이런 요인
들이 작용하면 사과 값이 오르는데도 실제 수요량이 증가할 수 있으며 내리는데도
감소할 수 있다.

그런데도 여기서는 사과 수요에 영향을 미치는 다른 모든 요인을 무시하고 오
로지 가격과 수요량 사이의 관계만을 따진다. 간단히 말해서 소비자의 취향이나
소득, 경쟁관계에 있는 다른 과일의 가격 등 사과 가격을 제외한 다른 모든 조건은
아무런 변화가 없다고 가정하는 것이다. 이것이 바로 경제학자들이 애용해 마지않
는 '쎄테리스 파리부스'(ceteris paribus, 다른 모든 조건이 동일하다면)라는 라틴어
문구다.

경제학원론 교과서에서는 이렇게 설명한다. 다른 모든 조건이 동일하다면, 가
격이 변할 경우 수요량은 "수요곡선을 따라서 움직인다(movement along the
demand curve)." 그러나 다른 조건이 변한다면 "수요곡선이 이동한다(shift of the
demand curve)." 예컨대 소득이 높아지면 주어진 모든 가격에서 사과의 수요량은
원래보다 많아진다. 경제학자들은 수요곡선을 오른쪽으로 수평 이동시킴으로써
소득의 증가에 대응한다. 사과에 항암물질이 풍부하다는 믿을 만한 조사 결과가

나와서 사람들이 갑자기 사과를 더 좋아하게 되는 경우도 마찬가지다. 사과 대신 먹을 수 있는 미국산 오렌지의 가격이 크게 떨어진다면 사과의 수요량은 주어진 모든 가격에서 예전보다 줄어든다. 수요곡선은 왼쪽으로 이동한다. 우리는 2000년 여름에 이런 상황을 목격한 바 있다.

다음은 공급곡선이다. 공급곡선은 우상향이다. 이것은 가격이 오르면 공급량이 늘고 가격이 내리면 공급량이 줄어든다는 것을 의미한다. 이것 역시 직관적으로 이해할 수 있다. 사과 값이 오르면 과수원 주인들은 전보다 많은 돈을 만지게 된다. 그러면 그들은 사과 값이 시원치 않았던 예전에는 놀려 두었던 땅에 관개시설을 하고 새로 나무를 심어 생산량을 늘인다. 복숭아나 배나무를 키우던 사람들이 그걸 모두 뽑아내고 사과나무를 심기도 한다. 기존의 공급자가 생산량을 늘리고 신규 공급자가 사과 시장에 진입함으로써 공급량이 늘어나는 것이다. 물론 사과 값이 내리면 정반대 현상이 벌어진다. 사과의 가격과 공급량은 공급곡선을 따라서 움직인다. 그리고 여기서도 '쎄테리스 파리부스'는 어김없이 적용된다.

다른 모든 조건이 일정하지 않다면 어떻게 될까? 예컨대 지구 온난화의 영향 때문에 우리나라의 평균 기온이 올라가 사과 재배가 예전보다 어려워진다면? 주어진 모든 가격에 대해서 사과의 공급량은 줄어들 것이다. 이것은 그래프에서 공급곡선이 왼쪽으로 수평 이동하는 것으로 표현할 수 있다. 누군가 친환경적으로 매미를 퇴치할 신기술을 찾아 무료로 공개했다고 하자. 이제 매미 때문에 사과가 주렁주렁 달린 가지 하나가 통째로 말라버리는 일이 없다. 따라서 주어진 모든 가격에 대해 사과의 공급량이 늘어날 것이다. 공급곡선은 오른쪽으로 수평 이동한다. 근본 이치는 수요곡선에서와 마찬가지다.

사과의 시장가격과 거래량은 수요곡선과 공급곡선이 만나는 점 E에서 결정된다. 시장가격은 p*, 거래량은 q*가 된다. 만약 사과 한 알 또는 한 상자의 가격이 p*보다 높다면, 예컨대 p1이라면 어떨까? 그 가격에서 공급자가 팔려고 하는 양보다 수요자가 원하는 양이 적다. 그 값에는 사과를 다 팔 수가 없기 때문에 누군가 가격을 낮춰 부르게 되고, 사과 가격은 p*까지 내려간다. 가격이 p*보다 낮은 경우, 예컨대 p2라면 어떨까? 공급량이 수요량보다 적기 때문에 소비자들이 그 가격에 원하는 만큼의 사과를 살 수 없다. 누군가 더 높은 가격을 부름으로써 사과 가격은 p*까지 올라간다. 그래서 경제학자들은 p*와 q*를 각각 '균형가격'과 '균형거래량'이라고 한다.

사과 시장이라는 하나의 시장을 설명하는 이 모델은 경쟁 시장의 작동원리와 장점을 집약해서 보여준다. 첫째, 경쟁 시장은 부질없는 욕심을 허용하지 않는다. 아무리 욕심 많은 과수원 주인이라 할지라도 시장가격보다 높은 값을 부를 수는 없다. 자린고비 소비자 역시 그보다 낮은 값에 사과를 살 수 없다. 둘째, 경쟁 시장은 가격의 변동을 통해서 스스로 수요량과 공급량을 조절한다. 누가 명령하지 않아도 가격이 오르면 공급이 늘고 수요가 감소하며 가격이 내리면 정반대 현상이 일어난다. 이런 현상이 일으키는 힘은 최대의 만족을 얻으려는 소비자와 최대의 이윤을 얻으려는 공급자의 이기적 욕망이다.

독자들께서는 시중에 유통되는 모든 종류의 경제학개론서에서 이런 내용을 찾아볼 수 있다. 하지만 이 모형이 가지는 한계를 솔직하고 친절하게 지적하고 설명한 책은 별로 없다. 나는 이것을 경제학자들의 직무유기라고 생각한다. 그래서 독자들께서 빠뜨리지 말아야 할 네 가지 문제를 여기서 지적해 두고자 한다.

첫째, 이 모델이 묘사한 시장은 '완전 경쟁 시장'이다. 공급자가 하나뿐이거나 극소수여서 경쟁이 아예 없거나 있으나마나한 독과점(獨寡占) 시장에서는 이 아름다운 원리가 전혀 통용되지 않는다. 독과점 시장에서는 수요와 공급이 어우러지는 시장이 상품의 가격을 결정하는 게 아니라 공급자가 스스로 가격을 결정한다.

둘째, 이 모델은 수요량과 공급량이 각각 가격과 반대 방향 또는 같은 방향으로 움직인다는 것을 말해줄 뿐이다. 다른 정보는 전혀 없다. 수요곡선과 공급곡선이 구체적으로 어떤 모양을 하고 있는지, 가로축과 세로축이 만드는 좌표평면의 어느 곳에 놓여 있는지는 아무도 모른다. 무척 허무한 일이지만 사정이 그러니 어쩔 수가 없다. 경제학이라는 학문이 원래 그런 걸 어찌하겠는가?

셋째, 이 모형은 근본적이고 구조적인 결함을 안고 있다. 완전 경쟁 시장에서는 공급자와 수요자가 무수히 많기 때문에 그 누구도 가격에 영향을 미칠 수 없다. 그들은 시장에서 결정된 가격을 주어진 상황으로 받아들이고 자기가 얼마만큼 사거나 팔 것인지를 결정한다. 이것이 완전 경쟁 시장의 여러 조건 가운데 가장 중요한 것이다. 그러면 어떻게 수요량이 공급량보다 많으면 가격이 오르고 반대의 경우에는 가격이 내릴까? 누군가 더 높은 가격을 부르고 남들이 따라가야 가격이 오르거나 내릴 것 아닌가? 하지만 이 모형에서는 그런 역할을 하는 사람이 있을 수가 없다. 누구도 가격을 움직일 수 없다는 전제조건을 걸고 만든 모형에서도 가격이 변해야 한다는 이론적인 자기모순, 이것은 이 모형이 하나의 학문적 모형으로 인정받기 어려운 중대한 결격사유가 아닐 수 없다.

넷째, 이것은 사과라는 하나의 상품 시장을 설명하는 모델에 불과하다는 사실이다. 현대화된 국민경제에서는 수없이 많은 상품이 생산되고 거래되고 소비된다. 따라서 하나의 상품 시장을 분석하는 것만으로는 국민경제 전체를 이해할 수 없다. 더욱이 수백만의 실업자가 거리를 배회하고 대기업의 파산이 줄을 잇고, 금융시장이 요동치고, 주식가격이 바닥도 없이 추락하는 경제위기나 불황기에는 상품 가격 하나 하나가 어떤 원리에 따라 결정되는지를 따지는 학문이 매력을 가지기 어렵다. 이런 것이 경제학이라면 사람들은 그 학문을 외면할 권리가 있다.

그래서 경제학에는 국민경제 전체를 분석하는 모델이 있다. 학술적 정의를 내리자면 더 복잡하지만, 여기서는 거칠게 다음과 같이 말한다. 개별 소비자가 어떻게 행동하는지, 개별 기업이 어떤 선택을 하는지, 하나의 상품 가격이 어떻게 결정되는지를 따지는 것을 '미시경제학'(micro-economics)이라고 한다. 그와 달리 성장은 어떻게 이루어지고 물가는 왜 오르며, 실업률이나 환율의 변동은 무엇 때문에 일어나고, 이 모든 것들이 서로 어떤 관련을 맺고 있는지, 한마디로 국민경제 전체의 흐름과 변화를 연구 대상으로 삼는 경제학을 '거시경제학'(macro-economics)이라고 한다.

하지만 거시경제학에서도 연구의 방법론은 같다. 경제학자는 '쎄테리스 파리부스' 없이는 단 하루도 살아갈 수 없다. 미생물의 세포분열을 연구하는 생물학자나 신소재를 만드는 화학자는 이런 점에서 행복하다. 그들은 이상적인 조건을 인공적으로 만들어두고 같은 실험을 원하는 만큼 반복할 수 있다. 그러나 다른 모든 사회과학이 그런 것처럼 경제학도 실험을 할 수 없는 학문이다. '쎄테리스 파리부스'는 실제로 할 수 없는 실험을 머리 속에서라도 해보기 위한 수단이다. 다른 모든 조건이 동일한 상황이란 있을 수 없지만 경제학자들은 가상실험을 위해서 그런 가정을 하는 것이다. 그러니 경제학이 매우 원시적이고 부정확한 학문에 머물러 있는 책임을 경제학자에게 물을 수는 없는 일이다. 굳이 따지자면 경제학이 마치 현대적이고 정확한 과학이기라도 한 양 큰소리를 치면서 대중을 현혹한 일부 덜 떨어진 경제학자와 전문가들에게나 화살을 겨눌 일이다.

꼬리가 개를 흔든다?

경제학은 분명 사회와 인간을 연구하는 학문이다. 하지만 경제학 교과서는 사회과학 책이라기보다는 수학 교과서와 비슷해 보인다. 어떤 책의 어느 곳을 들춰보나, 경제학 교과서가 보여주는 풍경은 별 차이가 없다. x축과 y축이 만드는 좌표평면 위에서 갖가지 기묘한 그림이 춤을 추고, 이런저런 곡선의 기울기를 구하기 위해서 또 다른 직선을 긋는다. 거의 모든 문제를 여러 개의 방정식으로 이루어진 수학적 모형으로 설명하며, 그 방정식을 풀어 원하는 해(解, solution)를 찾기 위해서는 여러 가지 미분(微分) 기술을 구사해야 한다. "쟤는 전공이 수학이래. 근데 그것만 빼면 아주 멀쩡해." 수학 전공자를 '남에게 피해를 주지 않는 정신병자' 정도로 취급하는 이런 종류의 농담은 아마도 경제학 전공자에게까지 별 문제 없이 적용할 수 있을 것이다.

경제학의 세계는 마치 어느 신문사 회장의 저택처럼 높은 담으로 둘러싸여 있어서 이웃사람이 함부로 넘겨다볼 수가 없다. 여기서 수학적 기법은 그렇지 않아도 높은 담 위에 올라앉은 가시철망처럼 잡인(雜人)과 불청객의 접근을 원천 봉쇄한다. 하지만 경제학자들이 특별히 심보가 고약해서 일부러 그렇게 만들어놓은 건 결코 아니다. 일이 이 지경에 이르게 된 것은 경제학이 우리가 직관적·경험적으로 보고 듣고 느끼는 것과는 크게 다른 이론의 세계를 탐색하기 때문이다. 그 세계를 지배하는 것은 전문용어로 '한계성(限界性, marginality)의 원리'인데, 보통 사람이 알아들을 수 있는 언어로 말하면 경제학의 세계는 '개가 꼬리를 흔드는' 게 아니라 '꼬리가 개를 흔드는' 이상한 곳이다.

이런 종류의 이론 산책을 별로 좋아하지 않는 독자들께서는 이 장을 건너뛰어도 된다. 이걸 몰라도 이 책의 다른 장을 이해하는 데는 별 지장이 없을 것이기 때문이다. 하지만 '이상한 나라의 앨리스'가 되어 '꼬리가 개를 흔드는 세상'을 잠깐이라도 구경해 본다면 대학에서 경제학원론 공부를 하는 일이 무척 수월해지고 신문 경제기사를 보는 데 새로운 재미를 느끼게 될 수도 있다. 언제나 그렇듯 선택은 '합리적 개인'의 몫이다.

경제학개론을 한번 펼쳐보시라. 누가 쓴 거나 다 마찬가지다. 처음부터 끝까지, '한계'로 시작해서 '한계'로 끝난다. 대표적인 것만 살펴보자. 한계효용(marginal utility), 한계비용(marginal cost), 한계생산(marginal product), 한계수입(marginal revenue), 한계대체율(marginal rate of substitution), 한계기술대체율(marginal rate of technical substitution), 한계소비성향(marginal propensity to consume), 한계저축성향(marginal propensity to save) 등등, '한계'라는 접두어가 붙은 용어의 수에는 정말이지 '한계'가 없는 것 같다. 하지만 경제학이 처음부터 그랬던 것은 아니다. 아담 스미스의 『국부론』에는 방정식이나 그래프가 하나도 없다. 데이비드 리카도의 『정치경제학과 과세의 원리』에도 기껏해야 숫자 예가 좀 나올 뿐이다. 하지만 1871년 시작된 이른바 '한계주의 혁명'과 더불어 이른바 '신고전파(新古典派) 경제학'이 탄생한 후 경제학의 형식과 내용은 오늘날과 같은 모습을 가지게 되었다.

경제학의 '한계주의 혁명'을 불러온 것은 생리학자들이었다. 사람은 외부의 자극을 인지하고 반응한다. 헬름홀츠 같은 과학자들이 외부의 자극과 인간의 두뇌를 연결하는 신경세포를 발견한 것은 1840년대의 일이다. 그런데 이 신경세포는 같은 종류의 자극이 지속적으로 반복될 경우 점차 둔감하게 반응하는 특성을 지니고 있다. 나는 고등학교 생물 선생님한테서 이것을 '한계자극 체감의 법칙'이라 한다고 들었다. '한계효용 체감의 법칙'은 '한계자극 체감의 법칙'을 경제학적 표현으로 바꾸어놓은 것에 불과하다.

이 법칙을 설명하기 위해 잠시 20년 전으로 시간여행을 하자. 나는 32개월 남짓 군대생활을 하는 동안 정말로 많은 비스킷과 초코파이와 빵을 먹었는데, 아마도 내 인생의 나머지 기간에 먹은 것을 다 합쳐도 그만큼은 되지 않을 것이다. 한번은 앉은자리에서 단팥이 든 100원짜리 '바람개비빵' 열세 개를 먹어치운 적도 있다. 하루 종일 행군을 한 뒤끝에 먹었던 열세 개의 빵 가운데 가장 짜릿한 맛을 선사한 건 역시 첫번째 것이었다. 그리고 열세번째 빵은 잠시 망설이다 별 감흥 없이 입 속에 밀어 넣었다. 똑같은 빵인데도 그것이 나에게 준 만족과 즐거움은 첫번째가 가장 컸고 마지막 것이 제일 작았다. 이런 경험을 해보지 않은 사람은 아마별로 없을 것이다.

한계주의 혁명은 이처럼 평범한 경험을 일반화한 데서 시작되었으니 그것이 이른바 '한계효용 체감의 법칙'이다. 사람은 수없이 다양한 재화와 서비스를 소비하는데, 그 목적은 물론 육체적·심리적 만족을 얻는 것이다. 그 육체적·심리적 만족을 가리켜 경제학에서는 '효용'(效用, utility)이라고 한다. 어떤 사람이 어떤 특정한 재화를 많이 소비하면 할수록 그가 얻는 만족감의 합은 커진다. 이것을 경제학에서는 "어떤 재화를 소비해서 얻는 총 효용(總效用)은 그 재화의 소비량이 많을수록 증가한다"고 표현한다. 하지만 이 경우 그가 소비량을 점차 늘려나가는 과정에서 마지막으로 소비한 한 단위의 재화가 주는 만족감은 지속적으로 줄어든다. 이것을 가리켜 "한계효용은 그 재화의 소비량이 증가할수록 감소한다"고 표현한다.

〈그림 2〉 한계효용 체감의 법칙

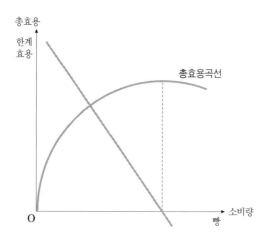

'바람개비빵'의 예로 돌아가면, 내가 열세 개를 먹는 동안 총 효용은 꾸준히 증가했다. 하지만 한계효용은 첫번째가 가장 컸고 두번째가 그 다음 컸으며, 열세번째가 가장 작았다. 만약 배가 잔뜩 불렀는데도 못된 고참병의 강요 때문에 먹기 싫은 빵을 억지로 하나 더 먹는다면, 열네번째 빵의 한계효용은 마이너스(−) 값을 가질 수도 있다. 위의 그림은 '한계효용 체감의 법칙'을 그림으로 나타낸 것이다.

독자 여러분께서 이 그림을 이해하는 데 아무 어려움이 없을 것으로 믿는다. 하지만 '한계효용 균등의 원리'로 진도를 나가려면 여기서 설명한 '한계효용 체감의 법칙'을 분명하게 이해하고 넘어가야 할 것이다.

한계효용 체감의 법칙은 너무나 당연한 진리여서 '아무 의미가 없는'(trivial) 것처럼 보인다. 그러니 이렇게 되물을 독자도 있겠다. "그래서 뭐가 어쨌단 말인가?" 대답은 다음과 같이 엄청나다. "바로 그렇기 때문에 사람은 남들과 무언가를 교환하려고 하며, 21세기의 이 화려한 문명도 알고 보면 거기서 나온 것이다." 정말 그럴까? 정말 그렇다. 그 이유를 보자.

"사람은 빵만으로 사는 것이 아니다." 어디서 많이 듣던 소리다. 종교적 믿음이나 정신활동의 가치를 강조한 이 금언을 경제학적으로 몹시 '천박하게' 해석하면 이렇게 된다. "사람은 빵만이 아니라 잼이라든가, 고기라든가, 우유와 야채도 먹고산다." 오늘날에는 집, 자동차, 텔레비전, 냉장고도 있어야 하며, 멋진 옷과 액세서리도 필수품이다. 잘 나가는 사람들은 피부관리와 미용성형을 필수로 치며, 미장원 출입도 빠뜨릴 수 없는 일과에 속한다.

그렇다면 사람들은 어떤 기준이나 원리에 따라서 이렇게 다양한 재화와 서비스의 소비량을 결정하는 것일까? 재산이 퍼도 퍼도 마르지 않는 샘물처럼 많다면야, 내키는 것을 내키는 만큼 사면 될 것이다. 하지만 그런 사람은 거의 없고 대부분은 제한된 소득으로 다양한 재화와 서비스의 소비량을 결정해야 한다. 한계효용 체감의 법칙은 이 의문을 푸는 열쇠를 제공한다.

일단은 두 가지 재화를 소비하는 경우를 생각하자. 여기서 문제를 해결하면 셋 이상의 재화가 등장하는 경우도 힘들이지 않고 해결할 수 있다. 또다시 '바람개비빵'의 현장으로 돌아가자. 빵 가는 곳에는 우유가 따르는 법, 빵 다섯 개를 정신

없이 먹고 나니 우유 생각이 간절하다. PX에 들어섰을 때 호주머니에 든 돈은 1,900원뿐이고, 우유는 한 팩에 200원이라고 하자. 나는 과연 어떤 원리에 따라 빵과 우유의 소비량을 조합할까? 이미 먹어버린 빵 다섯 개의 총 효용은 아무 의미가 없다. 빵을 하나 더 먹을 경우 추가적으로 얻게 될 한계효용과 우유 한 팩의 한계효용 가운데 어느 쪽이 큰지가 문제일 따름이다. 나는 아무래도 우유의 한계효용이 크다는 생각을 한다. 하지만 우유 한 팩은 200원이고 빵 하나는 100원으로 가격이 다르다. 하지만 이 문제는 빵과 우유의 한계효용을 가격으로 나누는 걸로 해결할 수 있다. 언제나 중요한 것은 빵과 우유 한 단위의 한계효용 그 자체가 아니라 빵과 우유를 사는 데 들어간 화폐의 한계효용이다. '빵의 한계효용/100' 이 '우유의 한계효용/200' 보다 크면 빵을 하나 더 먹는 게 현명하고 그 반대라면 우유를 한 팩 마시는 게 좋다. 그래야 나는 '주어진 예산으로 최대의 효용을 얻는 합리적 소비자' 가 될 수 있다. 만약 두 값이 같다면 빵을 먹든 우유를 먹든 나에게는 아무 차이가 없다.

이런 이치에 따라서 빵 다섯 개를 먹은 뒤 우유 한 팩을 마시고, 다시 네 개를 먹은 뒤 또 우유 한 팩을 마시고, 그 다음 세 개를 먹고 또 우유 한 팩을 마시고, 마지막으로 조금 아쉬운 것 같아서 빵을 하나 더 먹는 것으로 1,900원을 모두 지출함으로써 나는 '바람개비빵 파티' 를 마무리했다. 이 스토리의 핵심은 '한계효용 균등의 원리' 다. 두 가지 재화를 소비할 때는 두 재화를 구입하는 데 쓴 화폐의 한계효용이 같아지도록 해야 제한된 예산으로 최대의 효용을 얻을 수 있다는 것이다. 만약 어느 시점에서 빵의 화폐 한 단위당 한계효용이 우유의 화폐 한 단위당 한계효용보다 크다면 나는 빵을 좀 더 많이, 그리고 우유를 더 적게 소비하는 것이 현명하다. 그렇게 함으로써 빵의 한계효용은 감소하고 우유의 한계효용은 증가해,

어느 점에선가 둘은 같아지고 나는 1,900원으로 최대의 효용을 얻게 되기 때문이다. 이것을 전문용어로 건조하게 표현하면 아래와 같다.

$$\frac{\text{1번 재화의 한계효용}(MU_1)}{\text{1번 재화의 가격}(P_1)} = \frac{\text{2번 재화의 한계효용}(MU_2)}{\text{2번 재화의 가격}(P_2)}$$

사람은 실제로 아주 다양한 재화와 서비스를 소비한다. 만약 n가지 재화와 서비스를 구입해야 한다면, 이 공식을 살짝 보완해 주기만 하면 된다.

$$\frac{MU_1}{P_1} = \frac{MU_2}{P_2} = \frac{MU_3}{P_3} = \cdots = \frac{MU_n}{P_n}$$

소비자에게 중요한 것은 언제나, 제한된 액수의 돈으로 최대의 효용 또는 만족을 얻는 일이다. 이런 목표는 모든 재화와 서비스의 화폐 한 단위당 한계효용이 똑같아지도록 각각의 소비량을 조절함으로써 이루어질 수 있다. 물론 소비자들이 이런 원리를 알든 모르든 상관없이 이 이론은 성립한다.

'선택에 관한 학문'이라는 경제학의 정의를 돌이켜보자. 선택이라는 것은 적어도 둘 이상의 선택할 수 있는 대상이 있을 때라야 비로소 의미를 가진다. 한계효용 균등의 원리는 둘 이상의 재화와 서비스 대상이 있을 때 어떻게 선택을 하는 것이 합리적인지를 일러준다. 한계효용 균등의 원리는 비단 소비자의 선택에 관한 이론뿐만 아니라 생산 이론에도 그대로 응용할 수 있는 일반적인 원리다. 그래서 재능 있는 현대의 경제학자들은 이 원리를 일반화해서 소비자 이론 분야에서는 무차별곡선(無差別曲線, indifference curve)을, 그리고 생산 이론에서는 등량곡선(等

量曲線, isoquant)이라는 시각적 도구를 만들어냈다. 이 두 곡선은 현대 경제학을 이해하는 데 있어서 필수불가결한 요소이기 때문에 짤막하게라도 설명을 하지 않을 수 없다.

실제 상황에서 나는 빵 열셋과 우유 셋으로 이루어진 상품조합을 선택했다. 하지만 내게 이것과 똑같은 크기의 효용을 주는 다른 조합도 얼마든지 생각할 수 있다. 예컨대 빵 열일곱에 우유 둘, 또는 빵 다섯에 우유 여덟 개의 조합이 그렇다고 하자. 만약 빵과 우유의 단위를 아주 잘게 쪼갤 수 있다면 이러한 상품조합의 수는 무한히 많아진다. 나에게 빵 열셋과 우유 셋의 상품조합과 똑같은 크기의 만족을 주는 모든 상품조합을 좌표평면에 나타내고 그것을 하나로 이으면 다음 그림과 같은 곡선이 탄생하게 되는데, 이것을 바로 무차별곡선(無差別曲線, indifference curve)이라고 한다. 무차별곡선은 '소비자에게 똑같은 수준의 효용을 주는 상품조합의 집합'이다.

무차별곡선의 성격과 특징에 대해서 더 자세하게 알고 싶은 독자가 있다면 서점에서 아무 것이나 손에 잡히는 경제학개론서를 보면 된다. 여기서는 두 가지만 강조하고 넘어가자. 첫째, 무차별곡선은 무한히 많이 그릴 수 있다. 이때 원점에서 멀리 있는 무차별곡선은 가까운 곡선에 비해 빵과 우유 둘 다 더 많은 상품조합을 연결한 것이기 때문에 효용의 수준 역시 더 높다. 둘째, 무차별곡선의 기울기는 내가 일정한 양의 우유를 얻기 위해 얼마만큼의 빵을 포기할 의사를 가지고 있는지를 나타낸다.

다음 〈그림 3〉을 보라. 예컨대 세로축에 가까운 무차별곡선 위의 점 A는 오른쪽 아래의 점 B에 비해 상대적으로 많은 빵과 적은 우유의 조합을 나타낸다. 나는 점 A에서 한 단위의 우유를 얻는 조건으로 점 B에서보다 상대적으로 많은 빵을 포기할 의사를 가지고 있다. 이는 점 A에서 무차별곡선의 기울기가 점 B에서의 기울기에 비해 크다는 데서 드러난다. 경제학개론에 나오는 한계대체율(限界代替率)은 총 효용의 크기를 바꾸지 않으면서 두 재화를 대체하는 비율을 말하는데, 시각적으로는 무차별곡선의 한 점에 접하는 직선의 기울기, 더 정확하게는 그 절대값을 의미한다.

〈그림 3〉 소비자의 합리적 선택

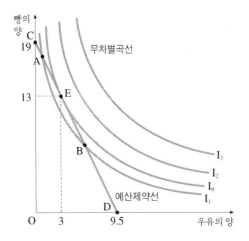

나는 가진 돈이 1,900원밖에 없다. 소비자로서 예산의 제약을 받고 있는 것이다. 이런 상황을 시각적으로 보여주는 것이 예산제약선(豫算制約線)이다. 이 돈으로 빵만 사면 19개(점 C), 우유만 사면 9.5개(점 D)를 살 수 있다. 만약 빵과 우유의 단위를 아주 작게 쪼갤 수 있다면 나는 1,900원을 다 쓸 경우, 이 두 점을 연결하는 직선 위에 놓인 임의의 상품조합을 구입할 수 있다.

무차별곡선은 원점에서 멀수록 좋다. 그것은 나의 희망사항이다. 그러나 예산이 1,900원뿐이다. 이것은 현실이다. 나는 이 냉엄한 현실이 허용하는 범위 안에서 원점에서 가장 멀리 있는 무차별곡선에 도달해야 한다. 이것이 일정한 예산으로 최대의 만족을 추구하는 합리적 소비자로서 할 수 있는 최선의 선택이며, 이 선택은 예산제약선과 무차별곡선이 접하는 점 E의 상품조합을 구입하는 것으로 실현된다. 그보다 원점에서 더 멀리 떨어진 무차별곡선은 예산의 제약 때문에 도달할 수 없다. 점 A나 점 B에서는 똑같은 1,900원을 쓰고도 점 E에서보다 더 적은 효용밖에 얻지 못한다.

이 그림은 어떤 상품의 가격이 변할 경우 어째서 수요량이 변하는지를 이해하는 데 무척이나 편리하다. 우유 값이 그대로 있는 가운데 빵 값이 내리는 경우, 또는 빵 값이 그대로 있는 가운데 우유 값이 내리는 경우, 예산제약선이 어떻게 이동하며, 그에 따라 내가 선택하는 상품조합이 어떻게 변하는지, 독자들은 위 그림을 참고 삼아 가만히 생각만 해봐도 알 수 있을 것이다. 조금 더 깊이 알고 싶은 분이라면 경제학개론서를 보면서 바로 앞 장(「다른 조건이 모두 같다면」)에서 말한 바 대체효과와 소득효과가 어떻게 어우러져 나타나는지도 이 그림을 통해서 더욱 분명하게 이해할 수 있을 것이다. 이런 종류의 가상실험은 경제학과 학생들에게는 중요하지만 일반 독자들에게는 따분할 수 있기 때문에 여기서는 생략한다.

한 가지 잊지 말아야 할 것은, 경제학에서는 총 효용이 아니라 한계효용이 중요하다는 점, 그리고 효용 극대화를 추구하는 합리적 소비자의 선택에 관한 이 모형을 이윤 극대화를 추구하는 합리적 생산자의 행동을 설명하는 데도 똑같이 응용할 수 있다는 점이다. 생산자 이론에서는 곡선과 직선의 이름이 다르기는 하지만 이것들이 의미하는 바, 그리고 모형이 작동하는 방식은 완전히 똑같다.

Thomas Robert Malthus 토마스 로버트 맬더스 (1776-1834)

맬더스는 목사의 아들로 태어났고 그 자신도 목사였다. 아버지 맬더스는 동정심 많은 이상주의자여서 사유재산제도의 해악을 공격하는 진보적 사상에 쉽게 '물들었다.' 아들 맬더스는 아버지의 '비뚤어진 이상주의'를 교정해 주려고 했다. 1798년 나온 『인구론』(An Essay on the Principle of Population)은 이런 시도의 산물이었다. 불과 서른 두 살 먹은 젊은 목사가 쓴 이 책은 그 충격적인 내용과 냉혹한 표현 때문에 익명으로 출판되었다.

『인구론』의 메시지는 너무나 단순명백한 것이었다. 인구는 기하급수적으로 증가하는데(2, 4, 8, 16, 32, 64, 128, 256, …) 식량은 산술급수적으로 증가한다면(1, 2, 3, 4, 5, 6, 7, 8, …) 어느 시점에선가 반드시 파국이 찾아든다. 전쟁, 살육, 기근, 전염병 같은 것이다. 일하는 사람이 기하급수적으로 증가하는데 식량은 산술급수적으로 증가하는 것은 토지가 제한되어 있기 때문이다. 제한된 토지에 점점 더 많은 노동력을 투입하면 총생산은 늘어나긴 하지만 그 증가속도는 점점 느려진다. 현대적인 용어로 말하면 노동의 한계생산력 체감의 법칙이 된다.

이 법칙이 타당하다면 노동자의 임금은 최저 생존 수준을 벗어날 수 없다. 빈민을 구제하려는 모든 노력은 인구 증가를 부추겨 더욱 비참한 파국을 초래할 뿐이다. 맬더스는 여성의 품위를 해치고 난잡한 성생활을 조장한다는 이유로 산아제한에 반대했기 때문에 파국을 예방할 유일한 방법은 "매년 죽는 사람이 늘어나도록 빈민들에게 불결한 습관을 장려하고 전염병이 잘 돌도록 유도하는 것이다."

맬더스는 막대한 토지를 유산으로 물려받은 지주였으며, 아무 것도 생산하지 않으면서 소비에는 특별한 능력을 발휘하는 지주계급의 이익이 사회 전체의 이익과 일치한다는 것을 논증하려고 노력하던 끝에, 경제학의 역사에서 과잉생산 공황의 위험을 인지한 최초의 인물이 되었다.

생산자 이론에서는 한계효용 체감의 법칙 대신 한계생산력 체감의 법칙이 중요한 역할을 한다. 이 법칙은 '한계수확 체감의 법칙'이라고도 하는데, 영국인 경제학자 맬더스의 '인구법칙'의 근거로 널리 알려져 있다. "인구는 기하급수적으로 증가하고 식량은 산술급수적으로 증가한다." 아마 고등학교 사회 시간에는 이렇게 가르칠 것이다. 만약 식량의 증가속도가 인구 증가속도보다 한참 뒤떨어진다면 무슨 일이 벌어질까? 당연히 힘없는 사람들이 무더기로 굶어죽는 사태가 생긴다. 이런 사태를 피하려면? 가끔 전염병이 돌거나 전쟁이 터져야 한다.

사람은 먹는 입과 더불어 일하는 손을 가지고 태어나는데 왜 식량이 모자랄까? 놀아서 그런가? 아니다. 맬더스의 주장에 따르면 땅이 제한되어 있기 때문이다. 제한된 땅에 점점 더 많은 일손을 투입하면 수확이 늘긴 는다. 하지만 노동력 투입량이 증가하는 것만큼 생산이 늘지는 않는다는 것이다. 이 견해를 일반화하면 한계생산력 체감의 법칙이 된다. "다른 생산요소의 투입량을 일정하게 유지하는 가운데 어느 한 생산요소의 투입량을 지속적으로 증가시키면 총생산은 증가한다. 하지만 마지막으로 투입된 생산요소 한 단위가 추가적으로 가져오는 생산의 최종적 증분, 즉 한계생산(marginal product)은 점차 감소한다."

맬더스의 시대에는 토지가 중요했지만 지금은 다르다. 토지를 자본의 한 형태로 간주할 경우 생산요소는 자본과 노동으로 나눌 수 있다. 자본의 투입량을 고정시킨 채 노동의 투입량을 늘려나가면 총생산은 증가하지만 마지막으로 투입한 노동 한 단위가 만들어내는 한계생산물은 점차 감소한다. 노동의 투입량을 고정시킨 채 자본의 투입량을 점차 늘려나가는 경우에도 자본이라는 생산요소의 한계생산물은 체감한다. 그러면 생산자는 자본과 노동의 투입량을 어떻게 조합해야 주어진 비용으로 생산을 최대화할 수 있을까? 다시 한 번 말하지만 이것은 소비자가 주어진 예산으로 최대의 효용을 얻기 위해 두 재화의 소비량을 결정해야 할 때 부딪치는 문제와 똑같은 성격을 지니고 있다. 다음 그림을 보면 소비자 이론과 생산자 이론의 '아름다운 대칭성'을 한눈에 볼 수 있다.

〈그림 4〉 생산자의 합리적 선택

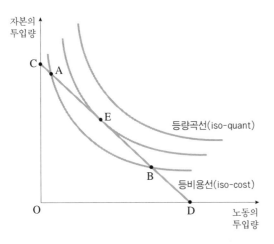

가로축과 세로축에 상품의 양이 아니라 어떤 상품을 생산하는 데 들어가는 생산요소의 양을 표시한다. 여기서 가로축에는 노동의 투입량, 세로축에는 자본의 투입량을 기입한다. 무차별곡선은 여기서 '등량곡선'(等量曲線, iso-quant)이라는 이름을 달고 나타난다. 등량곡선은 특정한 생산량을 얻기 위해 생산자가 선택할 수 있는 모든 자본량과 노동량의 조합을 나타낸다. 원점에서 먼 무차별곡선이 더 높은 효용수준을 나타내는 것처럼, 원점에서 먼 등량곡선은 더 많은 생산량을 나타낸다. 소비자가 두 가지의 서로 다른 상품을 소비해서 최대의 효용을 얻으려 하는 것처럼 생산자는 서로 다른 생산요소를 투입해서 최대의 생산량을 얻으려 한다. 소비자가 서로 다른 두 재화를 대체소비할 수 있는 것처럼 생산자도 노동과 자본을 대체 투입할 수 있다. 생산량에 아무런 변화를 주지 않으면서 노동과 자본을 대체할 경우 그 대체비율은 등량곡선 상의 한 점에 접하는 접선의 기울기로 표현할 수 있는데, 이 비율을 '한계기술대체율'(限界技術代替率)이라고 한다.

생산자는 언제나 더 많은 노동과 자본을 결합해서 더 많은 생산을 하기를 원한다. 이것이 그의 희망사항이다. 그러나 그는 예산의 제약을 받는다. 이것이 현실이다. 예산제약선은 이 생산자가 동원할 수 있는 화폐 전부로 자본을 구입할 경우인 점 C와 노동만을 고용할 경우인 점 D를 잇는 직선이다. 예산제약선은 생산자이론에서는 '등비용곡선'(等費用曲線, iso-cost curve)이라는 이름을 달고 있다.

생산자는 냉엄한 현실의 제약 아래서 최대의 생산을 추구한다. 그는 소비자와 마찬가지로 등비용곡선과 등량곡선이 접하는 점 E, 그 점이 나타내는 노동량과 자본량의 조합을 선택함으로써 이러한 목적을 달성할 수 있다. 이 등량곡선보다 높은 곳에 있는 등량곡선은 예산제약 때문에 도달할 수가 없다. 점 A나 B에서는 똑같은 비용을 쓰고도 점 E에서보다 생산량이 적다. 주어진 등비용곡선 위에서는 점 E가 원점에서 가장 먼 등량곡선에 도달하게 한다. 주어진 비용으로 최대의 생산량을 얻는다는 이야기다.

임금이 오르거나(노동력의 가격 인상) 국제 원유 가격이 오를 경우(자본재의 가격인상) 등비용곡선이 어떻게 이동하며, 그 결과 이 생산자의 노동력에 대한 수요가 어떻게 변하리라는 것을, 독자들은 이 그림을 이용해서 혼자서도 생각해 볼 수 있을 것이다. 경제학과 학생이라면 이 경우 소비자 이론에서 나타나는 소득효과와 대체효과가 어떻게 나타날지 경제학 교과서를 통해서 세밀하게 따져보기를 권한다.

이번 글을 이해하려고 독자들께서는 골머리를 좀 썩이셨으리라 믿는다. 그걸 뻔히 알면서도 경제 이론의 영역으로 한 걸음 들어온 것은 독자들께, 사실은 경제학자들이 즐겨 쓰는 수학적 표현이 알고 보면 부잣집 담장 위의 가시철조망 같은 것은 아니라는 점을 말하고 싶어서다. 대학의 경제학 교과서에서 흔히 쓰는 수학은 간단한 기하와 미분에 불과하다. 수학을 전공하는 학생들이라면 아마 이게 무슨 수학이냐고 코웃음을 칠 것이다. 이 정도의 수학은 약간의 정신적 긴장이라는 비용을 지불하면 누구나 이해할 수 있다. 수학적 기법을 쓰는 것은 바로 경제학의 세계를 지배하는 '한계성의 원리'가 수학적 성질을 지니고 있기 때문일 뿐 다른 특별한 이유가 있는 건 아니다. 한 마디로 말해서 편리하기 때문에 쓰는 것이다.

만약 수학적 표현을 쓴다면 무려 16쪽으로 이루어진 이 꼭지는 두세 쪽으로 압축할 수 있다. 그러면서도 말로 표현하는 것보다 훨씬 명료하게 소비자와 생산자의 행동원리를 묘사할 수도 있다. 하지만 내가 독자들께 바라는 것은 그런 기법을 이해하는 것이 아니다. 여기서 묘사한 바 소비자와 생산자의 행동원리 그 자체를, 그것을 분석하는 경제학자들의 사고방식을 이해해 보시라는 것이다. 만약 여기 소개한 두 개의 분석 모형을 확실하게 이해한다면 독자들께서는 임금 수준이 올라가면 일자리가 줄어든다는, 일하는 사람들의 입장에서 보면 별로 마음에 들지 않는 견해가 어떤 이론적인 뒷받침을 받고 있는지를 이해할 수 있을 것이다. 그리고 경제학원론 수준의 교과서가 다루는 다른 종류의 문제에 대해서도 그리 어렵지 않게 접근할 수 있게 될 것이다. 반나절 정도의 시간과 약간의 정신적 긴장을 투자한 대가로 그 정도의 소득을 얻는다면 이 또한 즐겁지 아니한가!

'대박'의 경제학

엄격한 도덕군자가 아니더라도 웬만큼 생각이 있는 사람이라면 누구나 이렇게 말한다. "노름(gambling)은 얼간이나 하는 게임이다." 경제학적 표현을 쓰자면 노름은 '비합리적'(irrational) 행동이다. 하긴 지당하신 말씀. 노름 때문에 패가망신한 사람이 얼마나 많은가. 일확천금의 꿈을 안고 강원도 정선에 문을 연 최초의 내국인 카지노를 찾았다가 가산을 탕진한 이가 하나 둘이 아니다. 그러고서도 대박의 환상을 버리지 못해 카지노 바닥에 떨어진 칩을 줍고 먹을 것을 구걸하면서 주변을 배회하는 얼간이까지 있다고 한다. 경마장에서 진 빚을 갚으려고 공금을 유용하거나 도둑질을 하고, 심지어는 어린이를 유괴하는 사람까지 심심찮게 나온다. 이러니 도박을 얼간이들의 게임으로 간주하는 것도 무리가 아니다.

하지만 이렇게 단정해 버리기에는 무언가 미심쩍은 구석이 있다. 논리적으로 보면 분명 얼간이들의 게임인데도, 동서고금을 막론하고 노름하는 사람이 없는 사회는 없다. 아니, 없는 정도가 아니다. 오늘날 우리 사회에서도 대다수가 어떤 종류든 도박을 하고 있다.(노름이나 도박이라는 표현이 거슬린다면 내기라고 해도 좋다. 판돈의 많고 적음을 기준으로 도박과 내기를 가를 수도 있겠지만 둘 사이에 분명한 울타리를 세우는 것은 불가능하니 여기에서는 도박 또는 노름이라는 표현을 쓰기로 하자.) 국가가 모든 종류의 도박을 금지하는 것도 아니다. 판돈이 큰 포커나 고스톱은 형법으로 처벌하지만 친구들끼리 하는 푼돈 걸기 포커나 '점백이 고스톱' 정도는 별 문제가 없다. 복권이나 경마, 카지노, 경륜 따위는 엄연하게 허용되어 있다. 주택복권처럼 국가가 관장하는 도박도 있다. 그리고 논리적으로만 따지자면 증권거래소와 코스닥 시장의 주식거래도 도박의 혐의를 벗기 어렵다.

진실을 말하자면 모든 도박이 다 '얼간이들의 게임'인 건 아니다. 모든 노름이 다 '비합리적 행위'인 것도 아니다. 많은 사람이 도박을 하는 것은 거기 무언가 그럴 만한 요소가 들어 있기 때문이다. 적어도 인간을 '합리적 경제인'으로 간주하는 경제학의 기본전제를 인정한다면, 그런 '합리적 경제인'들이 일상적으로 벌이는 수없이 많은 종류의 크고 작은 도박에도 어떤 종류의 합리성이 숨어 있다고 하는 게 옳다.

도박이란 무엇인가? 카지노나 경마장을 떠올리겠지만 사실 도박의 범위는 매우 넓다. 요즘 우리나라에서 널리 쓰이는 하퍼콜린즈 출판사의 코빌드(Cobuild) 영어사전에 따르면, 일반적으로 "도박은 돈이나 성공, 특별한 이익을 기대해서 위험한 행동을 하거나 결정을 내리는 것"이다. 이 추상적인 정의를 경제학적으로 '천박하게' 해석해 보자. 도박을 하는 사람은 혹시 손에 넣게 될지도 모르는 큰 돈(불확실한 이익)을 기대하면서 자기가 가진 현금이나 물건(확실한 자산)을 걸고 내기를 한다는 것이다. 이른바 '대박의 꿈'을 실현하기 위해 동원할 수 있는 현금을 몽땅 거는 노름꾼들의 심리 상태는 도박의 요체를 보여준다.

노름꾼을 얼간이라고 하는 것은 무엇보다도, 돈을 딸 확률을 과대평가하고 잃을 확률을 과소평가하는 경향이 있기 때문이다. 때로는 자기가 대박을 터뜨릴 확률이 다른 사람보다 더 높은 것처럼 착각하기도 하는데, 그 근거는 자신의 사주팔자에 대한 터무니없는 낙관일 수도 있고 간밤의 꿈에 본 돼지나 용일 수도 있다. 한 번 이런 착각에 빠졌다가 금방 꿈을 깨는 사람도 있지만 좀처럼 헤어나지 못하는 사람도 있다. 그래서 정신과 의사나 심리학자들은 도박에 대한 집착을 사람에 따라 치료가 되기도 하고 안 되기도 하는 정신병으로 취급한다.

하지만 이러한 병적 집착에 사로잡힌 경우를 제외하고 본다면 사람들이 도박을 하는 데는 충분하지는 않을지 모르지만 무척 그럴듯한 이유가 여럿 있다. 루브너(Axel Rubner)라는 경제학자는 『도박의 경제학』이라는 책에서 도박을 하는 이유로 다음 다섯 가지를 꼽았다.

첫째, 불확실한 승부는 스릴을 선사한다. 경마를 보라. 아무리 과거 성적이 좋은 말이라도 우승 확률이 그대로 들어맞지는 않으며 컨디션이 좋은 말이 꼭 이기는 것도 아니다. 불확실한 승부가 주는 스릴을 즐기려는 심리는 지성과는 무관하다. 펜실베이니아 대학에서 수학과 통계학, 심리학을 공부하고 가르치는 대학생과 교사들을 상대로 실험을 한 적이 있다. 이 사람들은 모두 확률 이론을 잘 알고 있었다. 하지만 실험 결과 그들 역시 이길 확률이 높고 상금이 적은 쪽보다는 확률은 낮지만 상금이 큰 쪽을 선택하는 '불합리한' 행태를 보였다.

둘째, 도박은 오락의 재미를 배가시킨다. 설과 추석 명절을 고스톱으로 지새고, 공장의 기계가 잠시 멈추는 휴식시간에 카드를 돌리는 건 물론 재미로 하는 일이다. 그런데 이런 게임도 돈을 한푼도 걸지 않으면 재미가 없다. 점백이라도 쳐야 고스톱이 재미가 있다는 이야기다. 10분 만에 후딱 점심을 먹어치우고 잠깐 친선 당구를 치는 샐러리맨들도 하다못해 게임비라도 걸어야 흥이 난다. 이런 경우 돈의 액수는 문제가 아니다. 게임비를 잃는 경우에도 오락을 즐긴 값으로 치면 그만이다.

셋째, 도박은 때로 어려운 이웃을 돕는 기쁨을 준다. 수백만 달러 상금이 걸린 잭폿에 도전하는 사람들은 흔히들 당첨되면 어려운 이웃을 돕겠다고 말한다. 물론 많은 사람들이 그렇게 한다. 하지만 이런 고귀한 일을 하는 것이 도박의 진짜 목적인 경우는 별로 없다. 하지만 작은 클럽이나 장애인 단체를 돕기 위한 소규모의 복권 행사는 어디서나 볼 수 있다. 이런 복권을 사는 사람들도 때로는 적지 않은 상금을 타기도 하지만, 대부분은 당첨을 별로 기대하지 않으며 당첨 여부를 잘 챙기지도 않는다. 이런 복권은 형식만 도박일 뿐 사실은 아름다운 자선행위이고, 그렇기 때문에 많은 사람들이 참여하는 것이다.

넷째, 도박은 심리적 만족을 준다. 예컨대 이건희 삼성그룹 회장이 경마장에서 마권을 산다든가, 야구선수 박찬호가 월드컵 복권을 사는 경우를 생각해 보자. 빌 게이츠나 조지 소로스가 라스베가스 카지노에서 블랙잭을 하는 경우도 마찬가지다. 그들이 실제로 도박을 하는지는 모르겠지만 만약 한다면 그 목적이 돈을 따는 데 있지는 않을 것이다. 하지만 돈을 딸 경우에는 누구나 아주 좋아한다. 돈이 아니라 기분이 문제다. 자기가 언제나 행운이 따르는 사람임을 남들에게 과시하고, 선망의 눈길과 박수갈채를 받는다는 것, 이건 억만장자에게도 기분 좋은 사건임에 분명하다.

다섯째, 도박을 하면 돈을 딸 수도 있다. 사실 앞서 말한 네 가지는 여기에 비하면 부차적이고 하찮은 이유에 불과하다. 복권(로토), 축구복표(토토), 마권, 카지노, 주식, 채권, 파생 금융상품, 외환, 커피원두나 원유 같은 현물, 그리고 걸리면 처벌당하는 골방의 섯다판에 이르기까지 도박이라는 이름을 붙일 만한 모든 종류의 위험한 행동과 결정을 지배하는 것은 바로 금전에 대한 억제할 수 없는 욕망이다.

아담 스미스 이래 대부분의 경제학자들은 도박을 이 "억제할 수 없는 욕망에 휘둘린 사람들의 불합리한 행동"으로 치부했는데, 사실 돈을 따기 위한 사업으로 치면 도박은 손해보는 장사임에 분명하다. 주택복권을 예로 들어보자. 틀림없이 1등에 당첨되는 방법이 있을까? 있다. 그것도 간단한 방법이 있다. 그 주의 주택복권 판매분을 몽땅 구입하는 것이다. 하지만 이게 수지맞는 사업일까? 아니다. 일등부터 꼴등까지 당첨된 복권의 상금을 모두 합쳐도 기껏해야 복권 구입비용의 절반이 될까 말까 하기 때문이다. 예컨대 전체 복권 구입비용이 10억 원이고 상금이 합계 5억 원이라고 하자. 이 경우 수학적으로 표현하면 주택복권의 '기대값'은 복권 판매가격의 절반이다. 예컨대 복권 한 장이 1,000원이라면 기대값이 500원인 것이다.

어떤 복권의 기대값은 그 복권이 당첨될 확률과 당첨될 경우 받을 상금액수를 곱한 값이다. 만약 1등부터 3등까지 있는 복권이라면 1등 당첨확률 곱하기 1등 상금, 2등 당첨확률 곱하기 2등 상금, 3등 당첨확률 곱하기 3등 상금, 이 셋을 모두 더한 것이 바로 기대값이 되는 것이다. 복권, 경마, 카지노, 주식, 외환 등 모든 종류의 도박에서 기대값은 그 게임의 참가비용보다 현저히 작다. 그런데도 사람들은 확실한 현금을 주고 기대값이 그 절반에 불과한 게임을 한다. 어쩐지 부당한 것 같다. 하지만 알고 보면 그렇게 말할 수만은 없다.

경찰에 발각되면 무거운 처벌을 받는 불법 도박을 예로 들자. '섰다'든 '고스톱'이든 '포커'든 간에 도박을 벌이려면 먼저 누군가 속칭 '하우스'라는 도박장을 개설해야 한다. 처벌의 위험이 따르기 때문에 '하우스'를 연 사람은 참가자들에게 일정한 액수의 '입장료'를 받거나 현금 대용으로 쓸 칩을 교환해 주면서 일정 비율의 '고리'를 뜯어야 한다. 술과 음식을 팔아 이문을 챙기는 것도 당연하다. 자금이 떨어진 사람을 위해서는 차용증이나 귀금속, 땅문서 따위를 담보로 돈을 꾸어주는 것도 정상적인 업무 영역에 속한다. 노름꾼들은 갈고 닦은 기술로 속임수를 쓰기도 하고 둘이나 셋이서 미리 짜고 다른 사람을 벗겨먹는 일도 흔하다. 이처럼 '하우스'를 차린 사람이 직접 노름은 하지 않으면서도 무언가를 챙기기 때문에, 노름판이 끝난 다음 승자들이 딴 돈을 모두 합치면 패자가 잃은 돈의 합계보다 언제나 적게 마련이다. "고스톱은 거울 보면서 혼자서 쳐도 셈이 맞지 않는다"는 신종 격언은 이래서 나온 것이다.

'하우스'의 몫을 제외하고 본다면 잃은 사람이 잃은 돈과 딴 사람이 딴 돈의 총계는 정확하게 일치한다. 그리고 이런 게임을 끝없이 계속하는 경우 노름꾼들이 땄다 잃었다를 반복하는 동안 '하우스'만 부자가 된다. 그런데 국민경제 전체로 보면 불법 도박은 노름꾼 자신을 제외한 다른 누구에게도 이익이나 손해를 끼치지 않는다. 잃은 이에게서 딴 이에게로 화폐가 이전되었을 뿐 국부가 유출된 것도 아니고 국민소득이 늘거나 준 것도 아니다. 만약 이것이 불법으로 규정되어 있지 않다면 '하우스'가 술과 밥과 안주를 제공하고 장소를 임대한 대가로 돈을 번 만큼 국민소득이 증가한다. 실제로 그렇게 되지 않는 것은 불법적 거래와 관련된 소득을 GNP 통계에 잡아주지 않는 탓일 뿐 다른 이유는 없다.

이러한 구조는 불법 도박판에서부터 복권과 경마와 주식투자까지 모든 종류의 합법적 도박에도 어김없이 들어맞는다. 정선 카지노는 허가 받은 도박장이다. 주택복권과 경마를 주관하는 것은 정부 산하의 공기업이다. 증권거래소와 코스닥 시장도 국가가 보호하고 장려하는 도박이다. 이것과 관련된 일자리를 가진 사람들이 받는 급여와 행정관리비가 다 어디서 나오는가? 모두 복권과 마권의 가격과 그

기댓값의 차이에서 나오는 것이다. 증권거래소와 증권회사도 다 주식거래와 관련된 수입으로 먹고산다. 복권과 마권, 주식을 사고 파는 행위 그 자체는 국민소득의 크기에 아무런 영향을 미치지 않는다. 돈을 따는 사람도 있지만 패가망신하는 사람도 역시 많다. 큰손과 아마추어가 있고, 속임수와 작전 세력이 판을 치는 것 역시 비슷하다. 판돈을 꾸어주는 금융기관이 있다는 것도 같다. 차이가 있다면 국가가 이 '하우스'를 허가해 주고 세금을 징수한다는 것, 그리고 합법적 도박업계에 종사하는 사람들이 받는 급여와 '하우스'가 남기는 이익이 모두 국민소득에 포함된다는 것뿐이다.

주식은 특별한 점이 있는 도박이다. 따거나 잃는 주식투자자뿐만 아니라 '하우스' 밖의 다른 사람과 국민경제에 강력한 영향을 주는 도박이기 때문이다. 주식시장도 도박장이라는 점에서는 마찬가지다. 하지만 여기 들어간 판돈이 기업으로 들어가 생산적 목적에 쓰인다는 점에서 다른 모든 종류의 도박과 구별된다. 경제학자들의 표현을 쓰면 주식 시장은 가계의 저축을 기업의 투자자금으로 전환하는 연결고리다. 기업이 주식을 발행함으로써 은행을 통하지 않고 자금을 조달하기 때문에 '직접금융시장'이라고도 한다. 정선 카지노에 견주자면, 상장기업이나 벤처회사가 카지노 고객들에게 도박용 칩을 팔아서, 그 대가로 받은 돈으로 신기술을 개발하고 설비투자를 해서 노동자들을 고용한다고 보면 되는 것이다. 물론 이 경우 칩의 가격은 카지노와는 달리 최초의 판매가격과 달라질 수 있다. SK텔레콤이나 삼성전자 주식처럼 그 몇 배 몇십 배로 될 수도 있고, 파산한 은행의 주식처럼 휴지조각이 될 수도 있다는 이야기다.

여기까지 이야기를 듣고 기댓값이 참가비보다 낮은 게임은 하지 말아야 한다는 결론을 내린 분이 있을지 모르겠다. 하지만 그러기에는 아직 이르다. 그런 결론을 뒤집으면 기대값이 참가비보다 현저히 높은 게임에는 참가하는 것이 합리적인 행동이 된다. 하지만 세상에는 기대값이 무한대로 높은데도 전 재산을 쏟아 붓는 이가 전혀 없는 게임도 있기 때문에 이런 결론은 통용되지 않는다. 가장 유명한 예가 '상트 페테르부르크 로터리'(St. Petersburg Lottery)다.

전해지는 이야기에 따르면 러시아 상트 페테르부르크에 있는 한 카지노가 매우 흥미로운 동전 던지기 게임을 제공했다. 규칙은 정말 간단하다. 동전을 반복해서 던지는데 k번째에 처음으로 숫자 있는 면이 나오면 2^k루블을 상금으로 준다는 것이다. 예컨대 첫번째 바로 숫자가 나오면 2루블을 주고 그림이 나오면 0루블, 두번째 처음 숫자가 나오면 2^2 즉 4루블을 주고 그렇지 않으면 0루블, 이런 식으로 계속하는 것이다. 이 게임의 기대값은 얼마일까? 놀랍게도 무한대다. 정말 그런지 계산해 보자.

첫번째에 숫자가 나올 확률은 $\frac{1}{2}$이고, 이 경우 상금은 2루블이다. 두번째에 처음 숫자가 나오려면 첫번째에 그림이 나오고 두번째에 숫자가 나와야 하기 때문에 그 확률은 $(\frac{1}{2})^2$이고 상금은 2^2이다. 세번째 처음 나올 확률은 첫번째와 두번째 모두 그림이 나온 다음 세번째 숫자가 나오는 경우 하나뿐이기 때문에 $(\frac{1}{2})^3$이고 상금은 2^3루블이다. 같은 이치에서 k번째에 처음 나올 확률은 $(\frac{1}{2})^k$이고 상금은 2^k루블이다. 이론적으로는 한없이 계속해서 그림만 나올 수가 있기 때문에 동전 던지기는 한없이 계속할 수 있다. 따라서 이 게임의 기대값은 각각의 경우가 나타날 확률과 그 경우의 상금을 곱한 것을 다 합쳐서 구할 수 있다.

$$e \text{ (기대값)} = (\tfrac{1}{2})^1 \times 2^1 + (\tfrac{1}{2})^2 \times 2^2 + (\tfrac{1}{2})^3 \times 2^3 + \cdots + (\tfrac{1}{2})^k \times 2^k + \cdots$$
$$= 1 + 1 + 1 + \cdots + 1 + \cdots = \infty$$

상트 페테르부르크 로터리의 기대값은 이렇게 해서 무한대가 된다. 만약 기대값을 기준으로 도박 참가 여부를 결정한다면 이 게임에 전 재산을 걸어도 된다. 하지만 실제 그렇게 할 사람은 전혀 없다. 8루블을 받을 확률이 1/8에 불과하다는 걸 뻔히 아는 게임에 전 재산을 걸 멍청이는 없기 때문이다. 상트 페테르부르크 카지노의 지배인이 참가비를 얼마로 하면 이 게임에 참가하겠느냐고 묻는다면 독자 여러분은 무어라고 할 것인가? 아마도 대부분의 독자들이 5루블이 넘을 경우 내기를 걸지 않을 것이다. 기대값이 무한대로 높은 게임인데도 참가비가 단돈 5루블을 넘어서면 사람들이 참가를 망설인다는 점에서 이것은 '상트 페테르부르크 패러독스' 라는 이름을 붙일 만하다. 하지만 기대값을 기준으로 도박 참가 여부를 결정한다는 낡은 통념에 비추어보면 이것은 패러독스임에 분명하지만, 이 통념이 틀렸기 때문에 사실은 조금도 이상할 것이 없는 당연한 현상이다.

이 패러독스는 폰 노이만(Von Neumann)과 모르겐슈테른(Morgenstern)이 이론적으로 해소했지만 몇 가지 가정과 수학적 처리가 필요하기 때문에 자세히 소개하지는 않는다. 하지만 이것이 패러독스가 아니라는 것은 두 가지만 유념하면 직관적으로도 쉽게 이해할 수 있다. 첫째, 사람은 불확실한 것보다는 확실한 것을 좋아한다. 기대값이 1백만 원인 복권과 현금 1백만 원 가운데 하나만 택하라면 보통은 다 현금을 택한다. 기대값은 불확실하고 현금은 확실하기 때문이다. 둘째, 경제학은 '한계의 세계' 임을 상기하자. 우리는 앞 장 「꼬리가 개를 흔든다?」에서 '한계효용 체감의 법칙' 을 다룬 바 있다. 원래 한계효용은 하나의 재화나 서비스를 소비할 때 적용되는 법칙이지만 모든 종류의 재화와 서비스를 구입할 수 있는 화폐에도 적용할 수 있다. 예컨대 똑같은 1백만 원도 무일푼인 노숙자일 때 얻을 경우 그 한계효용은 그가 미국에 있는 외삼촌에게서 1백만 달러를 상속받아 부자가 된 후에 같은 액수의 화폐에서 얻는 한계효용보다 훨씬 크다는 것이다.

상트 페테르부르크 카지노의 고객들이 극대화하려고 하는 것은 게임의 기대값이 아니라 그것이 주는 효용 또는 만족감이다. 예컨대 1백만 루블의 기대값이 가지는 효용은 1만 루블이 가지는 효용의 백 배가 아니라 그보다 훨씬 적다. 같은 이치에서, 무한대의 기대값도 무한대의 효용을 가지지는 않는다. 고객들은 이 로터리에서 상금이 주는 기대 효용을 참가비로 내는 현금의 효용과 비교해서, 전자가 후자보다 클 때에만 내기에 낄 것이다.

그러면 도대체 얼마의 참가비를 내야 합리적일까? 모범답안은 없다. 화폐의 한계효용이 급속하게 체감하는 사람은 5루블도 너무 많다고 생각할 것이다. 이런 사람은 되도록 위험을 피하려는 소심한 사람이다. 반면 화폐의 한계효용이 느리게 감소하는 다른 고객은 10루블도 아깝지 않다고 생각할 것이다. 이런 사람은 상대적으로 기꺼이 위험을 택하는 사람이다. 화폐의 한계효용이 체감하지 않거나 오히려 체증하는 사람, 다시 말해서 돈을 많이 벌어도 변함없이, 또는 벌면 벌수록 더욱 더 돈을 좋아하는 희귀한 사람이라면 패가망신의 위험을 무릅쓰고 전 재산을 걸수도 있겠다. 어느 경우든 모두 그 개인의 돈에 대한 취향에 따라 '합리적'일 수 있다는 이야기다.

끝으로 주식투자에 대한 경고 한마디. 주식투자는 특히 개인투자자들이 돈을 잃을 위험성이 매우 높은 도박이다. 사실 기업의 경영권을 획득할 의사도 능력도 없는 보통 시민의 입장에서 보면, 주식은 자산을 보유하고 증식하는 다양한 방법 가운데 하나에 불과하다. 알뜰하게 저축해서 모은 몇천만 원에서 몇억 원 정도의 자산을 안전하게 증식할 수 있는 길은 많다. 우량은행에 정기예금을 하거나 국공채를 사면 이자율은 낮지만 원금을 까먹을 염려는 전혀 없다. 조그만 상가나 아파트를 구입해서 임대하는 경우 위험도는 다소 높아지지만 수익률은 좀 나을 수 있다. 채권형 수익증권이나 주식형 수익증권에 간접투자하는 경우 원금 일부가 깨질 수는 있지만 아주 날릴 가능성은 높지 않다. 하지만 금융자산을 몽땅 털어 직접 주식투자에 뛰어드는 것은 불법 도박판을 기웃거리는 것이나 진배없이 위험한 일이다. 그곳은 소총이나 권총 따위를 든 초보 사냥꾼이 도저히 당할 수 없을 만큼 사나운 짐승과 독충이 우글거리는 정글이기 때문이다. 거래소 시장이나 코스닥 시장이나 위험하기는 마찬가지다.

물론 '개미' 들도 주식시세표 정도야 볼 줄 안다. 최근 60일 동안의 최고·최저가 변동폭도 보고, 거래량이나 주가수익률 따위를 비교할 줄도 안다. 이자율과 환율, 산업 생산지수, 미국 증시 동향과 국제수지, 유·무상증자, 정부의 산업정책이 주가에 어떤 영향을 미치는지도, 뜬소문에 홀려 '묻지마 투자' 에 나선 왕초보가 아니라면 나름대로 계산할 줄 안다. 그러나 두 가지 이유 때문에 '개미' 들은 '큰손' 을 절대 이길 수 없다.

첫째, '개미' 가 알고 있는 모든 지식과 정보를 '큰손' 은 알고 있다. '큰손' 은 새로운 정보를 '개미' 보다 먼저 그리고 정확하게 안다. '개미' 들까지 얻어들을 정도로 시장에 널리 퍼진 정보는 이미 정보로서의 가치가 없다. '개미' 는 누구나 알고 있기 때문에 아무 가치도 없는 정보와 지식으로 투자 결정을 한다. '큰손' 의 동향을 기민하게 탐지해서 잠깐 떡고물을 만지는 경우도 있지만 그건 절대로 오래가지 못한다. 정보의 우위 때문에 '큰손' 은 '개미' 들을 합법적으로 수탈할 수 있다.

둘째, '큰손' 은 '개미' 들을 불법적으로 벗겨먹는다. '개미' 는 주가를 조작할 수 없지만 '큰손' 은 주가를 조작할 수 있기 때문이다. 1998년 5월과 6월 현대증권이 저질렀던 주가 조작 사건은 빙산의 일각에 불과하다. 1년이 넘게 지난 1999년에야 검찰 수사로 개요가 드러나 이익치 현대증권 사장을 비롯한 관련자 5명이 기소되었던 이 사건을 보면, 우리나라 주식 시장은 호텔 밀실의 사기도박판과 별로 다를 바가 없다. 현대증권은 장 마감시간 종가(終價) 결정 직전의 대량 매수 주문, 대량의 저가 허위 주문, 여러 개의 계열사 계좌를 이용한 통정매매 등으로 1998년 5월 15,000원 수준이던 현대전자 주식 가격을 한 달 사이에 두 배인 31,000원 수준으로 끌어올렸다.

현대증권은 이렇게 한 다음 현대전자의 전환사채를 높은 가격에 팔아 1천억 원의 이익을 챙겼고 그밖에도 정씨 일가와 더불어 현대전자 주식을 대량 매각함으로써 440억 원의 이익을 손에 쥔 것으로 알려졌다. 이처럼 '큰손'이 한몫을 잡는 동안 서로 다른 시점, 서로 다른 가격에 현대전자 주식을 사고 팔아 손해를 보았던 불특정 다수 투자자들은 분통을 터뜨렸지만 어쩔 수가 없었다. 누가 어떻게 얼마의 피해를 보았는지 구체적으로 입증할 수가 없었기 때문이다. 사기도박단에 걸려든 순진한 노름꾼 신세가 되었다고나 할까?

국가가 형법으로 도박을 단죄하면서 카지노와 경마장과 주식 시장을 보호해주는 것은 논리적으로 볼 때 퍽 괴상한 모순이다. 하지만 어쩌랴. 원래 인간 그 자체가 모순 덩어리인 것을. 위험한 도박에 탐닉하는 것은 매력 있는 이성을 향한 열정만큼이나 강력한 인간의 원초적 본능인 것을. 주식투자와 경마로 날린 돈을 국가더러 물어내라고 데모를 하지만 않는다면야, 스스로 '대박의 꿈'을 좇는 불나비가 되어 장렬하게 패가망신하는 것도 '합리적 경제인'의 당당한 권리가 아니겠는가. Let it be!

사회보험, 위험의 국가 관리

불가(佛家)에서는 말한다. 인생은 고해(苦海)라고. 생로병사(生老病死)가 다 고통과 번뇌의 진원지다. 그러면 이 말을 경제학적으로 가공하면 어떻게 될까? 인생은 '위험(risk)의 바다'가 된다. 경제적으로 따져보면 우리네 인생은 곳곳에서 언제 지뢰가 터질지 모르는 들판을 걷는 것과 같다.

생로병사를 보라. 태어나는 당사자야 알 리 없지만 임신과 출산에는 유산과 선천성 장애를 비롯한 각종의 위험이 따른다. 노화(老化)는 시간의 흐름과 더불어 찾아오는 거역할 수 없는 현상이다. 타고난 유전자의 특성과 삶의 여정에서 부닥치는 우연을 미리 알 수 없고 알아도 어찌할 수 없는 일이라 장수(長壽)는 보통 하늘이 내려준 행운으로 간주된다. 하지만 모든 장수가 다 행운인 건 아니다. 늙어서 소득과 재산이 없이 살아야 하는 건 끔찍한 재앙이며, 인간은 누구나 그 위험에 노출되어 있다.

질병 역시 어떤 생명체도 피할 수 없는 일이지만 돈이 없어 치료를 받지 못한다면 그것만큼 비참한 일도 달리 없다. 게다가 현대의 도시에서는 달리는 흉기들이 도로를 질주하고, 수백 미터 높이의 빌딩을 짓는 데는 돈만 드는 게 아니라 노동자의 생명도 들어간다. 현대 산업은 한 모금만 들이켜도 죽음에 이르는 맹독성 물질을 다루고 한 순간만 방심해도 몸이 으깨질지 모를 거대한 기계를 돌린다. 교통사고와 산업재해가 매순간 삶을 위협하는 것이다. 죽음 역시 그렇다. 죽는 당사자에게 죽음은 모든 것의 종말이다. 그러나 가장의 죽음은 남아 있는 가족에게 재정적 파탄을 의미할 수도 있다. 그렇다. 인생은 이처럼 수없이 다양하고 예측할 수 없는 위험으로 가득하다.

그러면 경제학은 이러한 위험에 대해 어떤 처방을 내렸을까? 한마디로 개인이 알아서 대비해야 하며 시장이 그 가능성을 열어준다는 것이다. 경제학의 세계에서 합리적 개인은 고통을 피하고 행복을 극대화하기 위해 끊임없이 계산하고 선택한다. 위험을 모두 예측하고 회피할 수 없다면, 개인이 할 수 있는 것은 위험이 현실화할 경우 그로 인해 발생하는 재정적 부담을 감당할 준비를 갖추는 일이다. 쉽게 말하자면 오늘 벌어들인 것을 오늘 다 소비하지 말고 내일을 위해 일부를 저축하는 것이다. 시장은 위험에 대비하려는 인간의 욕구를 포착해서 알맞은 상품을 제공한다. 각종의 보험상품이 바로 그것이다.

생명보험, 상해보험, 암보험, 노후보험, 자동차보험, 화재보험…. 시장은 생각할 수 있는 거의 모든 종류의 위험에 대해서 보험상품을 제공한다. 보험회사들은 가입자의 성별, 연령, 병력, 직업 등에 따라 특정한 종류의 위험이 현실화할 가능성과, 그것이 현실화할 경우 발생할 손실을 정밀하게 계산해서 가입자가 납부할 보험료와 보험회사가 지급할 보험금을 정한다. 어떤 종류의 보험에 어떤 조건으로 가입할지를 결정하는 것은 경제학자들이 합리적이라고 가정하는 개인이다.

적어도 이론적으로 보면, 위험이 발생시키는 재정적 부담 문제는 이것으로 말끔하게 해결할 수 있다. 하지만 현실은 전혀 그렇지 않다. 모든 산업국가에는 사회보험이 있다. 이것은 모든 국민들이, 또는 특정한 일에 종사하는 사람들이라면 누구나 가입할 의무를 지니는 강제보험이다. 산업재해보험, 의료보험, 고용보험, 노후보험 따위가 대표적인 강제보험이다. 이것은 명백히 국가가 개인의 경제적 선택권을 침해하는 것이다. 국가는 도대체 왜 이런 짓을 하는 것일까? 자유주의 철학과 경제학의 대가 존 스튜어트 밀은 무려 150여 년 전에 쓴 『정치경제학 원리』(Principles of Political Economy)에서 다음과 같은 대답을 남겨두었다.

개인이 자신의 이해관계를 가장 훌륭하게 판단할 수 있다고 가정하지만, 개인은 자기 스스로 판단할 수 없을지도 모른다. 이런 경우 자유방임주의의 기초는 완전히 무너진다. 가장 밀접한 이해관계를 가진 사람이라고 해서 그 문제를 언제나 가장 훌륭하게 판단할 수 있는 것은 아니다.

경제학의 세계에는 합리적 인간이 산다. 합리적 개인이라는 가정이 없이는 경제 이론을 세울 수가 없다. 하지만 현실의 인간은 유감스럽게도 경제학 이론에 봉사하기 위해 사는 존재가 아니다. 특히 위험에 관한 한, 현실의 인간은 자기의 이해관계를 그리 훌륭하게 판단하지 못한다. 개인에게는 삶의 위험을 있는 그대로 인식할 수 있는 능력이 없다. 게다가 인식한다고 해도 욕심에 사로잡히고 유혹에 끌려 합리적인 선택을 하지 못한다. 인간은 전지전능한 존재가 아니다. 쾌락과 고통의 양을 계산해서 언제나 유리한 쪽을 정확하게 선택하는 '쾌락 극대화 자동인형'도 아니다.

사회적 위험에 대한 개인의 합리적 대응을 가로막는 요소는 두 가지다. 첫째,

개인은 특정한 위험이 현실화할 확률을 잘 알지 못하며, 위험의 확률에 관한 통계 수치를 보는 경우에도 그것을 과소평가하는 경향이 있다. 둘째, 인간은 미래의 욕구보다는 현재의 욕구를 과대평가하는 경향이 있다. 강제성을 띤 사회보험은 무엇보다도 개인의 이런 결함 때문에 출현한 것이다.

우선 위험의 확률에 대한 무지와 과소평가 문제. 예컨대 나이가 마흔이 된 어머니의 자궁에 들어선 태아가 다운증후군에 걸릴 확률, 서울시민이 교통사고로 죽을 확률, 안산공단의 프레스 공장에서 손가락 절단사고가 일어날 확률, 담배를 피우는 40대 남자가 폐암에 걸릴 확률, 경기도 일산 신도시의 고층 아파트에 불이 날 확률, 자녀가 효심이 강하고 경제적으로 성공해서 늙은 부모에게 용돈을 충분히 줄 확률…. 어떤 개인도 이런 확률이 얼마나 높은지를 따지면서 살지는 않는다. 보건복지부나 보험회사 인터넷 홈페이지를 아무리 부지런히 드나드는 사람이라도 자기가 어떤 위험에 얼마만한 확률로 노출되어 있는지 완벽하게 아는 사람은 없다. 삶의 위험에 대해 아무리 철저히 대비하려고 해도 우리가 그 위험에 대해 가지고 있는 정보는 언제나 불완전한 것이다.

게다가 인간은 그렇지 않아도 불완전한 정보를 제 마음대로 해석하는 경향이 있다. 사람들은 카지노나 경마장에서 돈을 딸 확률을 과대평가한다. 자기에게 특별한 행운이 찾아들 것이라는 근거 없는 희망에 사로잡히기 때문이다. 그리고 불행이 찾아들 확률은 정반대로 과소평가한다. 자신이 실업자가 될 확률, 돈이 없어 비참한 노후를 맞을 확률, 암이나 당뇨와 같은 성인병에 걸릴 확률, 교통사고나 산업재해 때문에 장애를 입을 확률…. 이런 일들이 자기에게 닥칠 확률이 이미 통계적으로 나와 있는데도, 마치 자기는 그런 일을 당하지 않을 것처럼 사는 사람이 너무나 많다. 불행이 자기를 피해 가리라는 근거 없는 믿음 때문이다.

경제학에서는 개인을 합리적이라고 가정하지만, 현실 속의 개인은 위험의 확률에 대한 정보 부족과 과소평가 경향 때문에 합리적인 위험 대비책을 마련하지 않는다. 그런데 문제는 여기서 끝나지 않는다. 시장이 제공하는 보험을 통해서 위험에 대비하기 위해서는 현재의 소비를 절제해야 하는데 그게 또 쉽지 않은 일이기 때문이다.

인간은 누구나 결핍 속에서 살아간다. 욕구는 무한히 많은데 그 욕구를 충족하는 데 필요한 자원의 양은 제한되어 있다. 빌 게이츠 같은 갑부는 어떨지 모르겠지만 보통 사람은 다 그렇다고 할 수 있다. 보험은 저축의 일종이다. 개인의 입장에서 저축은 어떤 것이든 본질적으로 현재의 소득 가운데 일부를 소비하지 않고 남겨두는 것이다. 물론 저축 그 자체가 목적은 아니다. 저축은 미래의 소비를 위해 현재의 소비를 절제하는 행위이다. 그래서 일반적으로 저축에는 고통이 따른다. 충족하고 싶은 현재의 욕구가 많은데 그걸 참아야 하니까.

합리적 개인은 현재의 소득을 둘로 쪼갠다. 현재의 욕구를 충족하기 위한 소비와 미래의 욕구 충족을 위한 저축으로. 모든 시점에서 현재의 욕구와 미래의 욕구를 가늠해 봄으로써 유한한 자원을 소비와 저축으로 배분한다. 각자의 성향에 따라서 어떤 이는 미래의 욕구를, 다른 이는 현재의 욕구를 중시한다. 전자에게는 별 문제가 없다. 미래의 욕구를 필요 이상으로 중시한 나머지 저축한 돈을 대부분 쓰지도 못한 채 세상을 떠난다 해도 자식들이 그 돈을 상속받아 쓰면 된다. 다른 사람이나 사회에 아무런 피해나 부담도 주지 않는다. 하지만 후자는 다르다. 생기는 대로 다 현재의 욕구를 충족하는 데 돈을 써 버리는 사람은 불행이 닥치면 나락으로 굴러 떨어진다. 실업자가 되고, 병에 걸리고, 늙어서 땡전 한푼 없이 거리를 배회하게 된다.

그런데 이런 사람이 아주 많다. 인간은 미래의 욕구보다는 현재의 욕구를 과대평가하는 본능적 성향을 지니고 있기 때문이다. 초등학교 교과서에 나오는 개미와 베짱이 이야기는 이런 성향을 꼬집은 대표적인 우화다. 이 우화에서 개미가 자선을 베풀지 않으면 베짱이는 굶어죽는다. 사필귀정이다. 개미에게는 아무 잘못이 없다. 하지만 인간은 개미나 베짱이가 아니라 동정심을 지닌 존재이며, 문명사회는 아무리 큰 잘못을 저지른 사람에게도 최소한의 인간다움을 유지할 수 있도록 도와준다. 베짱이의 생존을 보장하는 데 들어가는 비용은 결국 개미가 부담해야 하는 것이다. 이건 분명 불공평하다. 이런 사태를 예방하기 위해서는 베짱이가 겨울에 대비해서 무언가를 저축하도록 강제할 필요가 있다.

다시 말하자. 인간이 위험에 대해 가진 정보는 불완전하다. 경제학의 개인은 합리적이지만 현실의 개인은 행운의 확률을 과대평가하고 불행의 확률을 과소평가하며, 미래의 욕구보다 현재의 욕구 충족에 치우치는 불합리한 존재이다. 그렇다면 위험에 대한 대비책을 전적으로 개인의 선택에 맡기는 것 역시 불합리하다. 누군가 나서서 모든 개인들이 전형적으로 나타나는 사회적 위험에 대비하도록 강제할 필요가 있다. 여기서 '전형적으로 나타나는 사회적 위험' 이란 실업, 질병, 소득 없는 노후, 사고로 인한 장애 같은 것들이다. 그 위험에 대비하도록 하는 '강제' 보험은 일정한 조건을 갖춘 사람이면 모두가 가입해야 하는 고용보험, 건강보험, 국민연금, 산재보험 등의 이른바 '사회보험' 이다. 이 모든 것을 집행하는 그 '누군가' 는 다름 아닌 국가다.

사회보험은 이처럼 현실을 사는 인간의 인지적(認知的)·심리적 결함을 보완하기 위한 것이다. 하지만 이 제도는 녹록치 않은 이데올로기적 공격에 노출되어 있으며, 운영 과정에서 발생하는 심각한 문제 때문에 광범위한 대중적 반감의 대상이 되었다. 우선 '시장은 선이고 국가는 악'이라고 보는 신자유주의 선동가들은 사회보험을 개인의 선택 자유에 대한 침해이며 보험시장에 대한 국가의 부당한 개입이라고 주장한다. 이러한 공격은 개인의 합리성과 시장의 효율성에 대한 일종의 광신에서 출발한다. 반면 대중의 반감은 보험료 부담이 공정하게 나누어지지 않으며, 보험기금 관리자의 도덕성과 능력을 믿을 수 없다는 현실인식에서 나온다.

우선 이데올로기적 비난을 보자. 사회보험이 개인의 선택권을 침해하고 있다는 것은 분명한 사실이다. 하지만 J. S. 밀의 말처럼 개인은 완벽하게 합리적인 존재가 아니라는 점을 인정한다면 이러한 선택권의 침해는 있을 수 있는 일이 된다. 다음 장에서 우리는 마약이나 매매춘, 포르노 등 이른바 비가치재(非價値財)와 관련한 국가의 금지와 규제조처를 살펴볼 것이다. 이러한 규제를 인정한다면 마찬가지 이유에서 국가가 사회보험 가입을 강제하는 것 역시 인정해야 마땅하다.

시장 광신도들의 문제는 이데올로기에 눈이 먼 나머지 현실을 있는 그대로 보지 않는다는 데 있다. 건강보험이나 국민연금에 대해서는 민간 의료보험이나 연금보험에 맡기자는 주장을 경우에 따라서 할 수도 있다. 하지만 고용보험까지 반대하는 것은 무식하기 때문이라는 말밖에는 할 이야기가 없다. 고용보험은 특수한 기술적 문제 때문에 민간보험 상품이 나올 수가 없기 때문이다. 왜 그럴까?

민간 보험회사들은 사고, 질병, 노후, 화재 등 특정한 위험에 대해서 보험상품을 공급할 수 있으며 또 실제로 공급한다. 그런데 보험상품이 공급되기 위해서는 보험의 대상이 되는 위험이 적어도 세 가지 조건을 갖추고 있어야 한다. 첫째, 그 위험이 현실화할 확률을 통계적으로 예측할 수 있어야 한다. 둘째, 위험이 현실화했을 때 야기될 경제적 피해를 확정할 수 있어야 한다. 이 두 가지 조건을 갖춘 위험이라야 보험료와 보험금을 책정할 수 있다. 그리고 셋째로는 그 위험이 독립적

이어야 한다. 이 점이 매우 중요하다.

교통사고를 예로 들어보자. 내가 교통사고를 내거나 당할 위험과 나와는 일면식도 없는 다른 어떤 사람이 교통사고를 내거나 당할 위험 사이에는 아무런 상관관계가 없다. 내가 사고를 당했다고 해서 그 사람이 사고를 당할 확률이 높아지거나 낮아지는 일이 없고 그 역(逆)도 성립한다는 말이다. 어떤 개인이 교통사고를 당할 위험은 독립적이다. 이런 위험이라야 보험시장이 형성된다.

만약 그렇지 않다면 어떻게 될까? 이런 조건을 갖추지 못한 위험을 살펴보면 알 수 있다. 예컨대 콜레라 같은 전염병이 그렇다. 전염병은 다른 사람이 많이 감염될수록 내가 감염될 가능성도 높아지며 그 역도 성립한다. 이런 것은 상호의존적 위험이다. 확률을 계산하기 어렵고 그 경제적 피해의 규모를 예상하기도 어려우며, 그 전염병이 창궐하는 날이면 보험회사는 일시에 엄청난 액수의 보험금을 지급해야 하기 때문에 자칫하면 망하고 만다. 그래서 민간 보험회사들은 이런 위험에 대해서는 보험상품을 제공하지 않는다. 그러면 대책은? 말할 것도 없이 공중위생을 철저히 하고 일단 전염병 환자가 발생할 경우 지체없이 격리하여 국가가 책임지고 치료하는 보건정책이다. 비용은 보험료가 아니라 세금으로 조달하면 된다.

비슷한 성격을 지닌 위험이 실업이다. 사람들은 보통 친구가 실업자가 된 것이 자기가 실업자가 될 확률을 높인다고 생각하지는 않는다. 하지만 친구의 실업과 나의 실업 사이에는 전염병만큼 뚜렷하지는 않지만 분명한 상관관계가 있다. 그것은 누군가의 수입은 언제나 다른 누군가의 지출에서 발생한다는 단순한 사실 때문이다. 일자리를 잃은 친구는 가장 먼저 무얼 할까? 아마도 적립해 놓은 돈이 얼마나 되는지를 따져보고 지출을 줄일 것이다. 일자리를 새로 찾을 때까지는 모아둔 돈을 까먹고 살아야 하니까. 그가 외식비를 줄이면 식당의 수입이 줄어든다. 이것은 식당 종업원의 실업 위험을 감지할 수 없을 만큼이지만 분명히 높인다. 만약 많은 사람들이 실업자가 될 경우 이러한 위험은 감지할 수 있는 수준으로 높아진다.

이런 식의 연쇄반응은 IMF 위기가 터진 직후인 1998년 대한민국 전체, 또는 대우자동차 생산라인이 멈추어 선 이후 인천에서 벌어진 일을 보면 확연히 알 수 있다. 어떤 시점에서 기업의 연쇄도산이나 외환위기로 인해 대규모의 실업이 발생하면 민간가계의 소비지출이 급격하게 감소한다. 가계의 소비지출 감소는 기업의 수입 감소를 의미한다. 상품 판매가 위축되면 기업은 생산량을 줄이고 종업원을 해고한다. 해고당하는 종업원이 늘어나면 소비는 더욱 위축되고, 기업의 생산 역시 더 줄어든다. 이런바 경기의 누적적(累積的) 악순환이다. 대우자동차가 쓰러진 이후 인천 지역에서는 식당과 학원뿐만이 아니라 노래방과 룸살롱까지 거의 모든 산업에서 폐업사태가 도미노처럼 이어졌다. 만약 어떤 보험회사가 고용보험 상품을 공급하고 많은 노동자들이 거기 가입했더라면, 그 보험회사는 IMF 위기가 닥쳤을 때 쇄도하는 보험금 지급 신청을 감당하지 못하고 쓰러졌을 것이다.

이런 이유 때문에 실업의 위험에 대해서는 민간 보험시장이 출현하기 어렵다. 노동자들은 한편으로는 실업의 위험에 대한 과소평가와 현재의 욕구 충족에 대한 선호 때문에, 그리고 다른 한편으로는 저축을 충분히 하기에는 소득 수준이 너무 낮기 때문에 충분한 대비책을 세우지 못한다. 그러면 어떻게 해야 하나? 둘 가운데 하나를 택할 수밖에 없다. 국가가 세금으로 실업자를 먹여 살리는 것, 또는 국가가 만든 고용보험에 모든 노동자를 강제로 가입시키는 것이다. 불경기에는 세금 수입도 감소하기 때문에 첫번째는 대안이 될 수 없다. 따라서 정답은 고용보험이다. 세계의 모든 선진 산업국가들이 고용보험을 실시하고 있는 것은 실업이라는 사회적 위험이 지닌 전염병과 같은 성격을 고려할 때 국가의 직접적 개입말고는 다른 대안을 찾을 수 없기 때문이다. 고용보험에 대한 이데올로기적 비난은 시장 광신도의 맹목적 신앙고백에 불과하다.

정말 문제가 되는 것은 사회보험에 대한 대중의 근거 있는 반감이다. 우선 강제로 보험에 들도록 한 데 대한 반감은, 사회보험료가 세금과 마찬가지로 가계의 가처분소득을 삭감한다는 사실에 비추어 그럴 수 있다고 하겠다. 하지만 이는 사회보험의 근본취지를 이해하지 못한 데 따른 것이기 때문에, 아무래도 정부의 홍보 부실에 책임이 있다고 해야 할 것이다. 그러나 보험료 부담의 불공정한 배분에 대한 반감과 기금관리자에 대한 불신은 실제로 심각한 문제가 된다.

경제활동 인구의 대부분은 남에게 고용된 근로자들이다. 이들은 사회보험에 가입해 보험료를 낼 의무를 진다. 사용자가 가입하는 산재보험을 예외로 하면 고용보험과 국민연금, 의료보험 등 모든 사회보험의 보험료는 사용자와 노동자가 절반씩 나누어 낸다. 보험료는 총액소득에 일정한 비율을 곱해서 정하기 때문에 고소득자일수록 많이 낸다.

의료보험의 경우에는 질병에 걸리는 사람이 혜택을 본다. 건강이라는 행운을 누리는 사람이 질병이라는 불행을 당한 사람을 도와주는 셈이니까, 이렇게 해서 보험 가입자들은 어려움에 처한 이웃을 돕고 자기가 불행을 만나면 남의 도움을 받는 아름다운 사회적 연대를 맺는다.

고용보험과 국민연금은 의료보험과는 성격이 조금 다르다. 소득이 많고 가입기간이 길어 납입한 보험료 총액이 많은 사람일수록 실업자가 되거나 늙었을 때 보험급여를 많이 받는다. 그러나 납입보험료 총액이 평균적 가입자의 두 배인 사람이 두 배의 혜택을 받는 건 아니다. 많이 낸 사람일수록 많이 받기는 하지만 그 격차는 납입 보험료 총액의 격차보다 적다. 이런 현상은 국민연금에서 더 뚜렷이 드러난다. 그래서 고액 소득자들의 경우 연금 급여가 국민연금 납입금을 금융기관에 예치하는 경우보다 더 적을 수 있다. 국민연금 수익률이 민간 금융기관의 이자율보다 낮은 것이다. 재테크의 수단으로서 국민연금은 별로 적절치 않다는 이야기다.

고소득 국민연금 가입자들이 입는 상대적 손실만큼 저소득 가입자들은 혜택을 본다. 그들은 적은 보험료를 내고 적은 급여를 받지만 급여의 격차는 보험료의 격차만큼 크지 않다. 이들에게 국민연금은 금융기관의 예금상품보다 높은 수익률을 안겨준다. 고소득자들이 저소득자들의 노후생활을 지원해 주는 셈이다. 공동체 구성원 사이의 사회적 연대라는 사회보험의 성격이 잘 나타나는 대목이다.

이 원리를 거부할 사람은 별로 없다. 하지만 국민연금 가입 의무를 도시 자영업자들에게까지 확대 적용하면서 문제가 불거졌다. 과연 잘 버는 자영업자들이 보험료를 그에 걸맞게 제대로 납부하느냐는 의문이 제기된 것이다. 피용 근로자들은 유리지갑을 가지고 산다. 국세청이 소득을 정확하게 파악해서 각종 사회보험료를 원천징수한다. 그러나 의사, 변호사, 회계사 등 자유전문직 사업자와 각종 유통업체 자영업자들의 소득을 파악하는 데서 국세청은 매우 무능하다. 전문가들은 자영업자들의 경우 총소득 가운데 국세청이 파악하고 과세하는 몫은 30% 정도에 불과하다고 지적한다.

사회보험료는 세금으로 치면 소득에 비례해서 세액이 올라가는 비례세와 같다. 국민연금도 그렇고 의료보험도 마찬가지다. 따라서 국세청이 자영업자의 소득을 제대로 파악하지 못하면 자영업자들은 소득세도 적게 내고 사회보험료도 적게 내게 된다. 봉급생활자들은 자영업자들의 소득세 탈루만 가지고도 분통을 터뜨려 왔다. 그런데 잘 버는 자영업자들이 사회보험료마저도 적게 낸다니 어찌 정부를 비난하지 않겠는가. 사회 안전망을 확충하려는 김대중 정부의 의도는 좋았다. 그러나 보험료라는 고통을 공정하게 분배하기 위해서는 세무행정의 기초가 튼튼해야 한다. 30%에도 미치지 못하는 자영업자의 소득 파악률을 획기적으로 높이는 세제 개혁과 세무행정의 혁신 없이 일을 벌임으로써, 정부는 아름다운 제도를 원성의 대상으로 전락시켜버렸다. 안타까운 일이다.

게다가 국민들은 국민연금관리공단과 국민건강보험공단 등 기금관리자의 능력을 믿지 않는다. 건강보험은 수입과 지출이 동시에 일어나기 때문에 흑자를 내는 경우에도 적립금이 그리 많지는 않다. 그러나 국민연금은 지금 가입자는 많고 급여 수혜자는 극히 적어서 해마다 적립금이 산더미처럼 쌓이고 있다. 2001년 9월 말 현재까지 국민연금관리공단은 약 85조 원을 조성해서 14조 원을 지출하고 71조 원을 운용하는 중이다.

국민연금 관리공단은 이 돈을 투자해서 안정적으로 불려나가야 하는데, 문제는 이게 말처럼 쉽지 않다는 데 있다. 투자신탁 등 금융기관을 통해서 간접투자를 하든, 아니면 직접 국공채와 주식 등 유가증권에 투자를 하든, 관리공단은 민간투자자와 경쟁해야 한다. 직원들이 어설프게 주식에 손을 댔다가 거액의 기금을 날려버린 사건에서 보듯, 기금관리자들이 민간금융기관이나 투자회사보다 더 안전하고 효율적으로 자산을 관리할 수 있다는 보증은 어디에도 없는 것이다. 따라서 국민연금 가입자들의 기금관리자에 대한 불신, 나아가 기금의 장기적 존속 가능성에 대한 불안감은 충분한 근거를 지니고 있는 것이다.

사회보험은 국가의 개입을 통해 '개인의 실패'를 바로잡는 제도이며, 건강한 이가 병든 이를, 잘 버는 시민이 그렇지 못한 이웃을 돕는 아름다운 사회적 연대를 내포한다. 그러나 그에 필요한 정치적·행정적·심리적 기초를 함께 다져나가지 않을 경우 사회적 연대의 의미는 퇴색하고 제도 그 자체에 대한 이데올로기적 대립이 격화된다. 실패는 개인과 시장에 국한되지 않는다. 개인과 시장의 실패를 바로잡으려는 국가의 노력 또한 실패할 수 있다. 국가 또한 인간이 꾸리는 것, 인간이 하는 일이 어찌 실패의 위험에서 자유로울 수 있으랴.

마약, 매매춘, 포르노의 경제학

경제뉴스는 주로 신문 경제면에 싣는다. 주가 폭락이나 환율 급변, 대기업의 도산 같은 큰 뉴스는 1면으로 올라오기도 한다. 하지만 경제 현상을 다룬 모든 기사가 다 경제뉴스로 보이는 건 아니다. 사회면이나 정치면에 실린 기사 중에도 알고 보면 경제 현상을 다룬 것이 적지 않다.

대표적인 사례가 성매매 관련 소식이다. 서울 종암동 윤락업소들의 미성년자 고용과 매춘여성 착취에 맞서 싸웠던 '국민경찰관' 김강자 씨의 활약은 사회면의 단골 메뉴였다. 소위 '원조교제'를 비롯한 미성년자 대상 성범죄자의 신상 공개조처 역시 그렇다. 출장 마사지, 주부들의 노래방 아르바이트도 모두 '사회문제'로 취급한다.

그런데 성매매는 성적 서비스를 제공하고 돈을 받는, 시장에서 일상적으로 이루어지는 다양한 거래 가운데 하나다. 청소년보호법의 취지를 받아들여 미성년자를 합리적 선택을 하기 어려운 '불완전한 인간'으로 볼 경우, 미성년자의 성을 사고 파는 행위를 형법으로 처벌하는 것은 법리적으로나 경제 이론으로나 아무런 문제가 없다. 인신매매나 매춘 강요 역시 형법상의 범죄로 규정하는 게 당연하다. 하지만 성인들의 자발적인 성매매는 다르다. 이것은 경제학적으로 볼 때 합리적 개인들 사이에 일상적으로 이루어지는 다른 거래행위와 근본적으로 같은 성격을 지니고 있다. 그런데도 시장경제를 경제적 기본질서로 채택하고 있는 대부분의 나라들이 성매매를 형법상의 범죄로 규정하고 있다.

도대체 국가는 무슨 논리로 성매매에 대한 개인의 선택을 규제하는 것일까? 강요당하지 않은 성매매는, 모든 자발적 교환행위가 그런 것처럼, 거래의 양 당사자 모두에게 이익을 준다. 다른 누군가의 자유나 재산권을 침해하지도 않는다. 개인의 행복추구권과 직업 선택의 자유, 영업의 자유와 신체의 자유를 보장하는 헌법을 가진 민주주의 국가에서 이런 행위를 왜 범죄로 취급하는 것일까? 경제학자들 가운데는 성매매 처벌을 정당화할 수 있는 논리적 근거를 찾을 수 없다는 결론을 내리고 매매춘의 합법화를 주장하는 사람도 있다.

그런데 국가가 개인의 선택에 간섭하는 사례는 여기서 그치지 않는다. 2001년 11월 스포츠신문과 방송 연예프로그램은 여자 탤런트의 필로폰 복용 사건과 남자 가수의 대마초 흡연 사건으로 지면과 화면을 그야말로 도배질 했다. 뭇남성들의 가슴을 설레게 했던 탤런트와 청소년의 우상으로 떠올랐던 가수가 하루아침에 파렴치한 범죄자로 전락하는 사태는 예전에도 있었고 앞으로 또 일어날 것이다.

그런데 대마초를 피우면 악상(樂想)이 잘 떠오른다는 작곡가, 소리가 더 잘 나온다는 가수, 또는 흥이 나서 연기가 좋아진다는 영화배우를 감옥에 가두는 이유가 도대체 무엇인가. 필로폰과 대마초는 그들 자신의 건강을 해칠지언정 다른 사람에게는 피해를 주지 않는다. 만약 남에게 아무런 피해도 주지 않으면서 자기의 건강만을 해치는 행위를 범죄로 다스린다면, 국가는 고기를 지나치게 많이 먹는

뚱뚱한 중년 남자들이나 골다공증과 빈혈 등 각종 질병을 초래할 위험에 대한 의사들의 경고를 무시하고 다이어트에 매달리는 여성들도 처벌해야 할 것이다. 심지어는 충치가 있는 어린이한테 막대사탕을 파는 구멍가게 아저씨도 잡아 가두어야 할지 모른다.

줄담배를 피우는 골초나 하루라도 술을 마시지 않으면 입안에 가시가 돋는다는 주당(酒黨)들 역시 징벌의 대상이 되어 마땅하다. 하긴 현실이 그렇긴 하다. 국가가 술과 담배를 소비하는 행위를 실제로 처벌하긴 한다는 이야기다. 골초와 주당들은 징역을 가지는 않지만 술 한 잔을 마실 때마다, 담배 한 개비를 피울 때마다 벌금형에 처해진다. 소주 한 병, 담배 한 갑을 얻기 위해 소비자가 지불하는 돈 가운데 국가가 챙기는 몫이 생산자가 가지는 몫 못지 않게 또는 그보다 더 크다는 사실을 모르는 골초와 주당들은 자기가 벌을 받고 있다는 사실조차 눈치채지 못한다. 하긴 알면 열 받아서 건강에 더 해로울 수도 있으니 모르는 게 낫긴 하겠다.

대부분의 경제학자들은 이런 종류의 상품을 거래하는 것을 금지하거나 무거운 세금을 매기는 국가의 행위를 옹호한다. 비록 강의실에서는 개인을 완벽하게 합리적인 존재로 가정하는 이론을 가르치지만, 현실의 인간은 그와 다르다는 사실을 잘 알기 때문이다. 만약 개인이 때로 불합리한 짓을 하는 존재라면 다른 누군가가 때로는 개인의 선택을 간섭하고 규제해야 한다는 것을 인정할 수밖에 없다. 자본가는 이윤을 생산하지만 경제학자는 이데올로기를 생산한다는 말이 헛소리가 아니다. 경제학자들은 개인의 선택에 대한 금지나 규제를 옹호하는 이론을 만들었으니, 이름하여 '비가치재'(非價値財, demerit goods) 이론이 그것이다.

누차 말한 것처럼 경제학의 세계에서 자기에게 무엇이 쾌락이고 무엇이 고통인지를 아는 존재는 개인 그 자신뿐이다. 그는 주어진 환경 안에서 쾌락을 최대화하고 고통을 최소화하기 위해 합리적 선택을 한다. 국가를 포함한 다른 누군가가 이 선택을 제약하거나 다른 선택을 강요해서는 안 된다. 하지만 앞서 사회보험과 관련해서 살펴본 것처럼 현실의 인간은 그처럼 완벽한 존재가 아니다. 그는 불완전한 인식 능력과 근거 없는 주관적 희망, 현재의 욕망을 중시하는 근시안적 한계 때문에 흔히 불합리한 선택을 한다. 현실의 개인이 지닌 비합리성이 가장 뚜렷하게 나타나는 또 다른 분야가 바로 매매춘, 술, 마약 등 비가치재 소비라는 것이다.

비가치재란 소비자가 그것이 주는 효용 또는 쾌락을 과대평가하고 비효용 또는 고통을 과소평가하는 재화와 서비스를 가리키는 말이다. 마약, 포르노, 섹스, 술, 담배 따위가 대표적인 비가치재다. 경제학을 사람의 몸이라고 한다면 비가치재는 티눈과 비슷한 존재다. 무척 아프고 성가시긴 하지만 생명에는 지장이 없다. 하지만 경제학이 더 아름답고 정밀한 과학의 세계로 가려고 움직이면 이렇게 경고하면서 발걸음을 잡아챈다. "내가 있는 한 넌 보편적 진리로 무장한 과학이 될 수 없어!"

과학적 진리는 정합성과 보편성을 필요조건으로 한다. 앞뒤가 어긋나서는 안 된다. 어떤 영역에는 타당하지만 다른 영역에는 적용될 수 없는 것이어서도 안 된다. 그런데 비가치재의 존재를 인정하면 '합리적 개인'이라는 경제학의 대전제를 부분적으로라도 부정할 수밖에 없고, 개인의 합리성을 부정하면 그런 영역에서 사회 또는 국가가 개인의 선택에 간섭하는 행위가 정당하다는 것도 인정하지 않을 수 없다. 이렇게 되면 개인의 선택에 대한 국가의 개입은 선악의 문제가 아니라 정도의 문제가 되고 만다. 그렇다면 어디까지를 비가치재로 규정해서 어떤 방법으로 간섭하는 것이 타당한가? 이 질문에 대한 모범답안은 없다. 민주주의 사회에서는 앞에서 살펴본 바 있는 집단적 의사결정을 통해 간섭의 한계를 결정할 수밖에 없다. 그래서 비가치재의 거래와 소비에 대한 국가의 간섭은 나라와 시대에 따라 그 범위와 방식이 달라진다.

아편과 필로폰처럼 약효가 강력한 마약은 거의 모든 나라에서 거래와 소비를 금지한다. 이런 마약은 소비자의 건전한 판단력을 마비시키기 때문이다. 우리나라에서는 마약을 제조하거나 유통시키는 행위뿐만 아니라 소비하는 것도 처벌한다. 그러나 북유럽 나라들에서는 최종소비자는 형사처벌하지 않는다. 스스로를 파멸시키지만 마약을 제조하거나 유통시키는 것과는 달리 남에게 피해를 주지는 않기 때문이다. 마약중독자에게는 징벌보다 보호와 치료가 필요하다는 사회적 합의에 따라 마약 소비를 합법화한 나라도 있다. 갑자기 끊기는 힘들기 때문에 의사가 마약 퇴치 프로그램에 따라 조금씩 양을 줄여가면서 처방전을 써주고 환자는 약국에서 마약을 구입하는 것이다. 이런 나라에서는 마리화나와 엑스터시처럼 약효와 중독성이 상대적으로 약한 환각제는 너그럽게 대하는 경향이 있다.

마약 가운데 중독성이 가장 약한 것이 담배와 술이다. 흡연 예찬론자들은 담배가 긴장을 풀어주는 효과가 있다고 주장한다. 비만과 치매 예방 효과가 있다며 흡연을 고집하는 여성도 많다. 의사나 작가처럼 스트레스를 많이 받는 직업인들 중에도 담배 예찬론을 펼치는 이가 적지 않다. 술은 인간관계를 맺는 데 필요한 윤활유이며, 슬픔과 괴로움을 달래는 데 효력이 있다. 그런 사람들도 담배가 각종 암과 폐질환, 구강질병을 일으킨다는 걸 안다. 술이 위와 간 등 장기에 부담을 주고 심하면 중독증세를 일으킨다는 것을 안다. 그러면서도 흡연과 음주를 그만두지 않는 것은 담배와 술의 효용을 과대평가하고 그 비효용을 과소평가하기 때문이다.

술과 담배를 제조, 유통, 소비하는 행위를 강력한 마약의 경우와 마찬가지로 형사처벌의 대상으로 삼을 수 있을까? 독재국가라면 가능할 것이다. 하지만 집단적 의사결정을 통해 법률을 만드는 민주주의 국가에서는 현실성이 거의 없다. 너무 많은 사람들이 음주와 흡연을 즐거운 일로 여기기 때문에 그것을 금지하는 법률 제정을 공약으로 내건 정당은 다수파가 되기 어렵다. 술과 담배에 무거운 세금을 물리고, 금연 캠페인을 벌이고, 청소년들의 접근을 차단하는 정도가 고작이다. 골초와 주당들도, 자기네가 하는 일이 썩 모범적인 행동은 아니라는 걸 인정하기 때문에, 이런 정도의 차별대우를 가지고 정권 타도 투쟁을 벌이지는 않는다. 국가는 세금 수입을 올려서 좋고, 골초와 주당은 계속 음주 흡연을 할 수 있어서 좋으니, 누이 좋고 매부 좋은 타협인 것이다.

민주주의 국가에서는 보통 포르노 제작, 유통, 소비 행위를 처벌하지 않는다. 물론 미성년자를 출연시키거나 미성년자에게 판매, 대여하는 행위는 엄격하게 금지한다. 우리나라에서도 포르노는 마약보다는 관대한 대접을 받는다. 물론 애 어른을 가릴 것 없이 제작, 유통은 불법이다. 하지만 어디 시장 뒷골목에서 포르노 CD나 비디오테이프를 구입해서 감상했다는 이유로 감옥에 가지는 않는다. 미국이나 러시아에 서버를 둔 포르노 사이트 유료회원으로 가입했다고 해도 마찬가지다. 공공장소에서 상영하지 않고 골방에서 혼자 또는 삼삼오오 보는 건 괜찮다.

그런데 포르노의 효용에 대한 과대평가, 비효용에 대한 과소평가란 도대체 뭘까? 효용이란 성적 상상력을 키운다든가, 홍콩 액션영화와 마찬가지로 시간을 죽이는 데 그만이라거나, 뭐 그런 것이다. 그럼 비효용은? 청소년 같으면 왜곡된 성의식을 가지게 된다든가 하는 여러 이유를 거론할 수 있을 것이다. 하지만 성인들에게는? 기껏해야 포르노에 푸욱 빠져 시간을 낭비하게 된다는 정도가 아닐까? 그런데 푸욱 빠져 시간을 버리게 하는 일이 어디 포르노뿐인가? 바둑도 그렇고 골프도 그렇고, 컴퓨터 채팅이나 낚시도 그렇지 않은가? 포르노를 비가치재로 규정하는 논거는 그리 튼튼하지 않다. 그러면서도 포르노를 금지하는 법률을 견지하는 것은 아마도, 국가 운영을 책임진 소위 '지도층' 아저씨들이 포르노보다는 골프나 독서가 유익하다는 가치관을 지니고 있기 때문일 것이다. 법률로 금지해도 외국을 자주 나다니는 자기네는 얼마든지 포르노를 구할 수 있기 때문인지도 모르겠다. 일반 백성들이 다 마음대로 즐길 수 있도록 허용한다면 힘들여 '지도층'에 끼어든 보람이 없어지지 않겠는가.

비가치재 가운데 제일 말썽이 심한 건 아마도 성적 서비스일 것이다. 대부분의 나라들이 성매매를 마약과 마찬가지로 금지하고 있다. 우리나라에서는 성적 서비스를 파는 사람, 사는 사람, 사고 팔도록 주선하는 사람, 알면서도 장소를 제공한 사람이 모두 처벌 대상이 된다. 그런데도 한국은 '매춘천국'이다. 돈만 있으면 '여자를 사는'데 아무 어려움이 없다. 물론 우리만 그런 것이 아니다. 법률적 금지와 처벌을 통해서 성매매를 근절하는 데 성공한 나라는 과거에도 없었고 지금도 없다. 아마 앞으로도 그럴 것이다. 매춘은 스파이와 더불어 인류 역사상 가장 오래된 직업 가운데 하나다. 성매매의 역사는 인류 문명의 역사만큼이나 유구하다.

사람들은(매춘 시장의 전통적인 고객은 남자들이지만 요즘에는 여성 고객도 있다고 한다.) 왜 성적 서비스를 살까? 아마 섹스의 쾌락 때문일 것이다. 물론 돈을 주고 사는 섹스가 무어 그리 즐거운 일이냐고 반문하는 사람도 있다. 이건 '전문용어'로 말하면 사람마다 '효용함수'가 다르기 때문에 일어나는 현상이다. 케인즈나 마르크스의 책을 읽는 쪽이 훨씬 즐거운 사람도 있겠지만 똑같은 일을 일종의 정신적 자학행위로 여기는 사람도 있다. 그래서 러브호텔과 책방이 공존할 수 있는 것이다.

사고 파는 성적 서비스를 비가치재로 규정하는 것은 매춘 시장의 고객들이 그 비효용을 과소평가한다는 것을 의미한다. 돈을 주고 사는 성적 서비스가 초래하는 비효용은 무척 다양하지만, 무엇보다 중요한 것은 리스크가 높다는 점이다. 성병에 걸릴 위험, 특히 매독이나 에이즈 같은 난치병에 걸릴 위험이 있다. 기혼자들의 경우에는 들키면 부부 금실에 치명적인 균열을 일으키고 가정을 파탄에 빠뜨릴 위험이 있다.

나른 종류의 비가치재, 특히 술과 '보완재'(補完財) 관계에 있다는 것도 문제다. 어떤 한 재화에 대한 수요 증가가 다른 재화에 대한 수요 증가를 유발하는 경우, 이 두 재화를 경제학에서는 보완재라고 한다. 맑은 정신이라면 섹스를 사지 않을 사람도 술이 거나하게 취하면 분위기에 휩쓸려 '탈선'을 할 수 있다. 여자를 사러 가는 남자들은 맨 정신에 그러기는 좀 민망하다고 느껴서 먼저 한 잔 걸치는 수가 많다. 술과 매춘 서비스는 서로 수요를 촉진하는 보완재인 것이다.

'술 취한 개'라는 말이 있다. 평소에는 멀쩡한 사람이 술만 취하면 행실이 나빠지는 걸 가리키는 말이다. '술 취한 개'의 판단력은 멀쩡한 사람의 그것과는 다르다. 술이 취한 상태에서는 돈을 주고 사는 성적 서비스의 효용을 과대평가하고 비효용을 아예 무시하거나 과소평가하게 마련이다. 이런 면에서 보면 매춘 서비스를 비가치재로 규정하는 데는 별 문제가 없을 것이다.

그런데 문제는 개인들이 이 고약한 비가치재를 덜 소비하도록 만드는 방법이 무엇이냐는 것이다. 어떤 상품의 소비를 원천봉쇄하는 가장 단순한 방법은 법률로 금지하는 것이다. 우리 형법도 그렇게 되어 있다. 적어도 법률적으로는 어떤 형태의 성매매도 허용되어 있지 않다. 하지만 성매매는, 미성년자 성매매와 인신매매, 강제매춘 등 비자발적 성매매를 제외하고 보면, 본질적으로 하나의 경제적인 현상이다. 거래할 수 있는 상품(매춘 서비스)이 있고, 이것을 원하는 수요자가 있고, 자발적으로 상품 판매에 나서는 공급자가 있다. 시장이 형성될 조건을 다 갖춘 것이다. 이런 시장을 법률로 규제하면 암시장이 생긴다.

물론 '자발적 매춘'이라는 개념에 이의를 제기하는 분도 있을 것이다. 일리가 있다. 먹고살 수 있는 다른 방법이 있다면 누가 몸을 팔겠는가. 이런 점에서 모든 매춘은 사회적으로 강요된 것이다. 그러나 문제는 이런 논리를 성매매에만 적용할 수 있는 게 아니라는 데 있다. 먹고살 수 있는 다른 방법이 있다면 누가 막노동판에 나가겠는가. 먹고살 수 있는 다른 방법이 있다면 누가 유독가스가 흘러 다니는 영세한 화학공장에 다니겠는가. 먹고살 수 있는 다른 방법이 있다면 누가 남들이 다 곤히 자는 새벽길에서 냄새 나는 쓰레기를 수거하는 환경미화원을 하겠는가. 자본주의란 원래 그렇게 냉혹한 것, 유독 성매매만을 강요된 것으로 볼 수는 없다는 말이다. 그러니 여기서는 '자발적 매춘'을 직접적인 위협이나 강제가 없이 이루어지는 매춘으로 규정하고 넘어가자.

"지옥으로 가는 길은 선의로 포장되어 있다"는 말이 있다. 성매매에 대한 포괄적 금지는 성매매를 막으려는 좋은 취지에 입각한 정책이다. 하지만 이런 정책은 목표를 이루지도 못하려니와 더 심각한 부작용을 일으킨다. 성매매 불법화는 '섹스 시장' 전체를 암시장으로 만들어버린다. 합법적으로 유통할 수 없는 상품을 거래하는 암시장에서는 적발당할 경우 따르게 될 불이익을 보상하기 위한 '리스크 프리미엄' 때문에 가격이 크게 올라간다. 아무나 암시장에 상품을 공급할 수는 없기 때문에 공급조직이 생긴다. 불법적인 거래를 하기 때문에 이 조직은 범죄조직일 수밖에 없다. 먹고살 수 있는 다른 방법이 없어서 이 시장에 뛰어드는 사람들(보통 매춘여성이라고 한다.)은 이 조직의 말단에 포섭됨으로써만 고객과 만날 수 있다. 기둥서방, 삐끼, 포주, 웨이터, 마담 등 성적 서비스 거래를 성사시키는 일에 관련을 맺는 특수직종이 발생하고 매춘여성들은 이들이 만드는 먹이사슬의 맨 밑바닥에 편입된다. 거기서 돈을 모아, 먹고살 수 있는 다른 방법을 찾는 일은 사실상 불가능하다. 이것이 현실이다. 암시장의 조직은 생각할 수 있는 모든 종류의 성적 서비스를 공급하기 때문에 고객들은 돈만 있으면 그 어떤 것이든 '구입' 할 수 있다.

나락에 빠진 매춘여성을 도울 수 있는 길은 거의 없다. 성매매 그 자체가 불법이기 때문에 매춘여성들은 포주의 착취에 법적으로 대항할 수 없다. 김강자 서장이 그랬던 것처럼 매춘여성들에게 통장을 만들어주고 포주들이 '정당한 몫' 을 온라인 송금하도록 만들 수도 있다. 하지만 이것은 엄밀히 말해서 경찰이 불법 행위인 매매춘을 공인하고 방조하고 관리하는 것이어서 그 자체가 불법 행위가 된다. 매춘여성들의 성병 감염과 임신을 막기 위한 보건정책도 결국은 '청결한 사창가' 를 만들어주는 정책이기 때문에 법률과 충돌한다. 민간단체와 종교기관의 눈물겨운 지원활동말고는 그들에게 실질적인 도움을 줄 수 있는 합법적인 방법은 없다. 결론적으로 말해서 성매매에 대한 포괄적 금지는 매춘 서비스의 가격을 올리고 매춘여성의 지위를 떨어뜨림으로써 암시장 매춘 알선 조직과 그 조직원들의 이익을 키워줄 뿐인 것이다.

여기서 획기적인 성매매 대책을 제시할 뜻은 없다. 그러나 이 문제를 뿌리부터 드러내놓고 생각해 볼 필요는 있겠다. 우선 공급자를 보자. 과연 돈을 받고 성적 서비스를 제공하는 것을 범죄로 취급하는 것이 옳은지는 의문스럽다. '몸을 판다' 는 것, 이것은 많은 경우 생존의 벼랑에 몰린 나머지 어쩔 수 없이 내리는 심각한 실존적 결단인 동시에 나름의 손익계산에 입각한 경제적 선택이다. 법률적 금지조치로는 이런 선택을 하는 사람을 줄일 수 없다. 그보다 더 효율적인 대책은 그런 결심을 하더라도 '영업' 을 하기가 곤란하게 만드는 것이다. 공급자와 수요자가 서로를 찾기 어렵게 만들면 된다는 말이다.

돈을 주고도 성을 사기가 어렵게 만드는 가장 효과적인 방법은 성매매 알선을 비즈니스로 삼는 알선조직을 강력하게 처벌하는 것이다. 전화연락방을 포함하여 성매매 알선 통로로 이용되는 통신채널의 광고를 전면적으로 금지하고 공공연하게 사업을 벌이는 기업형 매춘업소는 폐쇄조치를 취해야 한다. 이것은 북유럽 국가들이 채택하고 있는 마약 대책과 비슷한 정책이다. 은밀한 방법으로 남의 눈에 띄지 않게 영업하는 '프리랜서'는 어차피 단속이 어려우니까 단속 대상에서 제외해도 될 것이다. 매춘여성의 사회적응과 복귀를 돕는 재활 프로그램에 정부가 돈을 대는 일도 필수사항이다. 다른 일로도 먹고살 수 있는데도 몸을 팔 사람은 별로 없다. 동유럽 사회주의가 무너진 후 젊고 아리따운 여성들이 떼를 지어 밤거리로 나서지 않은 나라는 옛 동독 하나뿐이다. 좌파들이 지탄해 마지않는 소위 '흡수통일' 또는 '동독의 내부식민지화'와 더불어 서독의 사회복지 제도가 그대로 이식됨으로써 여성들이 몸을 팔아야 할 절박한 생존의 벼랑 끝에 내몰리지 않은 덕분이었다.

비가치재 이야기는 이런 정도로 하자. 그런데 감이 빠른 독자들께서는 이런 의문을 떠올리셨을 것이다. "비가치재가 있다면 그 반대도 있을 것 아닌가?" 그렇다. 비가치재의 반대편에는 가치재(價値財, merit goods)가 있다. 개인이 그 효용을 과소평가하거나 비효용을 과대평가하는 재화나 서비스가 가치재다. 많이들 들어 보셨을 것이다. "인내는 쓰나 그 열매는 달다." 또는 "좋은 약이 입에 쓰다!"

가치재는 술, 담배, 마약, 포르노 따위를 목소리 높여 비난하는 분들이 권장하는 것이라고 보면 된다. 예컨대 고전작품을 읽는 것, 공부, 운동 같은 것이다. 그 효용을 과소평가하고 비효용을 과대평가하기 때문에 개인은 이런 것을 꼭 필요한 것보다 적게 '소비'하는 경향이 있다. 그래서 국가는 의무교육 제도를 만들고, 학자금을 지원하고, 학교 교과 과정에 체육을 필수로 넣는다. 저술활동 소득에 대해서 세금을 적게 매기는 것도, 주거 지역에 세금을 들여 산책로와 자전거길, 공원을 만드는 것도 다 공부와 운동을 더 하도록 북돋우기 위해서다.

다시 한 번 말하자. 경제학의 세계에서 개인은 완벽하게 합리적인 존재다. 하지만 현실세계의 개인은 영악한 것 같지만 어떤 대목에서는 무엇이 자기에게 좋고 무엇이 얼마나 나쁜지를 제대로 판단하지 못한다. 국가는 무조건 작을수록 좋다고 주장하는 경제학자가 더러 있는데, 그분들은 죽을 때까지 고색창연한 대학 캠퍼스를 떠나지 않는 게 좋다. 그들이 생각하는 이상적인 경제학의 세계, 합리적 개인으로 이루어진 조화로운 세상은 땅 위에는 없기 때문이다.

누구나 자기 몫을 가질까?

있기는 분명히 있는데도 눈으로 보거나 손으로 만져 그 크기나 모양을 확인할 수 없는 것이 세상에는 많다. 문학과 예술의 영원한 주제라는 사랑이 그렇고, 사람마다 다르게 가진 채 태어나고 꽃피우는 재능도 그렇다. 경제학도 사람이 하는 일인 만큼 여기서도 그런 것이 없을 리 없다. 대표적인 것이 빈부격차(貧富隔差)다. 지구에는 부유한 나라가 있고 가난한 나라가 있다. 모든 나라에 부자와 가난뱅이가 있다. 이는 누구나 인정하는 사실이다. 그러나 빈부격차의 정도를 객관적으로 확인하기는 쉽지 않다.

경제학의 아버지라는 아담 스미스는 『국부론』에서 국부(國富)에 대한 새로운 기준을 제시하면서 분업과 자유로운 거래가 풍요의 땅으로 인도하는 유일한 길임을 논증했다. 리카도는 이렇게 해서 만들어지는 부가 어떤 법칙에 따라 지주와 자본가, 노동자 세 계급에게 분배되는지를 규명하는 것이 경제학의 주된 임무라고 주장했다. 칼 마르크스는 축적된 자본을 생산적 노동에 대한 계급적 착취의 산물로 규정하는 가치 이론을 세웠다. 수학적 방법론으로 무장한 현대 경제학자들은 자본가와 노동자는 각자가 제공하는 자본과 노동이 생산에 기여하는 만큼의 이자와 임금을 자기 몫으로 가진다는 한계생산력 분배 이론을 제시했다.

그러나 250여 년에 걸친 경제학의 역사에서 분배의 법칙 또는 분배의 원리를 앞뒤가 맞게 설명할 수 있는 이론은 아직 나오지 않았다. 내로라 하는 경제학자들이 전심전력을 기울여 논전을 벌였지만 별 소득이 없었다. 이런 경우 가장 속이 편안한 대안은 '모르면 손 빼라'는 바둑 격언을 따르는 것이다. 분배의 법칙을 밝히는 일을 경제학의 주요 임무라고 한 리카도가 지하에서 슬퍼할지도 모르겠지만, 현대의 경제학자들은 이 문제에서 손을 뺐다. 경제학 교과서에서 분배 이론을 찾아보기 어려운 건 바로 이 때문이다.

경제학자들은 분배의 법칙을 탐구하는 것보다 부담이 적은 일을 찾아 나섰다. 분배의 법칙이야 어찌 되었든, 빈부격차는 실제로 존재하고 있으니 우선 그것이 어느 정도로 심각한지를 확인해 보자는 것이다. 그런데 빈부격차를 측정하려면 무언가 지표가 있어야 한다. 지능을 측정하기 위해 지능지수라는 지표를 만든 것처럼 경제학자들도 빈부격차를 측정하는 데 쓸 지표를 만들었다. '지니계수'(Gini-coefficient)와 소득배율이 대표적인 지표다. 이런 지표들은 개인이 벌어들이는 소득이 얼마나 불균등한지를 알려준다.

소득분배의 불균등을 시각적으로 드러내는 이야기 중에 '난쟁이의 행진'이라는 것이 있다. 영국의 어떤 대학 교수가 자기네 나라의 빈부격차가 어느 정도 심각한지를 설명하려고 소득의 크기를 사람의 키로 바꾸어 보았다. 우선 평균적인 소득을 얻는 사람은 키도 평균이라고 한다. 소득이 평균보다 높거나 낮은 사람은 그에 비례해서 키도 크거나 작다고 가정한다. 그 다음에 키가 천차만별인 영국 국민들이 한 시간 동안 행진을 하는데, 키가 제일 작은 사람이 맨 앞에 서고 큰 사람은 뒤에 선다. 행진이 정확하게 한 시간에 끝나도록 모든 사람의 행진 속도를 똑같이 한다. 이 행렬의 모습은 어떨까?

선두에 선 가난뱅이는 너무 작아서 잘 보이지도 않는다. 10분 정도 지나면 비로소 키가 1미터 정도 되는 난쟁이들이 나타나는데, 난쟁이들의 행진은 약 40분 동안 계속된다. 행진 종료 12분 전에야 평균신장을 가진 사람이 나타난다. 하지만 정상적인 사람들의 행진은 그리 오래 지속되지 않는다. 마지막 몇 분 동안 행진하는 사람들은 얼굴을 볼 수 없을 만큼 키가 크다. 키가 고층빌딩보다 큰 사람, 머리가 구름 위에서 노는 사람들이 등장한다. 영국만 그런 것은 물론 아니다. 약간씩 정도 차이는 있기는 하지만 '난쟁이의 행진'은 모든 나라에 적용할 수 있다.

경제학자들은 똑같은 문제의식이라도 수학적으로 좀 더 세련되게 표현하는 것을 좋아한다. 그래서 나온 것이 무척 우아하게 생긴 로렌츠곡선(Lorenz-curve)이다. 로렌츠곡선은 난쟁이의 행진을 보기 좋게 만든 것이다. 예컨대 a, b, c, d, e라는 다섯 사람이 사는 나라가 있다고 하자. 그들은 각각 해마다 1만, 2만, 3만, 5만, 9만 달러를 번다. 인구는 5명, 국민소득은 20만 달러인 사회다. 이 사회의 소득분배 상황은 다음 〈그림 5〉로 나타낼 수 있다.

원점 O에서 뻗어나간 가로축에는 인구의 누적분포를, 세로축에는 소득의 누적분포를 표시한다. 다섯 사람에게 '난쟁이의 행진'을 시키면 제일 먼저 a가 나타난다. 그는 5명 가운데 하나니까 인구의 누적분포는 20%이고, 소득은 국민소득 20만 달러 가운데 1만 달러니까 소득의 누적분포는 5%이다. 이것을 점 A로 나타낸다. 다음 차례는 b다. a에다 b를 더하면 두 사람이니까 누적분포는 40%가 된다. b의 소득을 a의 소득에 합치면 3만 달러니까 소득의 누적분포는 15%이다. 이것은 점 B로 나타낸다. 다음 c까지 합치면 인구의 누적분포는 60%, 소득의 누적분포는

30%가 된다. 여기에 d를 더하면 이는 각각 80%와 55%가 된다. 이는 각각 점 C와 D로 나타낸다. 가장 많이 버는 e를 합치면 인구와 소득의 누적분포는 각각 100%가 된다.

〈그림 5〉 로렌츠곡선의 도출

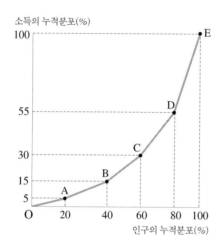

이제 원점 O에서 출발해서 점 A, B, C, D, E를 연결하는 선을 긋자. 이것이 로렌츠곡선이다. 알아듣기 쉽게 하느라고 국민이 다섯 사람이라고 가정했지만 웬만한 나라의 실제 인구 또는 가계의 수는 적으면 수백만, 많으면 수억이나 된다. 같은 원리로 인구와 소득 누적 분포를 나타내면 A, B와 같은 점도 그만큼 많을 것이다. 이 점들을 선으로 이으면 로렌츠곡선은 각이 진 위 〈그림 5〉와는 달리 부드러운 곡선이 될 것이다. 다음 〈그림 6〉은 그렇게 해서 얻은 로렌츠곡선을 보여준다.

　〈그림 6〉에서 원점 O와 점 B를 잇는 대각선 OB는 소득분배가 완전히 균등한

상태를 나타낸다. 모든 사람이 똑같은 소득을 얻기 때문에 인구누적분포와 소득누적분포는 똑같이 움직인다. 반면 꺾인 직선 OAB는 한 사람이 국민소득을 독점하고 나머지는 한푼의 소득도 없는 완전불균등 분배 상태를 나타낸다. 실제 로렌츠곡선은 이 두 극단 사이 어딘가에 있다. 로렌츠곡선이 완전균등선에 가까우면 소득이 고루 나누어진다는 것을 의미한다. 거기서 멀어질수록 빈부격차가 심하다고 볼 수 있다.

〈그림 6〉 서로 다른 로렌츠곡선

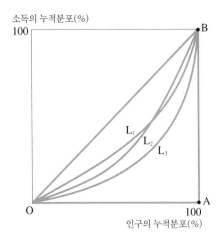

로렌츠곡선은 빈부격차의 정도를 시각적으로 표현하는 데 매우 유용하다. 그러나 문제가 하나 있다. 교차하는 둘 이상의 로렌츠곡선에 대해서는 평가를 할 수가 없다는 점이다. 〈그림 6〉에는 서로 다른 세 개의 로렌츠곡선이 있다. L₁과 L₂는 L₃에 비해 곡선의 전 구간에 걸쳐 완전균등선에 가깝다. 로렌츠곡선이 L₃와 같은 사회는 L₁과 L₂인 사회에 비해 빈부격차가 더 심하다고 말해도 된다. 만약 이유 여하를 불문하고 소득분배가 더 균등한 것이 더 좋은 상태라는 규범적 판단을 전제로 한다면 L₁과 L₂는 L₃에 비해 분배의 정의가 더 잘 실현된 사회라고 할 수 있다. 그러나 L₁과 L₂는 교차하기 때문에 평가하기가 어렵다. L₁은 L₂에 비해서 하위 소득계층과 상위 소득계층의 몫이 상대적으로 더 크지만 중간 소득계층이 빈약하다. 어느 쪽이 더 정의로운 분배 상태에 있는가? 대답은 각자의 취향에 달렸다.

로렌츠곡선의 약점은 '지니계수'(Gini-coefficient)로 보완할 수 있다. 〈그림 7〉은 로렌츠곡선에서 지니계수를 도출하는 과정을 보여준다.

〈그림 7〉 지니계수와 소득배율

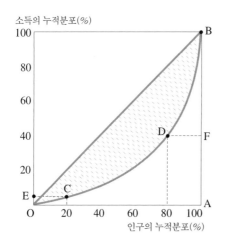

로렌츠곡선이 완전균등선에서 멀리 떨어져 있을수록 빗금 친 OCDB의 면적이 커진다. 지니계수는 이 면적을 삼각형 OAB의 면적으로 나눈 값이다. 소득분배가 완전히 균등하면 로렌츠곡선이 완전균등선과 겹치기 때문에 지니계수는 0이 된다. 반면 한 사람이 모든 소득을 독점하면 로렌츠곡선은 완전불균등선과 겹치기 때문에 빗금 친 부분은 삼각형 OAB와 일치하고 지니계수는 1이 된다. 따라서 지니계수는 0과 1 사이의 값을 지니는 것이다. 지니계수가 클수록 소득분배는 불균등하고 작을수록 균등하다는 이야기다.

〈그림 6〉의 서로 교차하는 L1과 L2의 경우 어느 쪽이 균등한 소득분배를 나타내는지 판단하기 어려웠다. 하지만 지니계수가 다를 경우 작은 쪽이 더 낫다는 규범적 판단을 할 수 있다. 하지만 지니계수마저 거의 비슷하다면 문제는 여전히 남는다. 이 문제를 해결하려면 다른 보조지표가 필요하다. 이럴 때 쓸 수 있는 것이 소득배율이다.

소득배율은 주로 5분위 배율을 쓰는데, 이는 소득계층 최하위 20%의 소득과 최상위 20%의 소득을 비교한 값이다. 〈그림 7〉에서 최하위 20%의 소득 총액은 선분 OE이다. 최상위 20%의 소득 총액은 선분 BF다. 소득배율은 선분 BF / 선분 OE이다. 이것이 크면 클수록 빈부격차가 크다고 말할 수 있다. 만약 지니계수가 엇비슷하지만 5분위 소득배율이 크게 증가했다면 소득분배의 양극화 현상이 심해진 것으로 보아도 된다. 같은 원리에 따라 최상위 10%와 최하위 10%의 소득을 비교한 10분위 소득배율을 쓰기도 한다.

그렇다면 우리나라 지니계수와 소득배율이 얼마나 될까? 다음 〈그림 8〉은 지난 35년간 우리나라의 지니계수 변화 추이를 보여준다. 지니계수의 변화는 우리의 현대사에 대해 많은 정보를 제공한다. 1970년대 이전에 지니계수가 0.35 미만 수준으로 낮았던 것은 국민들 대다수가 가난했기 때문이다. 고르게 못사는 사회였던 셈이다. 그러나 본격적으로 산업화를 이룬 1970년대와 1980년대에는 매우 높은 수준으로 올라가 한때는 0.4를 넘었다. 국민들은 고도성장의 혜택을 나누어 받기를 원했지만 정부와 기업인들은 우선 떡을 크게 만든 다음 나누어 먹자면서 노동운동을 폭력으로 탄압했다는 것을 의미한다. 군사독재가 막을 내린 1980년대 후반 이후 지니계수가 0.3 이하로 크게 하락한 것은 국민경제가 활발하게 성장하는 가운데 경제정의에 대한 국민들의 요구가 분출했고 정부가 그것을 무작정 억압하기 어려웠기 때문이다. 1990년대를 1960년대와 비교하면 고르게 더 잘사는 사회가 되었다고 할 수 있다. 국민소득이 비교할 수 없을 만큼 높아진 동시에 지니계수는 더 낮아졌으니 그렇다.

〈그림 8〉 한국의 지니계수

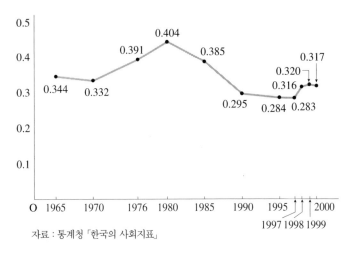

자료 : 통계청 「한국의 사회지표」

그러나 1997년 외환위기로 촉발된 경제위기의 와중에서 지니계수는 급격하게 상승했다. 5분위 소득배율도 1997년 4.49에서 1998년 5.41, 1999년 5.49, 2000년

5.32로 증가 추세를 보였다. 빈부격차가 크게 심화된 것이다. 이것은 주로 두 가지 이유 때문이다. 첫째는 대량해고로 실업자가 크게 늘었다. 취업자들의 경우에도 임시직이 늘어 임금수준이 낮아졌고 정규직도 임금을 삭감당했다. 서민층과 중산층의 소득이 감소한 것이다. 반면 외환위기의 와중에서 금리는 연 20% 넘는 수준까지 올라갔다. 소득이 높은 사람일수록 금융자산도 많고 그에 따른 금융소득도 많다. 서울 강남의 부자들이 호화 룸살롱에서 "이대로!"를 외치면서 건배했다는 이야기가 맹랑한 뜬소문은 아니다.

국민소득은 두 가지 형태로 분배되는데, 하나는 노동에 대한 보수로 주어지는 근로소득이고, 다른 하나는 자본에 대한 보수로 주어지는 이자, 임대료, 배당 등의 재산소득이다. 지니계수는 국민소득 전체에 대해서 구할 수도 있고 근로소득과 재산소득에 대해서 따로 구할 수도 있다. IMF 경제위기의 와중에서 근로소득의 지니계수가 높아진 것은 분명한 사실이다. 그러나 지니계수의 상승을 주도한 것은 근로소득이라기보다는 재산소득이었다.

근로소득 지니계수는 1997년 이후 약간 상승했을 뿐이다. 그러나 재산소득 지니계수는 1997년 0.465에서 1998년 0.507, 1999년 0.535, 2000년 0.570으로 지속적인 상승세를 보였다. 이것은 근본적으로 재산소유의 불균등이 소득의 불균등보다 훨씬 심하기 때문이다. 소득 지니계수를 구하는 방법을 토지나 재산에 그대로 적용하면 토지 또는 재산 지니계수를 얻는다. 여기에 대해서는 민주사회를 위한 변호사 모임 경제정의위원회 김석연 위원이 다음과 같은 요지의 흥미로운 보고서를 낸 적이 있다.(http:// minbyun.jinbo.net/demoadvo/0011-12/focus3.htm)

1998년 종합토지세 과세자료를 사용하여 전문가들이 추정한 결과에 따르면 토지소유

지니계수는 0.8752로 완전불평등 지니계수 1에 접근한다. 상위 1%가 토지의 41%를, 상위 8.5%가 76%를 소유하고 있다. 20세 이상 65세 이하 성인인구의 54.5%는 단 한 뼘의 땅도 없다. 건물과 금융자산 등 전체 자산의 지니계수는 0.76 수준이다. 토지소유 지니계수가 가장 심각하지만 주택·건물 지니계수와 금융자산 지니계수도 각각 0.65 정도로 여간 높은 수준이 아니다. 결국 재산 소유의 불균등이 매우 심하기 때문에 재산소득의 격차가 확대되고 소득 진체의 지니계수도 높아진 것이다.

한국의 지니계수는 다른 나라와 비교할 때 크게 높은 수준은 아니다. 브라질이나 태국 등 신흥공업국보다는 훨씬 낮다. 선진국 중에도 미국보다 낮고 독일, 일본과 비슷하며 스웨덴 등 북유럽 국가보다는 좀 높은 편이다. 그런데 냉전 종식 이후 날로 속도를 더하고 있는 세계화의 흐름 속에서 세계 거의 모든 나라에서 지니계수가 상승하고 있다. 이른바 부와 빈곤의 세계화 현상이다. 1980년대까지만 해도 유럽에는 1/3사회라는 말이 있었다. 인구의 1/3은 잘 나가고 다음 1/3은 그럭저럭 살고 나머지 1/3은 못 죽어서 사는 사회라는 비판이었다. 그런데 1990년대에는 20:80사회라는 표현이 유행했다. 인구의 20%가 소득의 80%를 가지고 나머지 80%가 20%로 연명한다는 뜻이다. 21세기에 접어든 후에는 한 걸음 더 나가서 10:90사회라는 말까지 떠돌고 있다.

주의 깊은 독자라면 이미 눈치를 채셨을 것이지만 나는 여기서 '소득분배의 불평등'이라는 널리 퍼진 표현 대신 '불균등'이라는 용어를 썼다. '불평등'은 부정적 가치판단을 담고 있다. 그러나 '불균등'은 가치중립적인 표현이다. 이렇게 한 것은 사람들의 소득이 서로 다르다는 현상만을 거론했을 뿐 그 원인이 무엇이며 과연 이것이 정당화할 수 있는 불균등인지 여부에 대해서는 아무 말도 하지 않았기 때문이다.

그렇다면 분배의 정의에 대해서 우리는 어떤 확실한 이야기를 할 수 있는 것일까? 지니계수가 0이 되면, 다시 말해서 모든 사람이 똑같은 액수의 소득을 얻는 사회가 분배의 정의가 실현된 평등한 사회라고 말할 수 있을까? 결코 그렇지 않다. 적어도 두 가지 점에서 이것은 정의에 어긋난다.

첫째, 완전히 균등한 소득분배는 필요의 원리에 위배된다. 부양가족이 없는 독신자와 노부모가 있고 장애인 아들이 딸린 홀아비에게 똑같은 연봉을 준다면 그건 너무나 불평등한 처사다. 평등은 같은 것을 같게 다른 것을 다르게 대우하는 것이다. 필요의 원칙에 따라 모든 국민에게 적절한 소득을 나누어줄 경우 소득 지니계수는 당연히 0보다 큰 값을 지니게 될 것이다.

둘째, 완전 균등분배는 기여(寄與)의 원리에 어긋난다. 가치 있는 것을 생산하는 데 더 많이 기여한 사람은 그렇지 않은 사람보다 더 많은 소득을 얻어야 마땅하다. 더 생산적으로 더 많이 일한 사람과 그렇지 않은 사람을 똑같이 대우한다면 그 사회는 조만간 일 중독자를 제외한 모든 사람들이 남보다 적게 대충 일하면서 소득은 남들과 똑같이 받는 전략을 택할 것이다.

자본주의 경제체제는 오로지 기여의 원리를 적용한다. 여기서 개인의 소득은 요소 시장에서 결정된다. 시장에 자본을 제공하는 사람은 이자와 임대료, 배당 따위의 재산소득을 얻는다. 재산소득의 크기는 자본의 양과 수익률에 따라 결정된다. 노동력을 시장에 제공하는 사람은 근로소득을 얻는다. 근로소득의 크기는 그 노동에 대한 시장의 평가와 노동량에 달려 있다. 야구선수 박찬호의 노동과 거리 청소원의 노동에 대한 시장의 평가는 비교할 수 없을 정도로 큰 차이가 있다. 높은 근로소득을 원하는 자는 시장이 큰 가치를 부여하는 기능을 길러야 한다. 높은 재산소득을 원하는 자는 우선 재산을 축적해야 한다. 이 모든 것이 경쟁을 통해서 이루어진다.

소득분배의 불균등이 생기는 이유는 여러 가지가 있다. 첫째는 재능의 불평등이다. 천부적인 재능을 가지고 태어난 사람과 그렇지 못한 사람이 있다는 것은 부인할 수 없는 사실이다. 선천적 장애를 안고 세상에 나오는 사람도 많다. 둘째는 기회의 불균등이다. 재력과 지성을 겸비한 부모를 만나 능력을 꽃피울 수 있는 좋은 교육환경을 제공받은 사람이 있는가 하면 평생 흙 속의 진주로 살아가는 사람도 있다. 셋째는 상속이다. 부모의 회사를 물려받아 30대에 대기업 경영자가 되는 사람이 있는가 하면 같은 나이에 더 나은 능력을 가지고서도 연봉 5천만 원짜리 샐러리맨으로 일하는 사람도 많다. 넷째는 차별이다. 같은 직종에 종사하는 남성과 여성이 승진과 급여에서 상이한 대우를 받는 현상은 차별말고는 설명하기 어렵다. 다섯째는 우연이다. 인생은 설계도에 따라 전개되는 것이 아니다. 사업하는 사람들이 전혀 예측할 수 없는 이런 저런 행운과 불행을 만나는 것은 전혀 드문 일이 아니다.

시장은 이 모든 차이를 무시하고 오로지 기여도에 따라 보상한다. 이것을 정당화하려면 두 가지 조건이 충족되어야 한다. 첫째, 모든 사람이 경쟁에 참여할 기회를 가져야 하며 출발선이 같아야 한다. 둘째, 모든 사람이 규칙을 지키면서 공정하게 경쟁해야 한다. 그러나 현실은 이런 조건을 충족하지 않는다. 사회 구성원들이 대부분 같은 조건에서 공정하게 경쟁할 기회를 부여받지 못했다고 믿는다면 그 결과에 따른 소득분배의 정당성도 인정하지 않는다. 하지만 사유재산을 보호하는 헌법과 법률이 있는 한 완전하게 평등한 조건에서 출발하는 공정한 경쟁이란 있을 수 없다. 따라서 균등하지 못한 소득분배는 곧 정의롭지 않은 소득분배로 간주해

마땅하다.

국가는 경쟁조건의 불평등과 그 결과 나타난 소득분배의 불평등을 근본적으로 해소할 수 없다. 공교육과 장학 제도 등을 통해서 모든 사람에게 경쟁에 참여할 수 있는 최소한의 기회를 부여하고, 부자들에게 상대적으로 많은 세금을 걷어 장애인, 빈곤층에 대한 보조금을 지급함으로써 시장이 만들어낸 불평등한 분배의 해악을 다소 완화할 수 있을 따름이다.

소득분배의 불평등 문제는 냉정한 경제학자에게는 이론으로 말끔하게 처리할 수 없는 학문적 골칫거리에 불과하다. 하지만 냉정하지 못한 경제학도에게 도대체 무엇을 위해 이 공부를 해야 하는지를 끊임없이 고민하게 만드는 불길한 회의(懷疑)의 진원지로 남아 있다.

제2부

시장과 국가

GNP의 허와 실

부자는 누구인가. 돈이 많은 사람이다. 그러면 부국(富國)은 어떤 나라일까. 돈이 많은 나라? 천만의 말씀. 만약 돈이 많아서 부국이 될 수 있다면야, 가난하게 살 나라는 없다. 종이공장과 인쇄소만 있다면 어느 나라 중앙은행이든 돈을 무한정 찍어낼 수 있기 때문이다. 다음 장에서 자세히 말하겠지만 개인에게 화폐는 언제나 희소하고 귀중한 그 무엇이다. 화폐만 많이 가지고 있으면 구하지 못할 물건이 없기 때문이다. 못생긴 남자라도 돈이 아주 많으면 아름다운 여인의 사랑을 얻을 수 있다.

그러나 사회 전체로 보면 화폐는 그 자체로는 별 쓸모가 없는 물건이다. 중앙은행에 가지고 가면 금과 바꿀 수 있는 이른바 '태환화폐'(兌換貨幣)가 사라진 1970년대 이후의 세계에서 이 말은 전적으로 타당하다. 금은과 같은 귀금속이 화폐로 통용되었던 시대, 또는 은행이 금은을 보유한 그만큼만 지폐를 만들었던 시대에는 귀금속이 많은 나라가 부국이라고 생각했다. 그래서 나라의 귀금속 보유량을 늘리기 위해 갖가지 규제로 수입을 억제하고 수출에는 장려금을 지급했으며 군대를 보내 식민지를 만들고 현지인을 노예로 부리면서 금광을 캤으니, 이것이 이른바 중상주의(重商主義)다.

아담 스미스는 귀금속의 보유량을 국부의 기준으로 삼았던 중상주의적 사고 방식의 허점을 단 몇 줄의 문장으로 논증했는데, 『국부론』 서문의 첫 단락이 바로 그것이다.

어떤 국민이 해마다 소비하는 모든 생활필수품과 편의품을 공급하는 원천은 그 국민의 연간(年間)노동이며, 생활필수품과 편의품은 연간노동의 직접적 생산물이거나 그 생산물을 주고 다른 국민에게서 구입한 것이다. 연간노동의 생산물과 그것을 소비하는 사람들의 수 사이의 비율에 따라 그 국민이 자기가 필요로 하는 생활필수품과 편의품을 충분히 공급받는지 여부가 결정된다.

스미스의 말을 현대적인 언어로 해석해 보자. 부자 나라는 "국민이 생필품과 편의품을 충분히 공급받는" 나라를 의미한다. 어느 정도 충분히? 그것은 "연간노동의 생산물과 소비하는 사람의 수 사이의 비율", 즉 연간 국민총생산(GNP, Gross National Product)을 국민의 수로 나눈 값에 달려 있다. 이 값을 오늘날의 경제학 교과서에서는 '1인당 GNP'라고 한다. 나라가 얼마나 부유한지는 국민 한 사람이 얼마만큼의 화폐를 보유했느냐가 아니라, 얼마나 많은 재화를 생산해서 소비할 수 있느냐에 달려 있다는 스미스의 생각은 실로 혁신적인 발상의 전환이었다. 왕실 금고의 귀금속 보유량을 늘리는 데 눈이 팔려 있던 18세기 정치인과 지식인들의 뒤통수를 딱 때린 것이다. 이봐, 당신들의 금고는 문제가 아니야. 대영제국 국민이 평균 얼마나 소비할 수 있느냐가 중요한 거라구!

경제학 교과서의 정의에 따르면 국민총생산은 "국민이 일정 기간 동안 생산한 최종생산물의 가치를 모두 더한 것"이다. 무척 간단한 것 같다. 하지만 속내를 알고 보면 사실 그리 간단한 것만은 아니다. 우선 쉬운 문제부터 처리하자면, '일정 기간'은 보통 1년이다. 그래서 국민총생산은 해마다 한 차례씩만 집계한다.

그 다음 주의해야 하는 것은 '최종생산물'이라는 개념이다. 그 해에 생산한 모든 것의 가치가 다 국민총생산에 들어가는 것이 아니라, 최종적으로 사용되는 재화와 서비스만 여기에 포함된다. 그것을 만드는 중간 단계의 제품은 고려하지 않는다는 말이다. 예컨대 '신토불이'라는 기치를 들고 '우리 밀 살리기 운동'을 벌인 농민들이 10억 원어치의 밀을 생산했다고 하자. 이 밀을 전량 구입한 제분업자가 이것을 15억 원어치의 밀가루로 만들어 우리 밀 제품 생산업체에 공급했다. 그리고 우리 밀 빵, 라면, 국수 제조업체는 이 밀가루로 30억 원어치의 각종 제품을 만들어 소비자에게 판매했다고 하자. 여기서 밀과 밀가루는 빵, 라면, 국수를 만드는 데 들어간 중간재다. 국민총생산에는 최종생산물의 가치 30억 원만 들어가는데, 이것은 우리 밀 재배 농가와 제분업자와 빵, 라면, 국수 제조업자가 창출한 부가가치의 합과 일치한다. 그들은 각각 10억, 5억, 15억 원의 새로운 가치를 창조한 것이다. 그래서 국민총생산은 "국민이 생산한 부가가치를 모두 더한 것"이라고 해도 무방하다. 여기까지 국민총생산이라는 개념은 매우 명료해 보인다.

하지만 "국민이 생산한"이라는 표현에는 제법 복잡한 문제가 숨어 있다. 이는 대한민국 국적이 없는 외국인이 한국에서 무언가 부가가치를 생산하는 경우 그것은 국민총생산에 포함되지 않는다는 것을 의미한다. 예컨대 삼성전자의 독일인 사외이사가 받는 연봉은 우리의 국민총생산에 포함되지 않는다. 외국은행에서 빌린 돈의 이자를 지급하는 경우 그것도 마찬가지다. 반대로 우리 국민 가운데 누군가가 외국에 나가서 버는 돈은 외국에서 벌었지만 우리의 국민총생산에 포함된다. 박찬호 선수가 LA다저스에서 받는 고액 연봉이 대표적인 예다. 외환은행이 말레이시아 금융기관에 꾸어준 돈의 이자를 받는 경우도 그렇다. 여기서 문제는 부가가치를 생산한 장소가 아니라 그 일을 한 사람이나 기업의 국적이다.

아담 스미스는 국부의 수준을 재는 지표로 쓰기 위해 오늘날 국민총생산이라고 하는 개념을 창안했다. 하지만 이 개념의 용도는 거기서 그치지 않는다. 경제성장률과 같이 국민들의 경제활동이 시간적으로 어떻게 변화하는지를 측정하는 데도 이 개념은 필수적이다. 사람이나 자본이 국가의 경계선을 별로 넘어가지 않았던 과거에는 별 문제 없이 이 개념이 통용되었다. 그런데 이른바 세계화가 급속하게 진행되는 요즘에는 이것보다는 국내총생산(GDP, Gross Domestic Product)이라는 개념이 더 널리 쓰이게 되었다. 이것은 그 나라 안에서 생산된 최종생산물의 가치를 합한 것이다. 사람이나 기업의 국적을 가리지 않고 나라 안에서 생산된 부가가치는 모두 다 여기에 포함시킨다. 독일인 사외이사의 연봉은 여기 들어가지만 박찬호의 연봉은 배제된다. 만약 우리 국민이 외국에서 생산한 부가가치(전문용어로는 대외수취 요소소득)와 외국인이 국내에서 생산한 부가가치의 액수(대외지급 요소소득)가 같으면 국민총생산과 국내총생산은 일치한다.

국내총생산을 국민총생산보다 즐겨 쓰는 이유는 다른 경제지표와의 연관성 때문이다. 예컨대 국내 경기는 엉망인데도 밖에 나가서 벌어들이는 대외수취 요소소득이 많아서 국민총생산이 증가하는 경우 경제성장률이 올라가는 동시에 실업률도 증가하는 이상한 통계가 나올 수 있다. 실업률, 물가수준, 설비투자 등 다른 중요한 거시 경제지표의 동향은 국민총생산보다 국내총생산과 더 밀접하게 관련되어 있는 것이다. 그래서 국제기구와 주요 선진국 통계당국은 대부분 GNP보다는

GDP를 가장 중요한 거시경제 지표로 사용하고 있다.

다시 말하지만 국민총생산은 국부의 절대적인 크기를 나타내는 지표다. 하지만 GNP가 크다고 해서 곧 부자 나라인 건 아니다. 부자 나라는 국민 개개인이 평균적으로 높은 복지수준을 누리는 나라를 말한다. GNP의 절대적인 크기가 아니라 그것을 인구수로 나눈 1인당 GNP가 빈부의 기준이 되는 것이다. (다음 통계수치들은 삼성경제연구소SERI가 통계청 자료를 알아보기 쉽게 정리해 둔 데서 발췌 인용한 것임을 밝혀둔다. 무료회원제로 운영하는 사이버SERI클럽 sericon.seri.org는 비전공자들이 활용하기에는 통계청의 홈페이지보다 훨씬 편리하다. 세계적인 추세에 따라 여기서도 GNP 대신 GDP 통계를 사용한다.)

예컨대 세계에서 GDP가 가장 많은 나라는 단연 미국으로, 1998년도의 경우 무려 8조 5,100억 달러나 되었다. 2등은 일본으로, 3조 7,828억 달러였다. 하지만 1인당 GDP를 기준으로 보면 상황이 크게 다르다. 서유럽의 미니국가 룩셈부르크와 스위스는 GDP가 각각 174억 달러와 2,621억 달러에 불과했지만 1인당 GDP는 각각 41,396달러와 36,916달러로 미국(31,456달러)과 일본(29,925달러)을 가볍게 앞질렀다. 노르웨이와 덴마크 등 1인당 GDP가 미국보다 많은 나라는 그밖에도 여럿 있다. 한국은 1997년 1인당 GDP가 잠시 1만 달러를 넘었다가 외환위기가 터진 이후인 1998년에는 7,000달러 아래로 곤두박질한 경험이 있다.

그렇다면 1인당 국민총생산이 높은 나라는 국민의 복지수준이 높은 나라라고 할 수 있는가. 대충 말하면 그렇다. 하지만 엄격하게 따져보면 반드시 그렇다고 할 수는 없다. 국민총생산이 국민의 복지수준을 재는 척도로서 매우 유용하기는 하지만 문제가 많은 것 또한 엄연한 사실이기 때문이다. 그 문제들 가운데 여기서는 네 가지 큼직한 것만을 짚어보기로 하자.

첫째, 국민총생산은 '시장에서 거래된' 최종생산물의 가치만을 포함한다. 시장에서 아예 거래되지 않는 최종생산물은 통계에 잡히지 않는다. 시장에서 거래되지 않는 최종생산물은 자기 손으로 만들고 자기가 소비하는 재화와 서비스를 말한다. 가장 대표적인 예가 가사노동 또는 DIY(Do It Yourself) 생산품이다. 어떤 맞벌이 부부가 파출부를 쓰면 그 월급만큼 국민총생산이 늘어나지만 직접 청소를 하고 요리를 하면 그렇지 않다. 어린이집에 아이를 맡기면 그 비용만큼 국민총생산이 늘어나지만 시어머니나 친정어머니에게 맡기면 그렇지 않다. 나무를 사다가 아이 침대를 직접 제작하거나 특별한 손재주가 있어서 주말에 자동차를 정비하는 경우에도 마찬가지다. 따라서 1인당 GNP가 같다면 여성들 가운데 전업주부가 많은 나라의 복지수준이 더 높다고 할 수 있다. 만약 정부가 탁아시설을 대폭 늘리고 여성 고용의 장애물을 제거하는 개혁을 단행할 경우 국민총생산은 기술 진보가 없어도 저절로 증가할 것이다.

둘째, 국민총생산은 합법적으로 거래된 상품과 서비스만을 포함한다. 불법적으로 거래되는 대표적인 서비스와 상품으로는 매춘과 마약이 있다. 그밖에도 세무처리를 제대로 하지 않고 수임료를 챙기는 변호사들의 법률서비스, 병원과 제약회사 사이의 리베이트가 딸린 약품 거래, 법에 어긋나는 건축허가를 둘러싸고 공무원과 업자 사이에 오가는 뇌물, 영수증을 발행하지 않는 포장마차에서 파는 꼼장어 구이 등등 '불법적'으로 거래되는 재화와 서비스는 매우 다양하다. 이것을 일컬어 '지하경제'라고 하는데, 여기서 거래되는 것들은 거래 자체가 불법이거나 국가 통계에 포착되지 않게 하기 위해서 은밀하게 하는 거래이기 때문에 정부의 국민총생산 통계에 들어갈 수가 없다. 하지만 여기서도 사람들에게 유용한 것이 거래되기 때문에 지하경제의 비중이 큰 나라의 국민총생산은 실제보다 낮게 나타난다.

만약 정부가 고소득 자영업자의 소득을 정확하게 파악하기 위한 제도 개혁을 하고, 매춘업과 마약 거래를 양성화해서 세금을 부과하고(이게 옳다는 이야기가 아니다. 높은 국민총생산 증가율을 종교처럼 떠받드는 사람이라면 해볼 수도 있다는 이야기다.), 뇌물과 리베이트 주고받기에 철퇴를 내린다면, 역시 기술혁신 없이도 국민총생산은 저절로 올라갈 것이다.

셋째, 국민총생산에는 '여가'(leisure)가 없다. 하지만 아담 스미스가 말한 바 '국민이 해마다 소비하는 생활필수품과 편의품'에는 당연히 여가를 포함시켜야 한다. 독자들 가운데 여가를 그렇게 대접하는 데 이의를 제기할 분이 없지 않겠지만, 여가는 분명 생활필수품이기도 하고 편의품이기도 한, 조금은 묘한 '희소재'(稀少材)다. 빈부귀천을 불문하고 누구에게나 하루는 스물네 시간이다. 잠을 자고 밥을 먹고 똥오줌을 누는 등의 생리적인 문제를 해결하는 데 적어도 열 시간을 쓴다고 하면, 일하고 쉬는 데는 열네 시간밖에 쓸 수 없다. 사람들은 이 열네 시간을 일하는 시간과 여가 시간으로 나누어 쓴다. 일하는 시간은 결국 돈을 벌어서 다른 생필품과 편의품을 구하는 데 쓰는 시간이고, 나머지는 바로 여가 시간이 된다. 이런 면에서 여가와 다른 재화는 서로를 대체하는 관계에 있다.

레저가 풍요로운 삶의 중요한 요소라는 것을 부인할 사람은 없을 것이다. 예를 들어 나는 일요일 아침마다 동네 초등학교 운동장에서 축구를 하는데, 그 시간에 대기업 사보 원고를 쓰면 원고료만큼 국민총생산을 높일 수 있다. 그러나 그 돈으로 살 수 있는 '생필품과 편의품'보다 두 시간 동안 공을 차는 즐거움이 나를 더 행복하게 하기 때문에 나는 조기축구회에 나가는 것이다. 만약 정부가 어떤 무시무시한 법률을 만들어 온 국민이 휴일도 없이 매일 열네 시간 일을 하게 만든다면 국민총생산을 늘릴 수 있을까? 그럴 수 있을지도 모른다. 하지만 그렇게 해서 국민의 복지수준을 올릴 수 있는 건 결코 아니다.

레저가 복지의 중요한 요소라면, 국민총생산 통계를 볼 때 조심해야 한다. 만약 1인당 GNP가 비슷하다면 국민의 평균 노동시간이 적은 나라가 많은 나라보다 부유하다고 보아야 한다. 참고로 한국의 1998년 제조업 노동자들은 매주 평균 46.1시간을 일했는데, 이는 OECD 회원국 가운데 단연 1등이었다. 한국은 GNP 수준이 풍기는 인상보다 실제 복지수준이 낮은 니리라는 말이다.

넷째, 국민총생산은 상품과 서비스의 가치만을 고려할 뿐 그 과정에서 일어나는 환경 파괴 등의 부작용을 전혀 고려하지 않는다. 예컨대 시화공단의 화학 금속업체들이 배출하는 폐수를 보자. 여기에는 중금속과 발암물질을 비롯한 유독성 물질이 다량 함유되어 있다. 실제로는 전혀 그렇지 않지만, 환경부와 경기도가 열과 성을 다해서 이 산업폐수를 깨끗이 정화한다고 가정하자. 이 업체들이 만든 제품의 가치는 국민총생산 수치를 높이는 데 들어간다. 그리고 경기도와 환경부가 폐수처리장을 짓는 데 들어간 돈도 시공회사의 매출이 되어 국민총생산을 올린다. 이 시설을 유지 운영하기 위해서 사람을 쓰면 그들의 인건비도 국민총생산을 올리는 데 기여한다. 하지만 산업폐수 정화에 들어가는 비용은 원래 시화공단의 화학 금속업체가 없었다면 필요가 없었을 돈이다. 이 돈을 기껏 투입해 봐야 수질을 원래대로 돌려놓는 데 불과하다. 국민총생산을 높이기 위해서 환경을 파괴하고, 그 파괴된 환경을 복구하는 일 때문에 또 국민총생산이 올라가니, 세상은 마치 '앨리스의 이상한 나라'와 비슷하다.

국민총생산의 수준이 복지의 수준과 반대로 가는 사례는 그밖에도 수없이 많다. '조국 근대화의 상징'인 자동차산업을 위해서 정부는 주차장이 없는 사람도 차를 살 수 있게 했다. 그 결과 도시의 간선도로와 이면도로에서는 낮밤 없이 주차

전쟁이 벌어진다. 제자리걸음하는 자동차의 배기가스로 도시의 공기가 더러워지고, 그러면 세탁소가 돈을 버는 건 물론이요 이비인후과나 암센터에도 손님이 늘어난다. 자동차 생산이 늘고 휘발유 판매량도 늘고 세탁소와 병원의 매출도 늘어 국민총생산도 자꾸 올라가지만, 안타깝게도 국민들의 복지가 그만큼 높아진다고는 결코 말할 수 없다.

국민총생산이라는 지표는 그밖에도 여러 가지 문제를 안고 있지만 기술적·이론적으로 조금 복잡하기 때문에 여기서는 이것을 종교적 숭배의 대상으로 삼는 어리석음을 경고하는 정도로 끝을 내자. 박정희 정권이 유신쿠데타를 저질렀던 1972년 한국의 1인당 GNP는 불과 396달러, 수출액은 약 16억 달러였다. 당시 경제계획을 담당했던 관료들의 말에 따르면 '수출 100억 달러, 1인당 GNP 1천 달러' 가 박정희의 '종교' 였다고 한다. '대한민국주식회사' 는 1995년에 '수출 1천억 달러, 1인당 GNP 1만 달러' 라는, 박정희가 상상조차 하지 못했을 수준에 올라섰다. 1인당 GNP 성장률로 표현되는바 성장의 종교를 숭배해 온 과정에서 강은 썩었고, 공기는 더럽혀졌고, 나무는 베어졌고, 산은 깎였고, 개펄과 습지는 메워졌고, 수많은 동식물이 멸종되었다. 우리가 1995년에 손에 넣은 1인당 GNP는 1972년보다 약 1만 달러가 많았다. 그 동안에 훼손되고 사라진 모든 것들에 우리들 개개인이 부여하는 가치를 거기서 제한다면 과연 얼마가 남을까? 적어도 다른 모든 인간적·사회적·환경적 가치를 파괴해도 아깝지 않을 정도로 큰 액수가 남지는 않을 것이다.

그런데도 국민총생산이라는 개념을 계속해서 쓰는 이유는 무엇일까? 흔히들 하는 말로 대안이 없어서다. 빈부격차와 사회적 불평등을 태내에 안고 있는 자본주의 또는 시장경제를 세계의 모든 나라들이 기본질서로 채택하는 것과 같은 이유다. 썩 마음에 들지는 않지만 그보다 확실하게 더 나은 다른 지표가 없다는 이야기다. 사람들은 이 개념을 조금이라도 개선해 보려고 했다. 그 개선의 방향은 각자의 취향과 처지에 따라 다를 수 있다.

페미니스트라면 당연히 가사노동의 가치를 포함시키려 할 것이고, 환경론자라면 환경의 가치를 복지 지표에 함께 넣으려 할 것이다. 매춘이나 마약에 관해서도 개인의 선택권을 존중해야 한다고 주장하는 울트라 리버럴리스트는 지하경제의 양성화를 주장한다. 그래서 어떤 경제학자들은 이 모든 요구를 받아들여 NEW(Net Economic Welfare)라는 새로운 지표를 만들었다. 이 지표를 얻는 것은 적어도 이론적으로는 가능하다. 기존의 국민총생산에서 여가의 가치를 더하고 지하경제의 거래품목 가운데 인간의 복지를 증진하는 데 도움이 된다고 널리 인정되는 것의 가치를 더한다. 그리고 생산활동을 하는 과정에서 파괴당한 환경의 가치를 뺀다. DIY의 가치를 더하는 것도 얼마든지 가능하다.

하지만 이건 어디까지나 이론적인 차원에서 할 수 있는 이야기다. 실행 단계에 들어가면 도저히 극복할 수 없는 기술적 난관에 봉착하게 된다. 도대체 여가의 가치를 어떻게 측정할 것인가? 여가 한 시간의 가치는 '기회비용'으로 계산할 수 있다. 여가는 노동의 포기이기 때문에 여가 한 시간의 가치는 그 시간에 일을 해서 벌 수 있는 돈의 액수와 같다. 2001년 3월부터 삼성그룹 이건희 회장의 아들 이재용 씨는 33세의 젊은 나이에 대한민국 최고기업 삼성전자 '상무보'로서 사실상 경영에 참여하게 되었는데, 역시 33세에 똑같은 이름을 가진 다른 이재용 씨는 어떤 중소기업의 사원으로 일하고 있었다. 이 두 사람의 여가 시간이 가지는 가치도 천양지차로 다를 수밖에 없다. 그런데 중소기업 직원 이재용 씨가 받는 봉급은 빤하지만 재벌 3세 이재용 씨의 급여는 대외비라서 이 두 사람의 여가 한 시간이 얼마나 다른 값을 가지는지 비교할 수가 없다. 마찬가지 이치에서 저마다 다른 4천3백만 대한민국 국민의 여가시간과 그 가치를 통계적으로 파악하는 일은 불가능하다.

가사노동이나 DIY도 그렇다. 인터콘티넨탈 호텔 이탈리아 식당의 주방장과 돌베개 출판사 길 건너 대구탕집 주방장은 음식솜씨가 다르다. 대한민국 2천만 가구의 주방장들 역시 음식솜씨는 천차만별이고, DIY 열성파들의 책장 제작이나 자동차 정비 솜씨도 다르다. 가정에서 매일 어떤 음식이 얼마나 많이 만들어지고 그 금전적 가치가 얼마나 큰지를 도대체 무슨 수로 파악할 것인가.

NEW는 수많은 장점과 단 하나의 약점을 가지고 있다. 그런데 실제로 측정하기 어렵다는 그 유일한 단점은 모든 장점을 다 덮고도 남을 만큼 충분히 치명적이다. 환경론자들이 내세운 '녹색 GNP'(Green GNP)의 운명도 그와 별로 다르지 않다. 환경론자들은 깨끗한 환경이 다른 생필품이나 편의품과 마찬가지로 귀중한 재화라고 믿는다. 그래서 생산활동 때문에 파괴된 환경의 가치를 기존의 국민총생산에서 뺀 것을 '녹색 GNP'라고 이름지었다. 그런데 파괴된 환경의 가치를 어떻게 평가해야 할까?

예컨대 멸종해 버린 백두산 호랑이나 산양의 가치가 얼마나 될까. 새만금 간척사업으로 모조리 없어지게 될 전라북도 해안 개펄의 가치는 얼마나 될까? 영종도에 국제공항이 새로 들어섬으로써 없어져버린 철새 둥지의 가치는 얼마일까? 더욱이 환경 파괴에 관한 한 인간은 생산활동이 환경을 어떻게 얼마나 심각하게 파괴하는지를 미처 파악하지도 못하는 경우가 많다. 산업혁명기 유럽의 과학자들 가운데 온실효과를 안 이가 어디 있었겠으며 프레온가스를 냉매로 쓰는 냉장고를 발명한 기술자들이 그 때문에 지구 상공의 오존층이 파괴되어 피부암 환자가 급증할 것임을 상상이나 했겠는가. 21세기 벽두에 이루어지고 있는 생산활동이 자연을 어떻게 파괴했는지에 대해서 미래의 과학자들을 지금의 과학자들보다 훨씬 더 엄중한 비판을 할지도 모른다.

이런 이유 때문에 NEW와 '녹색 GNP'는 국민총생산을 축출하고 그 자리를 차지하는 데 실패했다. 하지만 이 새로운 지표들이 던지는 메시지는 분명하다. 환경 파괴를 고려하면 진정한 '국부의 증가'는 각국의 경제성장률 수치의 절반에도 미치지 못한다. 그러니 국민총생산 증가율 통계를 가지고 대중의 눈을 현혹하며 자기네가 저지른 정책적 오류와 환경 파괴 행위를 감추려는 경제 전문가와 정치인들의 교언(巧言)에 귀를 기울이지 마시라!

이자는 어디에서 오는가

먹고살려면 땀 흘려 일해야 한다. 기독교 성경에 따르면 이것은 아담과 이브를 낙원에서 쫓아내면서 신이 내린 형벌이다. 그 때문인지는 모르지만 사실 대다수 사람들은 자기의 노동력을 팔아서 산다. 억대를 호가하는 매니저들의 연봉조차도 '경영노동'에 대한 대가라고 한다. 구멍가게 아줌마나 의사, 약사, 변호사들 역시 다르지 않다. 하지만 모든 사람이 다 그래야 하는 건 아니며 또 실제로 그렇지도 않다. 재산이 많이 있으면 땀 한 방울 흘리지 않으면서 놀고먹어도 된다. 이른바 '자산소득'으로 사는, 그것도 잘 먹고 잘 사는 사람이 수없이 많다.

그들의 자산은 지하철역에 곧바로 출입구를 낸 대형빌딩일 수도 있고 주식과 유가증권, 또는 은행예금일 수도 있다. 가만히 앉아만 있어도 여기에서 이자, 배당, 임대료 따위의 자산소득이 나온다. 이 돈으로 일 년 내내 해외 골프여행을 다니고 메르세데스 자동차를 타고 밤마다 강남 룸살롱에서 주지육림의 환락을 즐겨도, 세금만 제대로 낸다면 그 누구의 간섭이나 방해도 받지 않을 권리가 있다. 하지만 땀 흘려 일해서 먹고사는 사람들의 눈길이 절대 곱지는 않다. 이들의 소득에는 '불로

소득'(不勞所得)이라는 별로 명예롭지 못한 딱지가 붙어 있기 때문이다.

자산소득으로 먹고사는 것, 이것이 과연 떳떳한 일일까? 예전에는 분명 그렇지가 않았다. 고대 그리스 이후 중세 유럽에 이르기까지 철학자와 신학자들은 돈을 빌려주고 이자를 받는 행위를 매우 못마땅하게 여겼다. 중세 가톨릭 교회뿐만 아니라 가톨릭을 비판했던 종교개혁가 마르틴 루터도 이자의 정당성을 부정했다. 이자는 힌때 유럽의 대부분을 점령했고 지금도 서남아시아 일대를 지배하는 이슬람의 교리에도 어긋난다. 이자를 정당화할 수 있는 논리적·신학적 근거를 찾을 수가 없었기 때문이다.

하지만 이건 어디까지나 호랑이 담배 먹던 시절 이야기다. 지난 세기말 로마 교황청은 비아그라를 발명 시판한 파이저 제약회사의 주식을 취득해서 엄청난 재테크를 했다. 마호메트의 후예를 자처하는 이슬람의 왕족들 역시 유럽 금융기관에 막대한 달러를 맡겨두고 즐겁게 이자를 받아 챙긴다. 이론적·신학적으로야 어떠하든 오늘날 화폐를 꾸어주는 대가로 이자를 받는 것을 두고 도덕적으로 비난하는 사람은 정신병자 취급을 받기 십상이다.

그런데 이 문제로 골치를 숱하게 썩었고, 또 그랬는데도 별 신통한 해결책을 찾지 못하는 사람들이 있으니, 바로 경제학자들이다. 이자와 자산소득은 매우 중요한 일상적 경제 현상이다. 이것이 발생하고 분배되는 원리를 밝히지 못한다면 경제학은 학문으로서의 완결성을 주장할 수 없고, 경제학자는 직무유기라는 비난을 들어도 할 말이 없다. 그래서 그들은 무언가 그럴듯한 이론을 만들어 내려고 열심히 연구하고 생각하고 토론했다. 하지만 결론부터 말하면 이자가 어디서 발생한 것인지는 아직 이론적으로 입증되지 않았고, 따라서 이자소득으로 살아가는 행위가 윤리적으로 떳떳한지 여부도 결론이 나지 않았다.

고등학교 수준의 경제학 교과서는 이자가 자본의 생산적 기여에 대한 대가라고 가르친다. 토지의 기여에 대한 대가로 지대를 받고 노동의 기여에 대한 보상으로 임금을 받는 것과 마찬가지라는 것이다. 이건 사실 직관적으로 이해할 수 있는 견해다. 예컨대 63빌딩을 짓는 현장에 크레인과 엘리베이터를 비롯한 중장비가 하나도 없이 삽과 곡괭이를 들고 작업을 한다고 상상해 보라. 또는 경의선 철도를 복원하고 서울—개성 사이의 4차선 도로를 뚫는 데 포크레인이나 지게차가 없이 일한다고 상상해 보라. 그런 빌딩이나 도로를 만드는 데 엄청난 인력과 시간이 들어갈 것이다. 그러나 필요한 중장비가 충분하면 노동자들은 엄청나게 더 생산적으로 작업을 할 수 있다. 일반화해서 말하면 더 많은 자본과 결합할수록 노동생산성이 높아진다. 그러니 생산에 참여한 자본에 무언가 보상이 따라야 한다는 것은 자명해 보인다.

하지만 그렇게 넘어가기에는 석연치 않은 문제가 있다. 첫번째 난점은 실제적으로 생산 과정에 투입되는 자본, 다시 말해서 원자재와 장비와 부품과 기계 따위가 모두 과거의 노동생산물이라는 사실이다. 마르크스는 그래서 자본을 '죽은 노동'(geronnene Arbeit)이라고 했으며, 이런 시각에서 보면 생산에 투입된 자본은 그 가치가 생산물로 이전될 뿐 새로운 가치를 창출하는 것은 아니다.

이 문제를 피해 가기 위해서 뵘바베르크(Böhm-Bawerk)라는 경제학자는 자본에 이자를 주어야 하는 이유를 저축하는 사람의 심리에서 찾았는데 그 논리가 퍽 재미있다. 그는 개인의 소득이 나이가 들면서 점점 많아진다는 것을 중시했다. 예컨대 막 직업생활을 시작한 젊은이에게 1백만 원은 제법 큰돈이다. 하지만 사회 경력이 20년쯤 되면 이 정도의 돈은 별거 아니게 된다. 따라서 젊은 시절에 1백만 원을 저축하게 하려면 나중에 원금보다 더 많은 돈을 돌려 받는 재미가 있어야 한다.

게다가 사람은 누구나 미래의 소비보다는 현재의 소비를 선호하는 경향이 있다. 정년퇴직을 한 후 노년기에도 돈이 필요한데 그러한 미래의 욕구를 당장 해결하고 싶은 욕구에 비해 과소평가한다는 것이다. 따라서 현재의 소비를 절제하게 하려면 저축에 대해서 이자를 주어야 한다.

이건 물론 그럴듯한 논리다. 하지만 이것이 진실의 전부는 아니다. 저축하는 사람이야 물론 이자를 받고 싶어하겠지만 그 돈을 꾸어 쓰는 대가로 이자를 주려는 사람이 없다면 이자를 받을 수가 없을 것이다. 돈을 꾸어 쓰는 대가로 이자를 지불하겠다는 사람이 있는 것은 돈이 있어야 '우회생산'(迂廻生産)을 할 수 있기 때문이다. 예를 들어 목화에서 실을 뽑는 경우 물레와 같은 원시적인 도구를 가지고 맨손으로 작업을 하기보다는 우선 실 뽑는 기계를 만드는 것이 훨씬 생산적이다. 일단 기계를 만들고 그 다음에 실을 뽑을 경우 생산성은 높지만 생산 과정이 전보다 길어진다. 그래서 이런 것을 먼길을 돌아간다는 의미에서 '우회생산'이라고 하는 것이다. 그런데 우회생산을 하려면 먼저 기계를 제작할 돈이 있어야 한다. 그리고 어디선가 이 돈을 꾸어다 우회생산을 했다면 그 때문에 높아진 생산성의 일부를 덜어 이자를 지불하는 것이 마땅하다는 것이다.

이런 사정을 고려하면 자본에 대해 이자를 지불하는 건 너무나 당연한 일인 듯 보인다. 하지만 이론적으로 보면 이런 견해는 성립하지 않는다. 여러 가지 문제가 있지만 여기서는 중요한 두 가지만 거론하기로 하자.

첫째, 사람들은 화폐에 대해서 이자를 지불하지만 실제 생산에 투입되는 것은 화폐가 아닌 실물자본, 다시 말해서 원료와 부품과 기계 같은 물질이다. 만약 일정한 양의 노동력에 더 많은 양의 자본을 결합함으로써 생산성을 높일 수 있고 그 공을 인정해서 자본에 대한 이자를 지불한다면, 실제 생산에 투입된 자본이 얼마만큼 생산성 향상에 기여했는지를 측정할 수 있어야 하며, 그렇게 하기 위해서는 투입된 자본의 양을 측정할 수 있어야 한다. 그런데 여기서 생산에 투입되는 실물자본은 조그만 나사에서부터 각종의 작업도구를 거쳐 거대한 크레인과 그것을 조종하는 컴퓨터까지 너무나 다양한 물질을 모두 포괄하는 개념이다. 도대체 무엇을 기준으로 '자본 한 단위'를 획정하고 어떤 자동차 공장의 투입 자본량을 측정할 것인가. 한마디로 말해서 기술적으로 불가능하다.

설사 자본의 양을 측정할 수 있다고 가정하더라도 문제는 여전히 남는다. 경제학자들은 이자율이 올라가면, 다시 말해서 자본의 가격이 오르면 자본의 투입량을 줄이고 노동력을 상대적으로 더 많이 투입하는 것이 유리하다고 보았고 지금도 그렇게 믿는다. 그런데 1930년대에 조안 로빈슨(Joan Robinson)을 비롯한 일군의 케임브리지 학파 경제학자들은 이른바 '기술 재전환 논쟁'에서 이러한 '상식'을 뒤집는 반증을 찾아냈다. 세계 최고 수준 전문가들 사이에 전개된 논쟁이라 여기서 자세히 소개할 수는 없지만 대충 다음과 같은 내용이다.

예컨대 어떤 공작기계를 만드는 기술이 두 가지 있다고 하자. 1번 기술은 노동력을, 2번 기술은 자본을 상대적으로 더 많이 투입하는 기술이다. 이자율이 아주 높을 때는 값비싼 자본을 적게 쓰는 1번 기술이 더 유리하다. 이자율이 점점 낮아지면 자본 집약적인 2번 기술이 점점 유리해져서 어느 지점에선가는 1번 기술에서 2번 기술로의 전환이 일어난다. 여기까지는 상식에 부합한다. 이자율이 아주 낮은 수준으로 내려가더라도 이윤의 극대화를 추구하는 기업은 계속해서 2번 기술을 쓰게 된다. 그런데 만약 아주 낮은 이자율 수준에서 1번 기술이 더 유리해져 '기술의 재전환'이 일어난다면 어떻게 될까? 경제학자들의 상식은 무너지고 자본과 이자에 대한 그들의 이론도 무너지고 만다. 그런데 스라파(Piero Sraffa)라는 경제학자는 이런 '기술 재전환'이 일어나는 경우가 있음을 수학적으로 증명해 보였다. 내로라 하는 경제학자와 수학자들이 스라파의 오류를 입증하기 위해 이 논쟁에 뛰어들었 지만 결과적으로 그가 옳다는 것을 더 확실하게 증명해 보였을 뿐이다.

이론적으로 막다른 골목에 빠진 경제학자들이 이 난국을 어떻게 헤쳐 나왔는 지, 울리히 반 선텀(Ulrich van Suntum)이라는 경제학자는 『보이지 않는 손』이란 책 에서 이렇게 묘사했다.

경제학자들은 이상한 나라에 온 앨리스처럼 당황했으며, 결국은 자기네가 일할 수 있 는 연구 분야로 되돌아갔다. 그리고 이 문제를 순전히 이론적인 문제로 치부해 버렸 다. 기술의 재전환 현상은 현실에서는 볼 수 없는 것이며, 뵘바베르크와 신고전파 경제 학자들이 만든 이자와 자본에 대한 이론도 얼마든지 쓸 수 있을 만큼 훌륭하다는 것이 다.

불만을 표명하는 사람들에게는 이렇게 말했다. 과학의 다른 분야, 심지어는 물리학에 서도 사정은 다 마찬가지다. 예컨대 아인슈타인의 상대성 이론에 따르면 속도는 마음 대로 더할 수 없다. 각자 빛의 속도로 마주보고 움직이는 두 입자의 속도의 합은 그냥 광속이다. 광속의 두 배가 아니다. 하지만 우리가 일상생활에서 경험하는 상대적으로 낮은 속도의 세계에서 이 이론은 아무 의미도 없지 않은가. 고속도로에서 자동차가 정 면충돌하는 경우 우리는 두 차량이 각자 내달린 속도를 합쳐서 그 충격을 계산해도 별 문제가 없다. 도로교통과 상대성 이론이 별 관계가 없는 것처럼 기술 재전환 이론은 실제 경제생활과 관계가 없다는 것이다.

그렇다. 현실에서는 돈을 거저 꾸어주는 이도 거저 꾸려는 이도 없다. 하기야 그렇게 따지면 자본과 이자에 관한 이론 자체도 별로 필요 없을지 모른다. 그런 이론이 있든 없든 이자를 동반하는 자본 거래는 일상적으로 이루어지고 있으니까.

하지만 경제학을 제대로 이해하려고 하는 사람은 문제를 밑바닥까지 파보는 의지를 가질 필요가 있다. 그런 분들을 위해 다음 한 가지 문제를 마저 짚고 넘어가야 하겠다. 알다시피 사회적으로 볼 때 자본은 언제나 저축을 통해서만 형성된다. 물론 나라 밖에서 꾸어오는 걸 제외하면 그렇다. 이때 저축은 생산한 것 가운데 소비하지 않는 부분을 의미한다. 생산한 것을 다 소비하면 '우회생산'을 위한 자본을 축적할 수 없다.

사람들은 흔히 화폐와 자본을 혼동한다. 하긴 개인이나 기업의 입장에서 보면 이 둘 사이에는 아무 문제가 없다. 화폐는 자본의 한 형태이다. 그것은 '유동성'(liquidity)이 가장 높은 자본이다. 화폐는 부동산이나 주식과는 달리 언제든 아무 손실도 입지 않고 다른 형태의 자본으로 바꿀 수 있다. 예컨대 화폐만 있으면 기계와 설비를 사거나 기업을 통째로 인수할 수 있는 것이다.

하지만 사회 전체로 보면 화폐는 자본이 아니다. 화폐는 먹을 수도 없고 상품을 생산하는 데 쓸 수도 없다. 화폐는 거래의 편의를 위해서는 꼭 있어야 할 그 무엇이지만 사회 전체로 보면 표면에 복잡한 그림을 인쇄해 놓은 종이조각에 불과하다. 화폐를 생산하기 위해서 소비를 포기할 필요는 없다. 만약 통화량을 늘리고 싶다면 한국은행 총재가 조폐공사의 인쇄기를 돌리라고 지시를 내리는 것으로 충분하다.

사실 화폐는 아무 쓸 데도 없는 종이조각에 불과하다. 예컨대 1만 원짜리 지폐는 먹을 수 없다. 추위를 이기는 데도 쓸모가 없으며 뒤를 닦는 휴지로 쓰기에도 적합치 않다. 100원짜리나 500원짜리 동전도 마찬가지다. 요즘 아이들은 잘 하지 않지만, 기껏해야 '짤짤이' 라는 푼돈 먹기 오락을 할 때나 쓰임새가 있을 뿐이다.

하지만 화폐는 인간이 발명한 가장 위대한 발명품 가운데 하나로 꼽기에 부족함이 없다. 화폐가 없을 경우에 사람이 겪어야 할 불편을 생각해 보면 그 이유는 자명해진다. 아담 스미스의 말대로 인간은 "하나의 물건을 다른 물건과 거래하고 교환하는 성향"을 지니고 있으며, 오늘날 우리가 나날이 경험하는 고도 분업사회는 그러한 교환 성향의 산물이다. 그런데 화폐가 없다고 가정해 보라. 자본주의에 대해 극히 비판적인 견해를 피력했던 칼 마르크스의 견해를 빌면 대충 다음과 같은 일이 벌어진다.

예컨대 빵집 주인이 구두를 구하려면 물물교환을 해야 한다. 그가 뜻을 이루려면 우선 빵을 원하는 구두장수를 찾아야 한다. 문제는 여기서 끝나지 않는다. 구두와 빵의 교환비율에 대해서 양측이 합의해야 하기 때문이다. 만약 물물교환 시장에 여기에 공급되는 모든 종류의 상품 사이에 일정한 교환비율이 정해져 있고 그것이 모든 사람들에게 알려져 있다면야 큰 문제는 없을 것이다. 하지만 그래도 문제는 여전히 남는다. 구두 한 켤레에 해당하는 빵의 양이 구둣방 주인의 대가족이 하루에 다 먹을 수 없을 만큼 많은데, 방부제가 들어 있지 않은 탓으로 다음날 아침에는 빵이 상해 버린다면? 소를 키우는 축산업자는 또 어떻게 할까? 그는 무언가 쇼핑을 하고 싶을 경우 최소한 소 한 마리를 잡아야 한다. 일단 한 마리를 잡으면 고기가 상하기 전에 무언가 다른 물건과 바꾸어야 한다. 이 얼마나 불편한 일인가? 화폐는 인간을 물물교환의 이 모든 불편함에서 해방시킨다. 돈은 인간을 속박하는 사슬이 아니라 인간이 우연의 지배에서 벗어나 자유를 누릴 수 있게 만들어준 혁명적 발명품이다.

Robert Owen 로버트 오웬 (1771-1858)

경제학의 역사에서 오웬만큼 독특한 인물은 별로 없다. 가난한 수공업자의 아들로 웨일즈에서 태어난 오웬은 타고난 사업가였다. 열 여덟에 사업을 시작해 스무 살에 벌써 큰 방적공장 공장장이 되었다.

오웬이 유명해진 것은 스코틀랜드 근처 뉴라나크라는 시골마을의 공장을 인수해 만든 실험적 방적공장 때문이었다. 이 공장의 노동자는 하루에 '불과' 11시간만 일을 했다. 어른들이 깨끗한 공장에서 일을 하는 동안 아이들은 유치원과 학교에서 즐겁게 공부를 했다. 거리에는 주정뱅이가 없었고 노동자들은 때리지 않아도 열심히 일했다. 이 거대한 실험실은 당시 유럽의 왕과 귀족, 성직자와 정치가, 혁명가와 지식인들의 관심을 사로잡았다. 오웬은 이 실험실에서 노동자들의 삶에서 빈곤과 타락과 나태를 추방할 수 있음을 입증하는 동시에 엄청난 돈을 벌었다.

그는 이 돈으로 미국 인디애나 주에 광대한 땅을 사들여 '뉴 하모니'라는 유토피아를 건설하려 했다. 1824년 시작한 이 유토피아 건설 사업은 온갖 사기꾼과 잡동사니들이 몰려들어 일은 하지 않고 말만 많이 한 탓에 완전히 망해 버렸다.

오웬은 사유재산과 자본주의를 비난하면서 모든 생산물은 노동자의 것이며 화폐는 노동자를 속이는 도구이기 때문에 없애버려야 한다고 주장했다. 그는 어린이 노동 금지, 노동시간 단축을 법제화하는 운동에 헌신했고, 생산과 소비를 공동으로 하는 협동조합 부락을 건설하여 정신노동과 육체노동을 결합하는 이상사회를 건설하는 일에 평생을 바쳤다. 오웬은 체제 전복이 아니라 스스로 모범을 보임으로써 유토피아를 이룩하려고 했다. 이것이 당대의 혁명가들과 그를 나누는 유일한 차이점이었다.

오웬(Robert Owen)이나 바뵈프(François Babeuf), 그리고 "모든 재산은 도둑질한 것"이라는 말로 유명한 프루동(Pierre Joseph Proudhon)과 같은 이상주의자들은 저마다 유토피아를 꿈꾸고 설계했으며 그들의 멋진 신세계에는 화폐가 필요 없었다. 하지만 이들의 유토피아는 화폐가 필요 없다는 바로 그 점 때문에 땅 위의 세상이 될 수 없다. 인간 사회에는 아주 원시적인 단계에서도 언제나 화폐가 있었으며, 비록 그 형태가 변하더라도 화폐는 앞으로도 영원히 존재할 것이다. 처음에는 금이나 은을 화폐로 썼고 소금이나 조개껍질을 사용한 곳도 있었다. 일반적으로 화폐는, 구하기가 힘들어서 수량이 제한되어 있고 일정한 성분을 지니고 있으며 보관하고 운반하기 쉬우며 원하는 대로 분할할 수 있는 물질이어야 한다. 만약 이런 물질이 일정한 지역 안에서 교환의 매개수단으로 인정받으면 화폐가 되는 것이다. 그리고 이렇게 출현한 화폐는 다음과 같은 세 가지 기능을 수행한다.

화폐는 우선 상품과 서비스의 값을 지불하는 수단이다. 화폐가 있음으로써 판매행위와 구매행위가 분리되는 것이다. 화폐는 보편적인 계산단위이기도 하다. 모든 상품과 서비스는 일정량의 화폐량으로 그 가치를 매길 수 있으며 화폐로 측정된 가치는 더하고 빼고 곱하고 나눌 수 있다. 화폐는 또한 가치축장의 수단이다. 일정량의 화폐는 일정한 시간이 지나도 그 가치가 크게 떨어지지 않아야 한다. 이 세번째 기능은 특히 중요하다. 이런 역할을 수행하지 못하는 화폐는 조만간 화폐로서의 쓰임새를 잃게 된다. 그래서 사람들은 화폐가 제 구실을 하려면 귀금속이 그런 것처럼 화폐 자체가 물질적인 가치를 가져야 한다고 믿었다.

하지만 지폐의 등장과 더불어 이런 관념은 의미를 잃었다. 문제는 화폐를 어떤 물질로 만드는가가 아니라 어떻게 하면 그 희소성을 유지할 수 있느냐에 있다는 사실이 분명하게 드러난 것이다. 국가가 화폐 발행권을 독점한 것은 바로 그 때문이다. 만약 아무나 지폐를 만들 수 있다면 희소성을 유지할 수 없다. 하지만 국가 역시 화폐 발행권을 남용할 우려가 있으며 실제로도 그런 일이 있었다.

화폐가 무엇인지를 명확하게 규정하기는 매우 어렵다. 화폐 발생의 역사를 보면 더욱더 그렇다. 17세기 유럽 상인들은 금화나 은화를 가지고 다니는 것이 매우 비용이 많이 드는 일임을 알았다. 운반비용도 비용이려니와 노상강도에게 사업 밑천을 몽땅 털릴 위험도 있었기 때문이다. 그래서 은행에다 돈을 맡기고 그 증명서를 돈 대신 지불했고, 은행은 증명서를 가진 사람이 요구하면 언제든 돈을 내주었다. 지폐와 수표는 이렇게 해서 탄생했으며 이러한 업무를 수행한 최초의 금융기관 가운데 하나인 암스테르담은행이 설립된 것은 1609년이었다.

상인들은 또 약속어음을 발행했다. 신용도 높은 기업가나 상인이 예컨대 석달 후에 돈을 지불하기로 하는 약속어음을 주고 물건을 구입한 경우 그 어음을 받은 사람은 약속된 날에 현금을 받을 수도 있었지만 은행에 가서 미리 돈을 찾을 수도 있었다. 물론 은행은 일정액의 이자를 받았으니 이것이 바로 오늘날의 어음 할인 제도다. 19세기 산업화된 서유럽 국가에서 통용된 지불수단은 70%가 이런 어음이었고 은행에서 발행한 화폐와 수표는 30%에 불과했다고 한다.

하지만 이때까지도 지폐와 수표와 어음은 독립된 화폐가 아니었다. 은행 금고에 그에 상응하는 금이 보관되어 있었기 때문이다. 그런데 은행가들은 자기의 금고에 들어 있는 금 가운데 대부분은 항구적으로 거기 그대로 놓여 있으며 고객들이 맡긴 금이 갈수록 많아진다는 사실을 깨달았다. 지폐와 수표와 어음을 가진 사람들이 계속해서 이것을 지불수단으로 돌려쓰기 때문에 실제로 금을 인출하는 경우는 그리 많지 않았다. 은행은 고객의 인출 요구에 응하는 데 필요한 최소한의 금을 제외한 나머지를 대출했다. 물론 금은 그대로 두고 수표를 발행한 것이다. 이렇게 함으로써 은행은 그 이전에는 존재하지 않았던 화폐를 새로 '창조'해 냈다. 그리고 19세기 금융기관이 처음으로 보여주었던 이러한 '화폐창조' 행위는 오늘날의 금융기관들 역시 그대로 이어받고 있다.

물론 둘 사이에는 근본적인 차이가 있다. 19세기 은행이 창조한 화폐는 금이라는 물질의 양에 묶여 있었다. 화폐의 유통량이 은행의 금 보유량보다 훨씬 많기는 했지만 고객이 요구하면 언제든 화폐는 금으로 바꿀 수 있었다. 이른바 태환화폐(兌換貨幣)였다. 그러나 오늘날 지폐나 수표를 들고 가서 금으로 바꾸어 달라고 할 경우 이 요구를 들어줄 은행은 없다. 정말로 금이 필요하면 화폐를 들고 금은방으로 가야 한다. 금은 다른 모든 상품과 마찬가지로 시장에서 거래되는 귀금속에 불과하다.

그러면 화폐가 금의 품을 떠나 독립한 것은 과연 언제였을까? 1971년이다. 1971년은 화폐가 수천 년의 종속에서 벗어나 독립한 해다. 제2차 세계대전이 끝난 후 세계경제의 중심은 미국이었고 이것은 화폐의 세계에도 그대로 적용할 수 있다. 달러는 수많은 나라의 상이한 화폐가 어울려 돌아가는 국제시장에서 태양과 같은 존재였다. 하지만 그 태양 궤도의 중심에는 금이 있었다. 1944년 7월 브레튼우즈라는 미국 뉴햄프셔주의 조그만 시골 마을에서 열린 국제회의에서 미국은 달러를 중심으로 한 새로운 국제경제질서를 만들었다. 모든 가입국의 화폐와 달러 사이에 고정된 교환비율을 정해두었으니 이것이 다름 아닌 IMF체제였다.

IMF체제를 태양계라고 한다면 달러는 곧 태양과 같은 존재였다. 태양계의 모든 행성이 태양을 중심으로 일정한 궤도를 그리듯 회원국들의 서로 다른 화폐 가치는 달러를 중심으로 움직였다. 전문용어로 하면 달러가 기축통화(基軸通貨, key currency) 노릇을 한 것이다. IMF는 달러와 다른 화폐의 교환비율을 정하고 달러와

금의 교환비율도 금 1온스에 35달러로 고정시켰다. 이때까지 달러는 변함없이 태환화폐였다. 누구든 35달러를 들고 미국 연방준비은행에 가면 금 1온스를 받을 수 있었다. 하지만 세계경제의 새로운 지배자로 떠오른 미국의 국력을 믿었기에 달러를 금으로 바꾸려는 사람은 별로 없었다.

그런데 엉뚱한 데서 문제가 생겼다. 1960년대 중반부터 미국 정부는 베트남전쟁이라는 밑 빠진 독에 하염없이 돈을 쏟아 부었다. 물론 가장 싸게 전쟁 비용을 조달하는 방법은 달러를 찍는 것이었다. 모든 나라의 중앙은행과 마피아들이 예외 없이 달러를 갈망하던 시절이라 처음에는 별 문제가 없었다. 그런데 유럽 선진국의 시골 할머니들조차도 요즘에는 달러가 너무 흔하다는 느낌을 가지게 되자 사태는 돌변했다. 무엇이든 너무 흔하면 가치가 없는 법, 달러가 너무 흔해서 35달러의 가치가 금 1온스보다 못하게 될지도 모른다는 불안감이 확산되면서 금 태환을 요구하는 사람이 늘어났다. 특히 민족주의자인 프랑스의 드골 대통령은 프랑스 중앙은행에 달러가 생기는 대로 금으로 바꿔 보유하라고 지시했다. 그냥 두었다가는 미국 연방준비은행의 금 재고가 머지 않아 바닥날 것임이 분명해지자 1971년 8월 15일 닉슨 대통령은 신경제정책이란 걸 발표해서 달러의 금 태환을 중지시켰다.

산업혁명 이후 수백 년을 이어왔던 금본위 제도는 이 선언으로 종말을 고했다. 이제 달러를 포함한 지폐는 금과는 아무 상관없는 종이조각으로 변했다. 하지만 이 '혁명적인 사태'에 놀라는 사람은 아무도 없었다. 달러는 여전히 달러였을 뿐이다. 변한 것이라면 고정환율 제도가 무너져 달러와 다른 화폐의 교환비율이 시장의 형편에 따라 그때그때 변하는 변동환율제가 들어선 것 하나밖에 없었다.

19세기의 화폐와 지금의 화폐가 다른 점은 또 하나 있다. 오늘날의 화폐는 지폐와 수표, 어음에 국한되지 않는다. 지불수단으로 쓰이는 것은 무엇이든 다 화폐가 된다. 언제든 찾아 쓸 수 있는 지로통장의 예금잔고가 화폐라는 건 말할 나위가 없다. 그밖에도 약간의 이자 손실을 감수하면 언제든 해약할 수 있는 저축성 예금도 모두 지불수단이 될 수 있다. IMF 위기 극복을 위해 '장롱에 숨은 돈'을 양지로 끌어낸다면서 도입한 무기명 예금증서도 훌륭한 지불수단이다. 뒤에서 다시 살펴보겠지만 이런 이유 때문에 국민경제 전체의 통화량을 파악하기가 매우 어려워졌다. 그러니 중앙은행이 그 통화량을 조절하는 정책을 쓰는 깃 역시 그만큼 더 어려운 일이 되었다.

지금껏 말한 대로 경제학자들은 이자에 얽힌 수수께끼를 아직도 풀지 못했다. 일정한 노동력에 더 많은 양의 자본을 결합할수록 생산성이 높아지고 그러한 생산적 기여에 대한 보상으로 투입된 자본에 대해 이자를 지불한다는 설명은 과학적 이론이 아닌 일종의 우화에 불과하다. 하지만 천체 물리학 이론이 없다고 해서 지구가 공전과 자전을 멈출 리 없는 것처럼, 이자에 대한 이론이 없어도 이자라는 현상은 계속된다. 앞으로도 사람들은 사회 전체로 보면 아무런 가치도 없는 화폐를 사용하는 대가로 계속해서 이자를 지불할 것이다. 이론이 없어서 골치가 아픈 사람은 경제학자들밖에 없다. 불쌍한 사람들 같으니!

저축도 때로는 악덕이 된다

국부(國富)를 '국민이 해마다 생산하고 소비하는 생필품과 편의품의 양'으로 규정한 아담 스미스의 견해가 옳다면 국부는 어떤 고정된 것(stock)의 크기가 아니라, 일정한 기간 내에 새로 만들어지고 동시에 사라지는 재화와 서비스의 흐름(flow)이 얼마나 풍부한가에 달려 있다. 경제성장이란 이 흐름이 지난 시기보다 풍부해지는 것을 의미한다. 이 흐름이 여러 가지 이유 때문에 시간의 경과와 더불어 풍부해지기도 하고 빈약해지기도 하는데, 이런 현상을 일컬어 경기변동이라고 한다. 그러면 이러한 흐름의 양을 좌우하는 요인은 무엇일까? 우선 이 문제와 관련된 신문기사 하나를 보자.

S은행 부설 S연구소는 2000년 우리나라 경제성장률이 8.7%를 기록하고 경상수지는 89억 달러의 흑자를 낼 것으로 예상했다.

이 연구소는 미국의 금리인상 등으로 선진국들의 수입수요가 감소하고 원화 절상과 원자재 가격상승에 따른 임금상승 등으로 수출 호조→기업수익성 개선→임금 상승→

내수 진작 등의 선순환(善循環)은 기대하기 어려울 것이라고 전망했다. 연구소는 또 철강 자동차 등의 수출증가세가 지속되고 정보통신과 관련된 반도체와 단말기 등의 수출이 늘어나 수출증가세는 지속될 것이지만 내수 호조에 따른 수입증가 압력이 더 높아 무역수지 흑자는 99억 달러, 경상수지 흑자 규모는 89억 달러로 각각 축소될 것이라고 내다봤다.

연구소는 이어 수출증가세로 기업들의 인력수요가 늘어남에 따라 하반기에도 고용 사정은 소폭 개선돼 연말 실업률은 3.5% 정도가 될 것이라고 전망했다. 한편 소비자 물가는 연간 2.5%의 목표 달성이 무난할 것이며 환율은 연말에 1,105원에서 1,110원 정도에서 결정될 것이라고 밝혔다.

이것은 2000년 7월 14일 연합뉴스가 S연구소의 2000년도 경제전망을 보도한 내용인데, 여기서 경제전망을 낸 연구소나 보도한 언론기관, 심지어는 기사를 작성한 기자의 이름조차도 별로 중요하지 않다. 수치만 조금씩 다를 뿐 거의 똑같은 내용을 가진 다른 연구기관의 경제전망들을 다른 신문에서도 얼마든지 찾을 수 있기 때문이다.

따분하기 짝이 없기는 하지만 이런 종류의 기사는 다음과 같은 몇 가지 중요한 메시지를 담고 있다. 첫째, 투자가 증가하면 경기가 좋아지고 경제는 성장한다. 반대로 투자가 감소하면 경제성장이 둔화되고 불경기가 온다. 둘째, 소비가 증가하면 경기가 좋아지고 경제가 성장한다. 반대로 소비가 감소하면 경제성장이 둔화되고 불경기가 온다. 셋째, 경제가 성장하면 실업이 감소하고 불경기에는 실업이 늘어난다.

이런 기사들은 그밖에도 환율과 물가, 통화량과 이자율, 조세와 정부지출 등에 대한 다양한 정보를 담고 있는 경우가 많지만 여기서는 일단 위에서 정리한 세 가지만 살피도록 하자. 독자들께서는 이것만 정확하게 이해해도 신문 경제면을 이해하거나 경제학개론 시험을 통과하는 데 큰 어려움이 없을 것이다.

수천만 명의 인간이 수만 가지의 직업에 종사하는 가운데 매순간 수없이 많은 상품과 서비스가 거래되는 복잡한 국민경제, 그 움직임을 한눈에 파악하기는 매우 어렵다. 그래서 경제학자들은 이 모든 것을 뭉뚱그려 보여주는 간단한 그림을 하나 '발명' 했다.

〈그림 9〉 국민경제의 순환

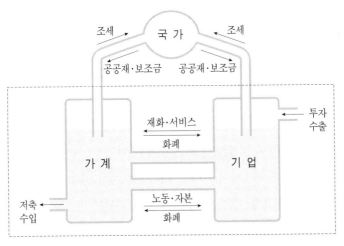

이 그림에서 보듯 물통이 둘 있다고 하자. 왼쪽 물통은 가계(家計)이고 오른쪽은 기업을 나타낸다. 기업은 생산을 하는 곳이고 가계는 소비하는 곳이다. 이 국민경제에서 살아가는 모든 사람은 생산하는 동시에 소비한다. 기업에서는 무슨 일을 하든간에 모든 사람이 '노동자'가 된다. 심지어는 억대 연봉을 받는 경영자조차도 여기서는 '경영노동'의 대가를 받는 '노동자'로 취급한다. 모든 '노동자'는 동시에 소비자이기도 하다. 홀아비든 6남매의 어머니든 상관이 없다. 국민경제는 생산단위인 기업과 소비단위인 가계로 이루어진다. 정부와 외국은 일단 없는 것처럼 생각하자.

두 개의 물통은 파이프로 연결되어 있다. 이 파이프는 상품과 서비스와 화폐가 흘러 다니는 통로다. 설명을 어디에서 시작하든 결론은 마찬가지이기 때문에 여기서는 기업에서 이야기를 시작한다. 기업은 자본과 노동력이라는 생산요소를 결합해서 상품과 서비스를 생산한다. 여기서 생산한 상품과 서비스는 가계로 흘러가 소비된다. 물론 공짜가 아니어서 그 대가로 가계가 지불하는 화폐가 기업으로 흘러간다. 그러면 가계가 이 돈을 어디서 구할까? 기업에서 얻는다. 어떻게? 기업에 무언가를 제공한 대가로. 가계는 기업에 자본과 노동력을 제공한다. 자본과 노동력이 기업으로 흘러가고 그 반대급부로 이자(자본 제공에 대한 대가)와 임금(노동력 제공에 대한 대가)이 기업에서 가계로 흘러가는 것이다. 상품과 서비스, 생산요소와 화폐가 풍성하게 흐를수록 이 국민경제는 부유해진다.

그런데 이것은 폐쇄된 시스템이 아니다. 어디선가 물이 새기도 하고 새 물이 들어오기도 한다. 우선 가계라는 물통에서 물이 샌다. 가계는 이자와 임금으로 얻은 소득을 다 소비하지 않고 일부를 저축한다. 저축되는 만큼의 돈은 기업으로 돌아가지 않는다. 소득세나 부가가치세의 형태로 지불하는 세금 역시 기업으로 들어가지 않는다. 법인세 등의 형태로 기업에서도 돈이 새 나간다. 가계가 국산품이 아닌 수입품을 사거나 해외여행을 하는 경우에도 마찬가지다. 만약 새 물이 들어오지 않고 이런 식으로 '누출'이 계속된다면 파이프에 흐르는 물이 줄어들어 언젠가는 말라버리고 말 것이다.

　그러나 걱정할 필요는 없다. 기업이라는 물통으로 새 물이 흘러들기 때문이다. 이것이 바로 투자다. 게다가 정부가 기업이나 가계에 보조금을 지급하기도 하고 상품과 서비스를 구매하기도 한다. 다른 나라 가계가 우리 기업의 상품을 구입하고 외국인들도 한국관광을 온다. 이렇게 해서 수조에는 새 물이 '주입' 되는 것이다. 정부와 외국인을 잠시 잊어버린다면 '주입' 은 곧 투자다. 그러면 기업은 이 투자자금을 어디서 조달할까? 일부 외국에서 꾸어오는 부분도 있지만 대부분은 가계가 저축한 돈을 가져오는 것이다. 어떻게? 우선 은행을 통해서. 가계는 금융기관에 돈을 저축하고, 금융기관은 이것을 기업에 빌려준다. 기업의 입장에서는 은행을 통해서 가계가 저축한 돈을 꾸어오기 때문에 이것을 '간접금융' 이라고 한다. 기업은 증권거래소나 코스닥 시장에 주식을 상장하거나 회사채를 발행해서 직접 가계의 돈을 끌어오기도 하는데, 이것을 기업의 '직접금융' 이라고 한다.

　만약 수출입이 균형을 이루고, 또 정부가 세금을 거두는 만큼만 지출을 해서 균형예산을 이룬다고 가정하면 정부와 외국은 무시해도 된다. 이 경우 가계가 저축하는 만큼 기업이 투자를 한다면 아무런 문제도 생기지 않는다. 저축과 투자가 균형을 이루고, 또 그 양이 우리의 국민경제가 생산을 하느라 소모한 자본보다 더 많이 이루어진다면 국민경제의 자본 규모는 더 커지게 되고 수조의 물은 점점 불어나게 된다. 이걸 두고 경제학에서는 '성장' 이라고 한다. 이렇게 보면 국민경제가 성장하기 위해서는 가계가 저축을 많이 해야 한다. 이렇게 해서 저축은 개인적으로만이 아니라 사회적으로도 미덕이 된다.

　여기서 한 가지, 투자라는 용어를 오해하면 안 된다. 가계에서는 소득 가운데 소비하지 않은 부분으로 은행에 예금을 하거나 투자신탁에 맡기거나 직접 주식을 사거나 부동산을 구입하면서 이걸 다 투자라고 한다. 그러나 경제학에서 말하는 투자란 기업이 실제로 생산활동을 시작하거나 확대하는 데 자원을 투입하는 것만을 의미한다. 가계에서 투자라고 생각하는 것이 곧 경제학에서 말하는 투자는 아닌 것이다.

그런데 이 그림의 타당성을 인정하고 나면 근심거리가 하나 생긴다. 혹시 '누출' 보다 '주입' 이 적으면 문제가 생기지 않을까 하는 것이다. 하지만 20세기 중반까지도 대부분의 경제학자들, 이른바 고전파와 신고전파 경제학자들은 별로 걱정을 하지 않았다. 가계의 저축과 기업의 투자가 언제나 균형을 이룬다고 믿었기 때문이다. 이 '믿음' 의 근거는 별로 어렵지 않게 찾을 수 있다.

투자와 저축은 곧 돈에 대한 수요와 공급을 의미한다. 돈의 가격은 이자율이다. 만약 어느 시점에서 저축이 투자보다 많다면, 이것은 돈의 공급 과잉 상황을 의미한다. 그러면 이자율이 떨어진다. 이자율이 내려가면 기업은 값싼 돈을 끌어다 투자를 더 많이 하게 되고, 낮은 이자율에 열 받은 가계는 저축을 줄이고 소비를 늘인다. 이자율은 저축과 투자가 균형을 이룰 때까지 내려간다. 만약 투자가 저축을 초과하면 반대 현상이 일어난다. 투자가 줄고 저축이 늘어 균형을 이룰 때까지 이자율이 올라가는 것이다. 그래서 일시적으로 투자와 저축이 불일치하는 경우는 있지만 이런 상황은 이자율의 변화에 의해 곧 사라지게 된다.

그런데 1929년 10월 미국 월 스트리트의 주가 폭락에서 시작된 세계대공황은 세상이 경제학자들의 이 멋진 이론하고는 사뭇 다르게 돌아간다는 것을 보여주었다. 제1차 세계대전을 거치면서 세계 최강의 경제대국으로 올라섰던 미국경제는 도저히 이해할 수 없는 불황의 구렁텅이에 빠졌다. 1928년 850억 달러이던 국민총생산이 1932년에는 절반도 안 되는 370억 달러로 감소하고 성인 남자 넷 가운데 하나가 실업자가 되었다. 이자율이 엄청나게 떨어졌지만 기업의 투자는 늘어나지 않았다. 세상사의 이치를 설명하는 것이 이론의 임무라면, 당시의 경제 이론은 이론으로서의 자격을 상실했다.

하지만 난세는 영웅을 낳는 법, 케인즈(J. M. Keynes)라는 걸출한 천재가 나타나 경제학과 세상을 한꺼번에 구할 비결을 내놓았다. 오늘날 대학에서 경제학을 전공한 사람들도 대공황 이전까지 경제학을 지배했던 이른바 '신고전파' 경제학과 케인즈 경제학 사이에 어떤 결정적인 차이가 있는지를 모르는 이가 적지 않다. 둘 사이에는 여러 가지 차이가 있지만 가장 핵심적인 사항은 케인즈가 이자율을 매개로 저축과 투자가 자동적으로 균형을 이룬다는 신고전파 경제학의 낡은 신앙을 부정한 것이다. 케인즈는 저축과 투자는 서로 다른 사람들이 별로 관계없는 동기에 따라서 하는 행위이기 때문에 둘 사이의 불균형이 장기적으로 지속될 수 있다고 주장했다.

케인즈의 견해는 오늘날의 기준으로 보면 누구나 생각할 수 있을 정도로 자명한 사실에 근거를 두고 있다. 우선 투자는 직접적으로 이자율의 영향을 받는다. 예컨대 연간 예상 수익률이 30%인 사업 프로젝트가 있다고 하자. 이자율이 연리 10%라면 당연히 은행 대출을 받아 이 사업에 투자를 할 것이다. 하지만 이자율이 20%라면? 좀 더 신중하게 생각할 것이다. 그러나 이자율이 30%가 넘을 경우에는 이 프로젝트에 투자할 바보는 없을 것이다. 이것은 이자율이 낮을수록 투자가 늘어나고 높을수록 줄어든다는 것을 의미한다. 물론 투자에 영향을 미치는 다른 요소도 있지만 이자율의 영향력이 압도적으로 크다는 이야기다.

그렇다면 저축은 어떨까? 이자율이 높을수록 저축이 늘어나긴 하겠지만 그보다는 소득이 훨씬 크고 압도적인 영향을 미친다. 예컨대 연봉 5천만 원짜리 샐러리

John Maynard Keynes 존 메이나드 케인즈 (1883-1946)

케인즈는 칼 마르크스가 세상을 떠난 바로 그 해에 태어났다. 부유한 경제학자 아버지와 교양 있는 어머니를 만난 케인즈는 명문 사립학교 이튼 스쿨을 거쳐 케임브리지 킹즈 칼리지에서 수학과 경제학을 공부한 엘리트 중의 엘리트였다.

케인즈는 어려움 없이 자란 귀공자들이 흔히 그러하듯 가난한 사람과 사회주의 운동을 경멸했지만 낡은 관습과 규칙을 준수하는 보수파는 아니었다. 전쟁이 터져도 훈련받기가 귀찮다며 자원입대를 거절했고 당시로는 매우 위험하게 여기던 동성애를 즐긴 적도 있다. 제1차 세계전쟁 당시에는 재무성의 전쟁 비용 조달 업무를 능수능란하게 해치웠고 주식투자를 해서 모교 킹즈 칼리지의 자산을 열 배로 불려주기도 했다. 케인즈는 그림과 고서적 수집, 발레와 극장 후원, 고급 샴페인 보급 촉진 등 그야말로 고상한 취미를 즐겼고 러시아 발레단 주연 무용수 리디아 로포코바와 화촉을 밝혀 유럽 사교계를 흥분시키기도 했다.

케인즈는 인생을 마음껏 즐긴 천재였다. 그는 부르주아적 취미를 즐기면서 과도한 전쟁 배상금으로 독일을 목 조른 1차 세계대전 승전국 지도자들을 공개적으로 조롱했고, 대영제국의 흘러간 영광을 무리하게 복원하려 한 처칠의 경제정책을 웃음거리로 만들었다. 케인즈의 명성은 영국 왕실이 낡은 족보를 샅샅이 뒤진 끝에 그럴듯한 명분을 찾아 귀족 작위를 내릴 정도로 높았다. 2차 세계대전이 끝난 뒤 만들어진 IMF-IBRD 세계체제의 정신적 대부도 케인즈였다.

대공황을 극복하려면 정부지출을 확대하라고 권고했다는 이유로 미국 보수정치인과 언론은 케인즈를 공산주의자라고 의심하고 비난했다. 이것은 아마도 이 유쾌한 천재가 세상을 떠나면서 돌이켜본 가장 불쾌한 경험이었을 것이다.

맨이 소득의 30%인 1천5백만 원을 저축한다고 하자. 이자율이 두 배로 오른다고 그가 저축을 더 많이 할까? 아마도 몇백만 원 정도는 더 할 수도 있을 것이다. 그런데 그가 연봉 1억 원을 주는 경쟁업체에 스카웃되었다고 하자. 그러면 씀씀이가 훨씬 커지겠지만 저축도 더 많이 하게 된다. 소득 가운데 예전의 30%보다 더 큰 몫을 저축하게 된다는 말이다. 반면 연봉이 3천만 원으로 깎인다면 그는 이자율이 높아진다고 해도 저축을 거의 할 수 없을 것이다. 주거비와 식비, 아이들 학비와 같은 지출을 갑자기 줄일 수는 없기 때문이다.

투자는 기업이 이윤 추구를 위해서 하는 것이고, 저축은 가계가 미래에 대비하기 위해서 하는 것이다. 주체도 다르고 동기도 다르다. 따라서 사람들이 저축을 많이 하고 기업이 투자를 기피함으로써 투자와 저축 사이에 심각한 불균형이 조성될 가능성을 배제할 수가 없다. 만약 장기간 저축이 투자를 초과하는 상태가 계속된다면 이것은 앞에서 살펴본 국민경제의 물탱크에는 주입보다 누출이 많다는 것을 의미한다. 수조를 흐르는 물의 양은 줄어들고 국민은 가난해진다. 수조의 물이 마른다는 것은 기업의 생산활동이 위축된다는 걸 의미하며, 이런 경우 기업은 가계가 보유한 생산요소를 덜 필요로 한다. 이것은 곧 실업자가 늘어난다는 것을 의미한다.

개미와 베짱이의 우화는 진실이다. 미래를 대비하기 위해서는 현재의 소비를 줄이고 저축을 늘려야 한다. 하지만 이건 어디까지나 개인에게 그렇다. 개인에게 옳은 것이 사회 전체에도 언제나 옳다는 법은 없다. 예컨대 외환위기가 터진 직후인 1998년을 생각해 보자. 실업자가 폭증하고 봉급이 깎이고 위기가 언제까지 지속될지 모른다는 불안감이 팽배해지자 대부분의 주부들은 허리띠를 졸라매고 저축을 늘렸다. 앞으로 닥칠지 모르는 더 큰 어려움에 대비하기 위해서 외식비를 줄이고 아이들 학원을 끊고 남편의 용돈도 깎았다. 미장원 출입을 삼가고 새 옷 사는 일을 미루었고, 고장난 세탁기도 고쳐서 썼다. 이 모두가 다 개인적으로는 불가피하고도 현명한 선택이었다.

그러나 현명한 개인들이 고려할 수 없는 문제가 하나 있다. 내가 무언가를 지출해야 다른 누군가가 소득을 얻을 수 있고, 다른 누군가가 지출을 해야 내가 소득을 얻을 수 있다는 사실이다. 모든 사람이 지출을 줄이면 그야말로 되는 장사가 하나도 없게 된다. 내가 또는 나의 아내나 남편이 다니는 회사도 예외일 수 없다. 물건이 팔리지 않고 앞으로도 팔릴 가능성이 없다고 판단하면 기업은 투자 계획을 취소하고 생산량을 줄이고 종업원을 해고한다. 정부가 이자율을 낮추어도 기업은 투자를 꺼리게 된다. 이렇게 되면 저축이라는 누출은 많아지고 투자라는 주입은 줄어 수조의 물이 마르고 국민들은 가난해진다. 게다가 우리 정부는 IMF의 요구 때문에 연리 30%에 육박하는 고금리정책을 실시했다. 그러니 한국경제가 전례 없는 큰 폭의 마이너스 성장을 기록한 건 당연한 일이었다.

물론 다른 누출과 주입도 있었다. 원화가치가 폭락하자 수입이라는 누출이 대폭 감소하고 수출이라는 주입이 크게 늘어나 1998년 한 해에만 무려 300억 달러의 무역흑자를 기록한 덕분에 그나마 한국경제라는 수조의 물은 그 정도 줄어드는 데 그쳤다. 정부는 또 조세를 감면하고 빚을 얻어 실업자 구제사업을 함으로써 누출을 줄이고 주입을 늘리려고 애썼다.

앞에서 인용한 신문기사는 무척 복잡해 보이지만 그 내용은 실로 간단하다. 가계의 소비와 기업의 설비투자가 늘어나고 수출이 호조를 보이면 경제가 성장하고, 경제가 성장하면 실업자가 줄어든다는 것이다. 이 글에서 독자 여러분이 이해하고 넘어가야 할 것은, 이런 관계를 고려하면 저축이 개인적으로는 언제나 미덕이지만 사회적으로는 심각한 악덕이 될 때도 있다는 사실이다.

이걸 이해하면 여러 가지가 보인다. 예컨대 1998년 봄 김종필 당시 국무총리는 상암동 월드컵 축구전용구장 건설을 반대하면서 "국민들이 허리띠를 졸라매는 판국에 정부가 흥청망청 돈을 써서야 되겠느냐'고 했다. 이건 현명한 개인들이 저지르는 저축이라는 '사회적 악덕'을 상쇄하기 위해 빚을 내서라도 지출을 늘여야 할 국가더러, 민간가계와 똑같이 행동함으로써 그 악덕을 부채질하라고 주장한 것이나 다름없다. 지옥으로 가는 길은 때로 선의(善意)로 포장되어 있다.

또 하나의 예가 국산품 애용이다. 사실 국산품 애용이라는 구호는 국내기업이 품질이 변변찮은 상품을 비싼 값에 팔아 배를 불리는 데 매우 유용한 이데올로기다. 제한된 소득으로 최대의 만족을 추구하는 경제인이 더 싸고 품질 좋은 수입품을 외면한다는 건 불합리한 짓이다. 하지만 IMF 위기 때처럼 국민경제가 어려울 때는 수입품 구입이나 해외여행을 잠시나마 미루어두는 쪽이 현명하다. 소비와 투자가 격감해서 국민경제의 수조에서 물이 날로 줄어드는 상황인데 거기에다 수입이라는 또 다른 누출을 부추겨서는 좋을 게 없다. 우리 기업들이 모두 망하면 거기 속한 개인들도 결국 피해자가 될 가능성이 커지기 때문이다.

이런 모든 문제를 쉽게 이해하기 위해서는 모든 경제학개론서가 담고 있는 공식을 하나 기억해 둘 필요가 있다. 이 방정식은 기업의 투자와 민간가계의 저축, 정부지출과 수출입이 국민총생산에 어떤 영향을 미치는지를 한눈에 보여준다.

$$Y = C + I + G + (X - M)$$

여기서 좌변 Y는 총공급 또는 국민총생산을 가리킨다. 여러 요소로 구성된 우변은 총수요를 나타낸다. C는 민간소비수요, I는 기업의 투자수요, G는 정부지출, X는 수출, M은 수입을 가리킨다. 이 방정식의 배후에 깔린 아이디어는 수요가 있는 곳에 공급이 따른다는 것이다. 상품과 서비스에 대한 국민경제의 총수요는 민간가계의 소비수요와 기업의 투자수요, 정부지출과 해외수요로 이루어진다. 수출이 수입보다 많으면 해외수요는 플러스, 수입이 수출보다 많으면 해외수요는 마이너스가 된다. 국민소득의 크기를 결정하는 것은 결국 이 네 가지 변수의 크기라는 것이다.

그러면 이 네 가지가 각각 얼마나 큰 비중을 가지고 있을까? 국민계정 통계를 보면 알 수 있다. 다음 표는 한국과 몇몇 선진국의 1998년도 국민계정 가운데 국내총생산 대비 지출항목별 비율을 비교한 것이다. 이 표에서 알 수 있듯이 국민총생산에 가장 큰 영향을 미치는 것은 민간소비다. 경제위기로 가계의 소비지출이 대폭 줄었는데도 민간소비지출의 비중은 정부소비지출보다는 다섯 배나 큰 몫을 차지한다. 외환위기 직후 민간가계가 너나없이 허리띠를 졸라맨 것이 국내경기를 침체시키는 데 결정적인 영향을 미쳤다고 할 수 있다.

그나마 무역수지가 큰 폭의 흑자를 냄으로써 해외부문의 국민총생산 기여도가 무려 12.9%나 되었다. 경제위기로 수입이 격감하고 원화가치가 떨어져 수출이 그런 대로 잘 된 결과 나타난 이례적인 현상이다.

우리나라 정부예산의 규모는 약 100조 원으로 국민총생산의 20% 수준이다. 그런데 이 표의 정부소비지출은 정부지출 가운데 투자 성격의 지출을 제외한 것이기 때문에 10.9%에 머물렀다. 민간기업의 투자지출과 정부의 투자지출을 합친 것이 '총고정자본 형성' 항목인데, 경제위기의 와중에도 다른 나라들을 능가하는 높은 수준을 유지했다. 이런 일이 어떻게 가능했을까? 높은 저축률 때문이다. 이 표에서

〈표 1〉 국내총생산의 구성

국가	지출항목별 국내총생산 비율(1998)					경상GDP대비 저축률(1997)
	민간소비 지출	정부소비 지출	총고정자본 형성	재고증감	무역수지(상품 및 서비스)	
한국	55.7	10.9	29.4	−8.6	12.9	33.0
미국	68.2	15.0	17.8	0.7	−1.7	16.0
일본	61.5	10.1	26.2	0.3	2.0	30.0
독일	57.0	18.8	19.2	2.5	0.4	22.0
이탈리아	62.7	16.6	16.7	0.9	3.1	22.0
스페인	65.8	15.8	21.3	0.3	0.8	21.0
영국	64.6	18.2	17.6	0.5	−1.0	15.0

「OECD 국가의 주요통계지표(1999. 12. 통계청)」에서 발췌 정리

1997년의 총 저축률이 GDP의 33.0%로 나와 있지만, 민간가계만을 보면 가처분소득 가운데 무려 34.4%를 저축했다. 민간가계의 저축률은 경제위기로 소득이 격감했던 1998년 20.9%로 떨어지기는 했지만 1987년 이후 단 한 차례도 30% 밑으로 떨어진 적이 없었다.

  한국 민간가계의 저축률은 미국이나 유럽 국가는 물론이요 근면하기로 유명한 독일과 일본보다 더 높다. "온 국민의 과소비가 IMF 위기를 불렀다"는 일부 정치인과 경제 전문가들의 주장은 이론적으로 황당하고 실증적으로도 아무 근거가 없다. 대한민국 국민은 베짱이보다는 개미 쪽에 훨씬 더 가깝다.

모든 독점이 사회악은 아니다

'경제주체'라는 말이 있다. 기업과 가계와 정부를 가리키는 말이다. 기업과 가계를 정부와 구별하고 싶으면 민간 경제주체라고 한다. 하지만 모든 기업이 다 민간 경제주체인 건 아니다. 공기업(公企業)이나 정부투자기관은 기업이기는 하지만 정부가 직접 경영하거나 간접적으로 경영을 감독하고 있다. 이때 정부는 중앙정부뿐만 아니라 특별시와 광역시, 도 등의 광역자치정부와 시·군·구 기초자치정부를 모두 포함하는 개념이다.

그런데 도대체 무엇 때문에 국가가 기업을 직접 만들어 경영하는 것일까? 흔히들 하는 말마따나 시장에 맡기면 될 텐데. 여러 가지 이유가 있지만 가장 대표적인 것은 이른바 자연독점(natural monopoly)이다. 자연독점은 어떤 재화나 서비스의 생산이나 유통에 관련된 기술적 특수성 때문에 시장에 맡겨두면 불가피하게 독점이 출현하게 되는 경우를 말한다. 이런 시장에서는 독점기업이 제 마음대로 가격을 통제하면서 고객의 등을 치게 된다. 그래서 민간 경제주체의 선택을 제약하는 국가의 개입을 원칙적으로 반대하는 경제학자들도 이것만큼은 '시장 실패'

(market failure)가 일어나는 예외 영역으로 간주하고 국가의 개입을 허용한다.

그러면 자연독점이 생기는 원인은 무엇일까? 그건 어떤 산업을 국가가 직접 경영하는지를 보면 금방 알 수 있다. 우체국, 철도청, 한국전력, 한국통신 등은 대표적인 국영기업이다. 우편 배달과 철도 운송, 전력 생산과 배급, 통신망 설치와 유지, 이런 산업 분야에서 국가가 행정관청이나 공기업을 세워 독점하고 있는 것이다. 물론 담배인삼공사는 예외다. 이것은 자연독점과 무관하다. 돈 되는 사업을 국가가 제 마음대로 독점해서 수입을 올렸던 낡은 시대의 희귀한 유산에 불과하다. 서울시와 같은 광역지방자치단체가 경영하는 산업으로는 도시가스, 상하수도, 지하철 등을 들 수 있다. 일선 시·군·구의 민선 자치단체장들이 만든 공기업도 있는데, 심지어는 북한과 무역을 하기 위해 기업을 만드는 경우까지 있다고 한다. 이런 것들은 대부분 자연독점과 관계가 없다. 자기가 도지사나 특별시장, 광역시장 감이라는 걸 유권자들에게 보여주려는 단체장들의 정치적 허영심이나 퇴직에 대비해 놀고먹는 일자리를 만들어놓으려는 욕심 많은 공무원들의 농간 때문에 만들어진 허울뿐인 공기업이 많다.

그러면 철도, 전력, 가스, 상수도, 전화, 우편 배달 같은 산업 분야에 무슨 특별한 문제가 있기에 국가가 독점 공기업을 만든 것일까? 눈치 빠른 독자라면 이것이 모두 '길', '파이프' 또는 '선'(線)과 모종의 관련이 있는 일종의 '운송사업'이라는 사실을 감 잡았을 것이다. 그렇다. 이것은 현대 경제학과 경영학에서 '물류'(物流, logistic)라고 하는 산업에 속한다. '물류'는 사람이나 사물, 정보의 시간적·공간적 이동을 의미한다. 앞에서 든 공기업은 모두 파이프, 전기선, 전화선, 철로 등을 통해서 이루어지는 '물류'를 담당하고 있다. 우편 배달은 그런 설비는 없지만 우편물의 '이동 경로'와 관계가 있다.

자연독점은 어떤 재화나 서비스를 생산하는 데 들어가는 평균 생산비가 생산량이 증가함에 따라 지속적으로 감소하는 산업에서 발생한다. 철도를 예로 들어보자. 여러 개의 경쟁기업이 각자 철로를 깔고 사업을 한다고 가정할 경우, 이 기업들은 처음에 엄청난 설비투자를 해야 한다. 철로를 놓는 비용은 나중에 태우게 될 승객의 수나 화물의 양과 무관하게 들어간다. 그래서 서울에서 부산까지 가는 손님이 하루 10만 명인 경우와 1만 명인 경우 한 사람을 수송하는 데 들어가는 평균 비용은 당연히 10만 명인 경우가 훨씬 적다. 따라서 승객을 많이 확보한 회사는 그렇지 않은 회사보다 운임을 더 적게 받고서도 버틸 수 있다. 철도회사들은 고객 확보를 위해 피 튀기는 전쟁을 치르겠지만, 이 전쟁의 끝은 누구나 예측할 수 있다. 어느 한 회사가 다른 모든 경쟁자를 축출하고 독점체제를 구축하는 것이다. 일단 이렇게 되고 나면 새로운 기업이 이 분야에 뛰어드는 것은 영원히 불가능해진다. 다른 경쟁자의 출현이 완벽하게 봉쇄되어 있다면 이 독점기업은 최대의 이윤을 얻기 위해서 자기가 원하는 대로 운임을 결정한다. 본격적으로 고객의 등을 치게 되는 것이다. 소비자들은 선택의 여지가 없다. 이 열차를 타든가 타지 않든가, 선택은 하나뿐이다.

　　이러한 이치는 철도뿐만 아니라 송전선, 파이프, 전화선 등을 이용한 전기, 가스, 상수도, 통신 등의 분야에서도 마찬가지로 적용할 수 있다. 만약 이런 분야에서 필연적으로 독점이 출현한다면, 정부는 두 가지 방법으로 여기에 대응할 수 있다. 첫째는 민간독점을 인정하고 소비자의 권익이 부당하게 침해당하지 않도록 감시 규제하는 것, 둘째는 정부가 독점 공기업을 세워 재화나 서비스를 직접 국민에게 제공하는 방법이다. 민간독점을 인정할 경우 소비자의 권익이 부당하게 침해당했는지 여부를 객관적으로 입증하기가 쉽지 않고, 또 그런 사실이 인정되는 경우에도 과징금을 물리거나 시정명령을 내리는 것밖에는 달리 규제수단이 없는 데다가, 이런 조치에 대해서 민간 독점기업은 문제를 법정으로 끌고 가기 때문에 국가가 이것을 효과적으로 규제하기가 매우 어렵다. 대부분의 산업국가들이 이런 산업 분야에 독점 공기업을 세운 것은 바로 그런 사정 때문이다.

우체국은 행정기관으로 인식되어 있지만 그 역할은 공기업과 마찬가지다. 우체국은 편지와 소포 등을 이동시키는 전형적인 물류산업을 담당한다. 파이프도 송전선도 레일도 없는 이 사업을 정부가 직영하는 것은 두 가지 이유 때문이다. 첫째는 다른 사람과 편지를 주고받을 권리는 국민의 기본권에 속하기 때문에 국가는 온 국민에게 이 서비스를 제공할 의무가 있다. 산간벽지나 섬 지방처럼 저렴한 우편요금으로는 채산성을 맞출 수 없는 경우 시장에 맡겨두면 이런 지역에는 우편 배달 서비스를 제공하는 기업이 출현하지 않는다. 오토바이를 타고 고개를 여러 개 넘어 외딴집에 사는 노부부에게 서울로 시집간 딸의 편지를 가져다주는 집배원을 생각해 보라. 이 서비스에 합당한 요금을 받는다면 편지 한 통 배달하는 대가로 몇 만원은 받아야 할 것이다. 하지만 국가는 도시와 똑같은 가격으로 이런 곳까지 편지를 전해준다. 이와 같은 이치는 전화, 전기, 철도, 가스, 상수도 등에도 똑같이 적용할 수 있다. 이런 것들을 사용할 권리는 문명국가 국민의 기본권에 속한다. 21세기의 민주공화국에서, 전화와 전기가 들어오지 않고, 교통편과 수도시설도 없는 곳에 국민의 일부를 살도록 방치하면 인간의 기본권을 유린하고 있다는 비난을 받아 마땅할 것이다.

우편업무를 정부가 직접 담당하는 두번째 이유는 이것 역시 자연독점이 출현하는 사업이기 때문이다. 가스 파이프나 열차 레일은 없지만 우편 집배원들의 동선(動線), 다시 말해서 이동경로가 그런 역할을 한다. 철도 건설이나 발전·송전 시설을 만드는 데 일정한 고정비용이 들어가듯, 우체국과 우편취급소, 우체통 따위의 설비를 세우는 데는 일정한 고정비용이 들어간다. 집배원을 상시 고용하는 데도 고정비용이 들어간다. 하나의 우체국, 또는 집배원 한 사람이 배달하는 편지와 소포의 양이 많으면 많을수록 편지 한 통을 배달하는 데 드는 평균비용은 떨어지게 되어 있다.

우편 배달 시장이 경쟁 상대에 있다고 가정해 보라. 골목 입구에 서너 개 회사의 우체통이 줄지어 서 있고 동네마다 우편취급소가 여러 개 있고, 같은 골목, 같은 아파트 계단을 서로 다른 회사에 소속한 여러 명의 집배원이 날마다 순회할 것이다. 일반적으로 경쟁은 기술 발전을 촉진하고 소비자에게 이익을 주지만 이 경우 경쟁은 자원의 낭비에 불과하며 오래 지속될 수도 없다. 어느 한 회사가 높은 시장 점유율을 바탕으로 할인 공세를 시작하면 경쟁기업은 조만간 도산하게 되어 있다. 특정 지역의 우편배달사업을 한 회사가 독점하는 이른바 '지역(地域) 독점'이 출현하는 것이다.

자연독점은 재화와 서비스 생산의 기술적 특성 때문에 생기는 현상이다. 따라서 기술적 조건이 변하면 경쟁 시장으로 바뀔 수도 있다. 그리고 민간독점이든 독점 공기업이든 독점기업은 언제나 소비자를 착취하게 되어 있다. 과거 한국통신이나 한국전력이라는 공룡 같은 독점 공기업이 국민 위에 군림하면서 방만한 경영을 일삼은 데서 보듯 공기업은 그 자체로는 좋은 것이 아니라 민간독점의 폐해를 막기 위한 필요악에 불과하다. 기술의 변화 때문에 경쟁이 가능해졌다면 그런 분야에서는 즉각 경쟁체제를 도입하는 것이 옳으며, 그런 사례는 이미 나타나고 있다.

예컨대 한국통신은 통신 선로를 독점적으로 관리할 권한을 보유하고 있지만 옛날처럼 그것을 이용해서 제공하는 통신 서비스를 독점하지는 못한다. 한국통신은 오늘날 전화사업에서는 데이콤이나 온세통신과 경쟁관계에 있으며, 무선통신 분야에서는 다른 셀룰러폰 사업자나 PCS 사업자와 경쟁하고 있고, 인터넷 통신 분야에서도 하나로통신을 비롯한 여러 경쟁자의 도전에 직면해 있다. 서유럽의 국영 통신회사들은 유럽연합 역내 교역이 완전 자유화된 1990년대 중반 이후 국민국가의 독점 공기업 지위를 상실하였으며, 유럽 시장 전체를 놓고 치열한 경쟁을 벌이는 중이다. 전력산업에서도 경쟁체제 도입을 둘러싼 논란이 활발하다. 편지와 소포 배달 분야에서도 우체국은 더 빠른 속도와 친절한 서비스를 자랑하는 특급우편 서비스 회사나 택배회사의 도전을 받고 있다.

그런데 우리나라에는 자연독점이 출현할 조건을 갖추고 있는데도 예나 지금이나 치열한 경쟁 상태를 유지하는 시장이 하나 있다. 이 시장에서는 경쟁이 얼마나 치열한지, 구입을 거절하는 소비자에게 물건을 강제로 떠안기고, 공짜로 물건을 나누어주기도 하며, 심지어는 경쟁기업의 직원들끼리 칼부림을 해서 사람이 죽어나가기까지 한다. 이 시장은 다름 아닌 신문 배달 시장이다.

신문 배달 사업은 신문업과는 전혀 다른 산업에 속한다. 신문사는 정보를 생산하고 유통시키는 정보산업이자 지식산업이다. 반면 신문 배달 사업은 신문사가 만든 '제품'인 신문을 가정에 전달하는 '물류산업'이다. 전통적인 언어로 쉽게 말하면 운송사업이다. 신문 배달은 우편 배달과 거의 똑같은 기술적 특성을 가지고 있다. 한 사람의 집배원이 전국 각지에서 온 편지와 소포를 모아 자기가 맡은 지역에서 가가호호 전해주듯이 신문도 여러 신문사의 것을 모아 한 사람이 다니면서 배달하는 것이 가장 효율적이다. 하지만 현실은 전혀 그렇지 않다.

새벽마다 똑같은 골목길을 여러 명의 신문 배달원이 밟고 다닌다. 똑같은 아파트의 계단을 뛰어올라가서 똑같은 집 또는 옆집의 투입구에 신문을 집어넣는 일을 아침마다 여러 사람이 동시에 한다. 모든 조간신문을 몽땅 모아 오토바이에 싣고 다니면 한 사람이 다 배달을 할 수 있는데, 여러 사람이 비슷한 시간에 똑같은 길을 오토바이로 자전거로 또는 뛰어서 다니는 것이다. 이런 멍청한 인력과 자원의 낭비는 다른 산업에서는 찾아보기 어렵다. 도대체 왜 이런 일이 벌어지는 것일까?

신문지국이 동네마다 있는 것은 신문사들이 신문 제작이라는 '정보유통산업'과 신문 배달이라는 '물류산업'을 수직적으로 통합 운영하기 때문이다. 지금까지 주요 신문사들은 신문지국과 계약을 맺을 때 그 지국이 다른 신문을 함께 배달하는 것을 금지하는 조항을 계약서에 집어넣는다. 지국이 이것을 위반하면 일방적으로 계약을 해지한다. 유력 신문사들은 또한 그 지국이 배달해야 할 신문 부수를 일방적으로 결정하며, 지국이 할당량을 장기간 채우지 못하는 경우에도 마찬가지로 계약을 해지한다. 신문 배달 시장의 경쟁체제는 이렇게 해서 인위적으로 만들어지고 유지되어온 것일 뿐 저절로 생겨난 것이 아니다.

그렇다면 어째서 유력 신문사들은 신문 배달 시장에서 인위적인 경쟁체제를 유지하려는 것일까. 경쟁이 좋아서? 천만의 말씀. 경쟁을 좋아하는 기업가는 어디에도 없다. 그들이 이렇게 하는 목적은 구독자가 신문대금을 지불하는 유가 판매 부수를 알 수 없게 만들고 새로운 신문사, 새로운 경쟁자가 출현하지 못하게 하는 것이다. 유력 신문사들은 지국에 내려보내는 신문의 판매대금 가운데 20~30%만을 본사에 납부하도록 요구하는 것으로 알려져 있다. 최종 유통 단계의 마진율이 70%가 넘는 상품은 신문말고는 달리 없을 것이다. 이것은 일반적인 상거래질서를 따를 경우 생존하기 어려운 지국을 먹여 살리기 위한 일종의 '은폐된 보조금'이다. 만약 모든 신문사들이 신문 배달을 공동으로 한다면 어떤 신문사도 유가 판매부수를 속일 수 없다.

만약 유가 판매부수가 정확하게 밝혀진다면 신문사들은 다른 신문사와 정말로 치열한 품질 경쟁을 해야 하는 상황에 직면한다. 우리나라 주요 신문사의 매출 가운데 광고수입이 차지하는 비중은 70%가 넘는다. 신문을 팔아서 버는 수입은 전체 매출의 30%도 못된다. 언론노조와 언론운동 단체들의 조사에 따르면 신문사들은 찍어놓은 신문 가운데 10%가 넘는 어마어마한 분량을 포장도 뜯지 않은 채 폐지공장으로 보낸다. 돈을 받지 않고 투입하는 '무가지'(無價紙)가 전체 발행부수의 20~30%나 된다. 신문사들은 이런 식으로 부풀린 발행부수를 근거로 광고비를 책정한다. 그들의 관심은 실제 구독자를 많이 확보하는 것이 아니라 발행부수를 부풀려 더 많은 광고수입을 얻는 데 있다. 지국에 높은 마진율을 보장하고 별도의 보조금을 지불하고 멀쩡한 신문을 폐지공장으로 보내고, 공짜 신문을 투입하고, 믹서와 선풍기를 주면서 부수를 확장하는 데 들어가는 비용보다 부수를 부풀려 얻는 광고비 수입이 많기 때문에 배달 시장의 인위적인 경쟁체제를 유지하는 쪽이 돈을 버는 데 더 유리하다는 이야기다.

조선, 중앙, 동아 등 이른바 3대 메이저인 조·중·동은 이런 낭비적 경쟁체제에서 확고한 우위를 지키고 있다. 특히 조선일보는 배달서비스를 확실히 한다. 배달 사고를 접수하면 성의 있고 신속하게 '사고 처리'를 한다. 구독을 중단하는 독자가 있으면 마음을 돌리도록 끈질기게 설득한다. 그런데 신문지국이라는 배포망을 통해서 이루어지는 이러한 서비스 경쟁은 사회적으로는 전혀 무의미하며 신규 진입 경쟁자인 신생 신문에게 엄청난 불이익을 안겨줄 뿐이다. '조선일보 제몫 찾아주기 운동'의 기수 강준만 교수는 한겨레신문의 잦은 배달사고와 부실한 '애프터서비스'에 대해 한탄하면서 이제는 포기 상태라고까지 했는데, 이건 한겨레신문

직원들의 서비스 정신 결여에 문제가 있다기보다는 신규 진입자가 처할 수밖에 없는 불리한 경쟁조건의 산물로 보는 것이 옳다.

배달 시장의 경쟁체제는 신규 공급자의 출현을 저지하는 강력한 진입장벽이다. 우리나라 신문사들은 오랫동안 가격 카르텔을 유지해 왔다. 공식적·비공식적 정보교환 또는 담합을 통해 가격 경쟁이나 진정한 의미의 '품질 경쟁'을 기피했다. 그 대신 기사들을 무사비하세 혹사하는 증면 경쟁과 살인까지 부른 부수 확대 경쟁 등 정보전달 매체로서 신문 그 자체의 품질과는 무관한 물량 경쟁과 서비스 경쟁만을 벌였다. 조선, 중앙, 동아 등 '전통 있는' 신문들이 지배하던 시장에 새로 진입한 문화일보와 국민일보가 재벌과 종교기관의 막대한 자금 지원을 받았던 것은 결코 우연이 아니다. 어지간한 자본력으로는 전국에 지국망을 개설할 수가 없는 것이다. 한겨레도 국민주신문이라는 '특수지위'와 한겨레 보급을 '민주화 운동' 삼아 했던 수많은 사람들의 희생과 노력이 없었다면 신문 시장에 진입하기 어려웠을 것이다.

신문 배달 시장이 우편 배달 사업과 똑같이 지역적 자연독점이 출현할 기술적 조건을 지니고 있다면 신문사 지국들이 벌이고 있는 낭비적·인위적 경쟁체제를 철폐하고 공동 배달 시스템을 구축하는 것이 생산적이다. 신문사들이 컨소시엄을 구성해서 공동 배달회사를 세우게 할 수도 있고, 지방자치단체가 신문 배달 사업을 독점 직영하게 할 수도 있으며, 지역별로 공개입찰을 통해 민간업자에게 배달 사업권을 넘겨주는 방법도 있다. 이렇게 하면 전국적으로 판매되는 이른바 '중앙일간지' 시장의 진입장벽이 대폭 낮아져서 새로운 신문사가 쉽게 시장에 뛰어들 수 있고, 중앙일간지와 부분적으로 '대체 경쟁'을 벌이는 지방신문사들도 혜택을 받을 수 있다. 그리고 신문사들은 배달 서비스 경쟁과 무가지 투입, 구독 강요 등 신문의 정보 전달과 여론 형성 기능과는 무관한 소모적 경쟁에서 벗어나 신문이라는 '제품' 그 자체의 품질과 가격을 둘러싼 능률 경쟁에 전력을 기울일 수 있을 것이다.

2001년 한국사회를 뜨겁게 달구었던 언론개혁 논쟁의 와중에서 신문 시장에 몇 가지 변화의 조짐이 나타났다. 정부는 규제개혁이라는 명분 아래 폐지했던 신문고시(新聞告示)를 부활시켰다. 신문고시는 공정거래법이 규정한 경쟁제한과 부당한 경쟁 방법의 유형을 구체적으로 명시한 것이다. 여기에는 신문지국이 다른 회사의 신문을 취급하지 못하게 하는 것이 불법 행위임을 명시하는 조항이 포함되어 있다. 조선, 중앙, 동아 등 이른바 '빅 스리'를 제외한 다른 신문사들이 신문 공동배달 회사를 세우는 전략적 제휴를 추진하기 시작했다. 이와 같은 정부 규제의 강화와 '마이너 신문'들의 전략적 제휴가 과연 신문 배달 시장의 비정상적 경쟁 상태를 종식시키는 효과를 거두게 될지 여부는 좀 더 지켜보아야 하겠지만 의미 있는 변화임에는 분명하다.

신문 배달 시장의 괴상한 경쟁체제가 야기하는 문제는 인력과 자원의 낭비에만 그치지 않는다. 그것은 '소비자 주권'을 짓밟음으로써 여론을 오도하고 왜곡한다. "모든 국민은 자기 수준에 맞는 정부를 가진다"는 말이 있다. 원칙적으로 옳은 말이다. 하지만 이것이 모든 나라 모든 시대에 타당한 건 아니다. 나는 예컨대 1980년대의 전두환 정권이 당시 국민의 수준에 맞는 것이었다고는 믿지 않는다. 아무리 우리의 민주주의 역량이 부족했다 할지라도, 우리가 삼청교육대와 국보위, 고문살인과 보도지침 따위에 어울리는 국민이었다고 볼 수는 없기 때문이다. 당시의 정부는 국민의 정치 수준이 자유롭게 드러날 수 없도록 만든 탄압의 산물이지 주권자인 국민이 스스로 선택한 정부가 아니었다.

신문에 대해서도 같은 이야기를 할 수 있다. "모든 국민은 자기 수준에 맞는 신문을 가진다." 만약 신문 시장이 구독자인 국민의 의식과 선택이 신문 지면에 그대로 반영될 수 있는 구조라면 우리의 신문들은 오늘날과 같은 모습을 하고 있지 않을 것이라고 나는 믿는다. 대한민국의 유수한 신문들은 소비자를 왕으로 모신 적이 없으며, 지금도 독자를 존중하지 않는다고 보는 게 옳다. 신문의 유가 판매부수를 알 수 없게 만드는 불투명한 시상이 '소비자 주권'을 심각하게 제약해 왔기 때문이다.

독자가 신문에 영향을 미칠 수 있는 유일한 방법은 마음에 드는 신문을 새로 구독하거나 마음에 들지 않는 신문을 끊어버리는 것이다. 신문 시장이 투명하다면 소비자의 이러한 결정은 곧바로 신문 판매부수의 변동으로 나타나 판매수입과 광고수입 등 신문사의 경영성과에 직접적인 영향을 미치게 된다. 신문사와 기자들은 판매부수를 늘리기 위해서 (또는 판매부수의 하락을 막기 위해서) 보도와 해설, 편집과 디자인, 지면과 가격의 변화 등 정당한 경쟁수단을 동원해서 소비자의 마음을 사려고 노력할 것이다. 그러나 현실은 그렇지 않다. 유가 판매부수를 감추고 발행부수를 부풀릴 수 있기 때문에 신문사의 경영진은 소비자가 원하는 신문보다는 자기네가 만들고 싶은 신문을 만들고 있는 것이다.

정부가 주도하는 언론개혁은 실패하고 말 것이라는 조·중·동의 주장은 옳다. 우선 신문이 어떻게 변해야만 개혁이라고 할 수 있는지에 대해서는 모범답안이 없다. 모든 사람이 자기의 이해관계와 가치관, 관심 영역과 필요한 정보의 성격에 따라서 다른 대답을 할 것이기 때문이다. 게다가 신문사는 자선단체가 아니라 이윤을 추구하는 사기업이다. 기업 외부에 있는 개인이나 권력이 개별 신문사에게 특정한 '개혁'을 강요하는 것은 헌법의 정신을 짓밟는 일이다.

신문개혁의 주체는 어디까지나 신문사 경영진과 거기서 일하는 언론인들이다. 이윤을 추구하는 사기업의 경영자와 종업원인만큼 그들은, 그 개혁의 방향과 내용이 어떠한 것이든, 개혁을 해서 '돈이 되면' 개혁을 할 것이고, 그렇지 않으면 기존 노선을 그대로 밀고 나갈 것이다. 개혁이 '돈이 되려면' 개혁의 산물로 나온 신문이 옛날 것보다 소비자의 입맛에 더 잘 맞아서 더 많이 팔려야 한다. 흔히들 쓰는 단순한 정치적 편가르기에 따르자면, 더 많은 독자가 벽창호처럼 보수적인 신문을 원하면 보수적인 신문의 판매부수가 늘어나거나 다른 신문들이 보수 성향으로 기울거나 새로운 보수지가 등장할 것이요, 편파적일 정도로 진보적인 신문을 원하는 독자가 많으면 반대로 갈 것이다. 독자들이 민족주의로 흐르면 민족주의적 신문이 클 것이고, 독자들이 정치보도보다는 생활정보를 원하면 역시 그런 방향으로 갈 것이다. 이것이 바로 시장경제의 근본인 '소비자 주권'의 힘이다. 신문의 개혁을 추동하는 힘은 근본적으로 소비자인 독자 또는 국민에게서만 나올 수 있다. 한마디로 신문개혁도 '시장논리'에 맞게 해야 한다는 이야기다.

이런 면에서 2001년 들어 공정위가 신문고시를 부활시킨 것은 충분하지는 않지만 의미 있는 조처라 할 수 있다. 신문사들은 공정거래법을 정면으로 위반하는 불공정 거래행위를 거리낌없이 저질러왔기 때문이다. 신문사들은 수십 년째 가격 카르텔을 유지해 왔다. 아주 예외적인 경우가 아니면 서로 잘못을 눈감아주는 '침묵의 카르텔'은 불법이라고 할 수 없지만 가격을 동시에 같은 폭으로 인상하는 등 공정거래법 19조가 금지한 '부당한 공동행위'를 일상적으로 저질렀다. 신문 판매수입의 극소화라는 불이익을 감수하면서까지 공동배달 제도의 도입을 막는 것은 신규 공급자의 출현을 억제하는 인위적 '진입장벽'을 조성하는 행위로서 같은 법 조항의 근본 취지를 짓밟는 행위다.

이미 공정거래위원회에 적발된 바 있는 것처럼 과거 삼성그룹은 중앙일보에, 현대는 문화일보에 특별히 높은 광고비를 지급했다. 상황에 따라서는 조선일보 등 다른 신문도 특혜를 받았다. 이것은 공정거래법 23조가 규정한 여섯 가지 유형의 일반 불공정 거래행위 중 차별적 취급에 해당하는 명백한 범법행위다. 이삿짐 나르기, 선물 제공, 구독 강요 등 지국에서 부수 확장을 위해서 벌인 거의 모든 판촉 활동이 같은 조항을 위반한 불공정 거래행위에 해당된다는 것도 말할 나위도 없다.

'신문고시'는 어떤 것이 공정거래법이 규정한 불공정 거래행위에 해당하는지를 구체적으로 적시하는 규정이다. 공정거래법은 상당히 추상적인 원칙을 담고 있기 때문에 실제 현상에서 이루어지는 구체적인 행위가 이 법률에 위배되는지에 대해서는 논란이 있을 수 있다. '신문고시'는 어떤 행위가 이 법률에 위반되는지를 신문사들이 분명하게 알 수 있도록 그 구체적인 행위 유형과 기준을 명시한 것이다. 공정거래법과 '신문고시'는 신문 배달 시장의 낭비적이고 인위적인 경쟁체제에는 손을 대지 않는다. 그러한 경쟁체제의 틀 안에서나마 공정한 경쟁을 강제하고 촉진하려는 극히 미온적인 시장 개혁수단에 불과하다.

유력 신문사들은 일부 언론학자와 경제학자들의 입을 빌어 1999년 정부 규제 개혁위원회가 규제 완화 차원에서 폐지했던 '신문고시'를 되살리는 것이 정부의 신문 길들이기이며, 무가지 배포는 소비자에게 이익이라는 주장을 펴기도 했다. 보수적인 법률가 모임에서는 위헌심판 청구를 하겠노라고 했다. 신문사가 공정위의 '고객'인데 고객이 거부하는 신문고시를 왜 공정거래위원회가 강요하느냐고 쓴 신문기자도 있었다. 모두 다 헛소리다.

기업가는 시장을 지배하려는 원초적 본능을 지니고 있다. 이 원초적 본능이 발호하면 시장은 약육강식의 정글이 되고 만다. 형법이 모든 인간을 잠재적인 범죄자로 간주하고 처벌의 대상이 되는 행위를 법률과 시행령을 통해 규정하듯이 공정거래법은 모든 기업을 잠재적 불공정 거래행위자로 간주하고 처벌의 대상이 되는 행위 유형을 법률 조항과 '고시'에 명시하는 것이다. 잘못은 신문고시를 부활시킨 공정위가 아니라 대책 없이 그것을 폐지했던 규제개혁위원회에 있다. 만약 신문사가 공정위의 '고객'이라면 도둑놈도 경찰의 '고객'이 될 것이니 이런 해괴한 논리가 달리 또 있을까?

신문 시장에서 무슨 일이 벌어지든 정부가 손대지 말고 신문업계의 '자율규제'에 맡기는 것이 옳다고 주장하는 분들은 220여 년 전 아담 스미스가 『국부론』 제1편 제10장에 남겨두었던 유명한 말씀을 한번 되새김질해 볼 필요가 있겠다.

동업자들은 즐겁게 놀거나 기분을 전환하기 위해 서로 만나는 경우가 드물지만, 만나기만 하면 대화는 언제나 국민대중에 대한 음모로 끝난다.

새만금 사업과 외부효과

자본주의 시장경제에서 소유와 거래의 대상이 될 수 없는 것은 없다. 심지어는 사람도 소유하거나 매매할 수 있고 실제로 그렇게 했다. 남북전쟁 이전 미국에서는 노예매매가 일상적인 상거래 행위로 통했다. 지금은 인신매매가 미국뿐만 아니라 지구 거의 모든 곳에서 법률로 엄격하게 금지되어 있다. 하지만 마약이나 매춘, 폭발물 거래가 그런 것처럼, 법률적 금지에도 불구하고 인신매매가 완전히 근절된 것은 결코 아니다. 아프리카를 비롯한 내전 지역에서는 노예매매가 공공연하게 이루어지고 있으며, 서남아시아 지역의 어린이 노동도 사실상 인신매매의 범주에 속한다.

자본주의 사회에는 공짜가 없다. 거래되는 모든 것에는 값이 매겨지고, 귀중한 무엇을 얻기 위해서는 반드시 그 대가를 지불해야 한다. 남에게서 무엇인가를 빼앗아 손해를 주는 경우에도 마찬가지로 상응하는 대가를 지불해야 한다. 이것이 시장에서 통용되는 '등가교환의 원칙'이다.

하지만 어디서나 원칙이 있으면 예외도 있는 법. 우리는 때로 어떤 사람이 한

일 덕분에 한푼도 대가를 치르지 않고 큰 이익을 얻는다. 반면 다른 사람이 나에게 엄청난 손해를 끼쳤는데도 속수무책으로 당해야만 하는 경우도 있다. 이런 현상을 일컬어 경제학에서는 '외부효과'(external effect)라고 한다. 어떤 사람의 행위가 시장을 통하지 않고 다른 사람에게 경제적 이익이나 손해를 주는 현상이다. 시장의 밖에서 일어나기 때문에 '외부'라는 수식어가 붙은 이 현상에는 좋은 것이 있는가 하면 나쁜 것도 있다.

교과서들이 흔히 드는 좋은(positive) 외부효과의 사례는 과수원과 양봉업자 이야기다. 어느 날 사과밭 옆에 양봉업자가 벌통을 차렸다고 하자. 벌들이 열심히 꿀을 모으러 다니느라 암꽃과 수꽃을 가리지 않고 돌아다니면 '접붙이기'가 잘 되어서 과수원 주인은 득을 본다. 기분이 좋은 나머지 과수원 아저씨가 벌 치는 남자에게 술 한 잔 사는 일은 있을지 모른다. 하지만 두 사람 사이에 무슨 계약이 있었던 것이 아니고, 거래가 이루어진 일도 없기 때문에 과수원 주인이 양봉업자에게 대가를 지불해야 할 의무는 없다. 이런 종류의 일을 우리는 일상적으로 경험한다. 아무짝에도 쓸모가 없어 버려두었던 시골 야산 옆으로 새로 국도가 나서 땅값이 치솟는 경우 땅 주인은 벼락부자가 된다. 장사가 잘 되는 큰 식당이 들어선 덕분에 원래는 매출이 신통치 않았던 근처 노래방에 갑자기 손님이 밀려오는 경우도 좋은 외부효과의 사례라 하겠다.

나쁜(negative) 외부효과의 대표 사례로는 자동차 배기가스를 들 수 있다. 경유나 휘발유가 연소되면서 나오는 배기가스에는 암과 호흡기 질병을 유발하는 각종 독성 물질이 들어 있다. 자동차 운전자는 자전거를 타거나 걸어다니면서 이런 유독가스를 마시는 사람들에게 피해를 주면서도 그에 상응하는 대가를 지불하는 일은 없다. 가정과 공장에서 배출하는 생활폐수와 산업폐기물도 강과 토양과 대기를 더럽힘으로써 나쁜 외부효과를 낸다. 이런 경우 시장이 문제를 해결해주지 않기 때문에 사람들은 법원으로 달려간다. 예컨대 연탄공장 주변 주택가 주민들이 집단적으로 진폐증에 걸린 경우, 이러한 나쁜 외부효과를 시정하는 일은 비교적 수월하다. 가해자와 피해자, 사건의 인과관계와 피해의 정도가 어느 정도 분명하게 드러나기 때문에 피해자는 손해배상을 받을 수 있다. 하지만 이렇게 사태가 명확한 경우는 별로 흔하지 않다. 더욱이 전후 시정이 분명한 경우에도, 피해자가 소송을 통해서 배상을 받으려면 많은 번거로운 절차를 밟고 비용을 들이면서 오랜 시간을 기다려야 한다.

그러면 외부효과가 국민경제에 무슨 문제를 일으키는 것일까? 어떤 사람의 행동이 나쁜 외부효과를 일으켜 다른 사람에게 피해를 주는 것은 분명히 좋지 않은 일이다. 하지만 만약 그가 얻는 이익과 다른 사람이 입는 피해가 정확하게 일치한다면, 이것은 정의에는 분명 어긋나는 일이긴 해도 사회 전체의 복지에는 영향을 미치지 않는다. 그런데 만약 나쁜 외부효과로 인해 손해를 보는 사람의 손해가 이익을 보는 사람의 이익보다 훨씬 크다면? 그렇다면 나쁜 외부효과는 정의를 해치는 동시에 사회 전체의 복지를 감소시킨다. 경제학자들은 외부효과가 사회 전체의 복지를 해친다고 보는데, 그들이 즐겨 쓰는 표현을 빌면 외부효과는 '자원 배분을 왜곡'함으로써 낭비를 초래한다. 이 추상적인 표현을 통해 경제학자들이 말하는 것은 대체로 다음과 같다.

시장은 사회가 필요로 하는 수많은 종류의 재화와 서비스를 '적절한 가격에 적절한 양만큼' 생산되도록 조절한다. 사회가 요구하는 것보다 부족하게 생산된 상품은 가격이 올라서 더 많이 생산되게 만들고, 너무 많이 생산된 상품은 값이 내려가 더 적게 생산되게 만든다는 것이다. 제대로 작동한다고 가정할 경우 시장은 그 상품의 가격(=사회적 가치)과 한계생산비(=사회적 비용)가 일치하게 만드는데, 바로 이것이 자원을 가장 효과적으로 배분한 상태가 된다. 경제학자들은 언제나 이런 상태를 최적(最適)으로 간주하기 때문에, 어떤 문제에 대해서 좋다 나쁘다는 규범적 평가를 내리는 일을 극도로 기피하는 사람들도 이 상태를 훼손하는 요소에 대해서만큼은 과감하게 부정적인 가치판단을 내린다. 나쁜 외부효과가 바로 그 본보기라 할 수 있다.

어떤 상품을 생산하는 데 나쁜 외부효과가 발생하면 거기 들어가는 사회적 비용이 상품의 사회적 가치를 초과하게 된다. 예를 들어 운동화를 만드는 데서 많은 폐수가 나온다고 하자. 그리고 운동화를 만드는 기업의 사장들은 준법정신이 투철해서 각종 유독물질이 법정 기준치를 초과하지 않도록 폐수 정화시설을 제대로 가동한다고 하자. 하지만 기준치 이하의 폐수도 수질에 나쁜 영향을 미치게 되기 때문에 정부는 수질을 유지하기 위해서 하수종말처리장과 상수원 정수장 시설을 강화하는 등의 비용을 지출해야 한다. 그 물을 직접 마시거나 그 물로 키운 농수산물을 먹는 시민들이 이런 저런 질병에 걸릴 확률이 높아진다. 폐수가 결국 바다로 흘러들기 때문에 해양 생태계에도 영향을 주어 어민들의 생산활동이 타격을 받을 수도 있다. 누가 피해를 보고 돈을 쓰든 결국 사회 전체가 감당해야 하기 때문에 운동화를 생산하는 데 들어가는 사회적 비용은 운동화 그 자체를 생산하는 데 들어가는 비용과 그 기업의 폐수 정화 비용, 정부의 수질정화 예산, 그리고 불특정 다수의 시민이 짊어지는 피해를 다 합친 것이 된다.

그런데 문제는 운동화 회사의 회계장부에 잡히는 비용은 맨 앞의 두 가지뿐이라는 데 있다. 사장이 나쁜 사람이기 때문이 아니다. 그는 환경법규를 준수하는 선량한 시민으로서 자기의 기업이 감당해야 하는 사적(私的) 비용이 운동화의 시장

가격을 초과하지 않도록 생산함으로써 정당한 이윤을 얻는다. 그를 비난할 이유가 없다. 그는 공익이나 환경보호를 위해서 기업활동을 하는 것이 아니라 주주와 경영자의 사적 이윤을 목적으로 일하는 사람일 뿐이다. 죄를 물으려면 운동화 생산의 사회적 비용이 사적 비용을 초과하게 만든 외부효과에 물어야 한다.

이론적으로만 보면 외부효과는 간단하게 해결할 수 있다. 사회적 비용과 사적 비용을 일치시키면 된다. 어떻게? 나쁜 외부효과를 발생시키는 재화와 서비스를 생산하거나 소비하는 행위에 대해서 그 두 비용의 차이만큼 세금을 부과하면 된다. 그렇게 하면 그런 상품은 사회적 비용과 사적 비용의 차이만큼 값이 올라서 생산과 소비가 모두 줄어들어 사회적 가치와 사회적 비용이 일치하는 '왜곡되지 않은 효율적 자원배분'이 이루어진다. 그리고 정부는 거기서 얻은 세금 수입으로 나쁜 외부효과의 결과를 바로잡는 데 쓰면 된다. 이런 손쉬운 해결책을 최초로 제안한 사람은 영국 경제학자 피구(A. C. Pigou)인데, 그래서 오로지 이론의 영역에서만 존재할 수 있는 이 세금을 가리켜 '피구세'(Pigou-tax)라고 한다.

경제학자들은 오랜 세월 인간의 경제생활을 전면적으로 지배하는 일반원리를 찾으려고 애를 썼다. 그러나 인간의 삶은 어떤 추상적인 이론으로 환원하기에는 너무나 복잡하고 다면적이며 불확실하다. 외부효과는 시장이 삶의 모든 영역을 지배하지 못한다는 당연한 이치를 새삼 확인하고, 인간의 인식 능력과 인간이 지금까지 이루어놓은 과학과 제도의 한계를 분명하게 드러내준다. 만약 우리의 삶에서 일어나는 수많은 일 사이의 인과관계를 명백하게 확정하고, 한 사람의 행동이 다른 사람의 복지에 미치는 영향을 정확하게 측정할 수 있다면, 그래서 시장을 통하지 않고 서로가 서로에게 주는 혜택과 손해에 따르는 대가와 보상을 손쉽게 정산할 수 있는 방법을 알고 있다면, 모든 종류의 외부효과를 별 문제 없이 내부화

(internalize)할 수 있을 것이다. 그러나 이것은 실현 불가능한 꿈에 불과하다.

'피구세'를 보면 그 이유를 분명하게 알 수 있다. 피구의 아이디어는 실로 단순하다. 나쁜 외부효과를 내는 상품에 대해서 세금을 매기면 그 제품의 값이 올라가 생산과 소비가 줄어든다는 것이다. 여기까지는 훌륭하다. 환경보호에 관심이 많은 정부라면 그의 생각을 받아들여 특정한 상품에 환경세를 부과할 수 있으며, 실제로 그렇게 하는 나라가 많다. 그런데 문제는 피구도 세율을 어떻게 결정해야 하는지를 가르쳐주지는 못한다는 사실이다. 앞서 말한 사회적 비용과 사적 비용의 차이만큼 세금을 매기려면 나쁜 외부효과가 발생시키는 사회적 비용이 얼마인지를 정확하게 파악해야 한다. 그러나 관광객을 우주로 실어 나르고 상업위성의 카메라로 평양시내의 골목 구석구석을 촬영할 수 있을 정도로 과학기술이 발전한 지금까지도, 인간은 일상적인 생산 소비활동이 야기하는 나쁜 외부효과를 정확하게 파악하고 그것을 금전으로 환산해내는 기술만큼은 개발하지 못했다.

나쁜 외부효과는 특히 환경문제에서 치명적인 독성을 나타낸다. 다른 일에서는 왠지 확실하고 권위가 있어 보이는 정부도 환경에 나쁜 영향을 미치는 외부효과에 관한 한 초보운전자에 불과한데, 때로는 자기가 초보임을 잊고 난폭 질주를 벌이는 일도 있다. 사례를 들자면 한이 없겠기에 여기서는 새만금 간척사업 한 가지만 살펴보자. 이것은 국가가 외부효과를 부분적으로나마 시정하는 해결사가 아니라 오히려 대형사고를 치는 말썽꾼으로 나선 기념비적 사례라 할 만하다.

새만금 사업 계속 여부로 논란이 빚어지고 있던 2001년 5월 농림부의 인터넷 홈페이지에 올라 있었던 자료 「새만금 사업에 대한 올바른 이해 : 20문 20답」을 보면 새만금 사업은 전라북도 군산, 김제, 부안군 인근 해안의 광활한 개펄을 매립해서 농지로 만드는 간척사업이다. 군산에서 고군산군도를 거쳐 변산반도로 이어지는 33km 길이의 방조제를 쌓고 그 안쪽에 만경강과 동진강에서 흘러 들어오는 민물을 가두어 새만금호를 만든다. 그리고 이 물로 개펄을 매립해 만든 논에다 벼농사를 짓겠다는 것이다. '새만금'이란 호남의 곡창인 만경평야와 김제평야를 합친 것만한 땅을 새로 만든다는 뜻에서 붙인 이름이다. 1987년 대통령 선거 당시 민정당 노태우 후보가 선거공약으로 내세웠던 이 사업은 1991년 공사에 들어가 2000년까지 19km의 방조제를 쌓았는데, 그 기간 동안 무려 1조 4천억 원이라는 막내한 예산이 투입되었다.

농림부의 계산이 옳다면, 전액 국고를 들여 시행하는 이 사업이 완성될 경우 서울 여의도 면적의 94배인 28,300ha의 논이 생겨나 해마다 14만 톤의 쌀을 생산할 수 있다. 물론 이를 위해서는 같은 면적의 개펄이 사라져야 한다. 또 방조제를 쌓고 개펄을 메우는 데 필요한 돌과 흙을 구하기 위해서는 가까운 곳에 있는 수십 개의 산을 까뭉개야 한다. 개펄과 바다를 삶의 터전으로 삼고 살았던 수많은 어민들이 고향을 등져야 하고, 동진강과 만경강 하구 개펄에서 살았던 수많은 바다생물들도 모두 수백만 년 세월을 이어내려 온 삶을 마감해야 한다.

민간기업이 투자를 할 때 기업가는 그것이 적어도 은행 이자율보다 현저하게 높은 수익률을 올릴 수 있는 사업인지를 심사숙고한다. 여기서 착오가 있으면 그 기업은 큰돈을 날리게 되며 심지어는 망해버릴 수도 있다. 정부가 사업을 벌일 때도 마찬가지다. 하지만 정부는 돈벌이를 목적으로 삼는 조직이 아니다. 투자한 돈을 정부 스스로는 한푼도 회수하지 못하는 사업이라도 국민이나 민간기업이 금액으로 환산할 때 투자액보다 훨씬 더 많은 이익을 얻을 수 있다면 그 사업을 한다. 이때 판단 기준을 제공하는 것이 '비용 편익 분석'이다.

기업이 어떤 사업 프로젝트의 예상수익률을 계산해 보고 투자 여부를 결정하듯, 정부는 국책사업에 들어가는 비용과 국민들이 거기서 얻게 될 편익을 비교해 본다. 비용은 대부분 사업 시행 과정에서 현금으로 들어가지만 편익은 보통 사업이 끝난 후 긴 세월에 걸쳐 나타난다. 미래에 나타날 편익을 화폐가치로 평가한 다음, 그것을 일정한 이자율로 할인해서 현재가치로 환산하면 비용과 직접 비교할 수 있다. 현재가치로 환산한 미래 편익이 비용보다 현저히 크면 그건 할 만한 가치가 있는 사업이고 그 반대인 경우에는 해서는 안 되는 사업이 된다.

그런데 새만금 사업의 경우 외부효과가 큰 문제가 된다. 사업을 완료하면 개펄이 사라지고 논이 생긴다. 새로 생기는 논에서 쌀농사를 지어 얻는 이익으로 개펄이 사라짐으로써 경제적 손해를 보는 사람에게는 상응하는 보상을 해 주면 그만인 것처럼 생각할지 모르겠지만 그렇지가 않다. 물론 새만금 사업 때문에 직접적인 피해를 당하는 사람은 어민들이다. 그래서 정부는 어업권을 가지고 있던 어민들의 피해를 보상하기 위해서 4,300억 원을 지급함으로써 외부효과를 '내부화' 했다. 이들이 간척사업으로 사라질 개펄과 얕은 바다에서 얻게 될 미래의 수익을 모두 현재가치로 환산한 금액이 그 정도라는 이야기다.

그런데 새만금 사업은 어업권 피해 보상만으로는 덮을 수 없는 다양한 외부효과를 발생시킨다. 예컨대 만경강과 동진강의 하구를 막아버리기 때문에 강물이 오염될 가능성이 높아진다. 하구 개펄이 사라지게 되면 어패류의 산란장이 사라져 연근해 생태계가 교란되고 어업 생산고에도 악영향을 주게 된다. 방조제를 쌓고 개펄을 메우는 데 쓸 돌과 흙을 구하기 위해서는 가까운 곳에 있는 산을 깎아 없애게 되어 육상 생태계에도 혼란이 발생한다. 이 모든 외부효과의 규모를 예측하고 금전적 가치로 환산하는 것이 결코 쉬운 일은 아니다.

이제 정부가 이 사업의 비용과 편익을 실제로 어떻게 계산했는지를 개략적으로 따져보자. 처음 사업을 시작한 것은 노태우 정부였지만 본격적인 공사는 김영삼 정부 시절에 이루어졌고, 김대중 정부가 들어선 후 수질 오염으로 인한 시화호 담수화 포기에 자극받은 환경단체의 반발 때문에 공사가 일시 중지되었다. 사업 착공 당시에는 환경영향 평가를 제대로 하지 않았고, 그래서 비용 편익 분석도 하지 않은 것이나 진배없었다. 농림부와 환경단체의 대립이 극도로 심화되었던 1999년 정부는 민관합동조사단을 구성해서 1년 동안 새만금 사업의 경제성과 환경영향 평가를 새로 실시했다. 이 조사단은 심각한 견해 차이 때문에 최종보고서에 합의하지 못한 채 해산되었다.

최초로 체계적인 조사를 실시한 합동조사단 경제성 분과의 보고서를 보면 무척 복잡한 비용 편익 분석이 나와 있다. 우선 비용 가운데 큼직한 항목만 보면, 방조제를 쌓고 개펄을 매립해서 논을 만드는 데 들어가는 직접 사업비, 만경강과 동진강의 하구를 닫은 상태에서 조성한 새만금호의 수질을 농업용수 기준을 충족시키도록 유지 개선하는 데 추가적으로 들어가는 수질 개선 사업비, 벼농사를 짓는 데 필요한 기반시설을 조성하는 데 들어갈 영농시설 설치 및 유지 비용, 실제 영농 비용, 개펄과 얕은 바다가 사라지는 데 따르는 수산물 생산 손실, 개펄의 수질 정화 효과 상실 등 직접 투자하는 돈과 사업 시행에 따르는 피해를 모두 합쳐 사업의 비용으로 잡았다.

편익도 여러 가지다. 우선 새로 생긴 간척 논에서 얻게 될 쌀의 가치, 만경강과 동진강 유역 상습 침수 지역이 사라짐으로써 얻게 될 농산물 증산액, 대규모 방조제를 조성하고 도로망을 확장하는 데 따른 관광 및 교통개선 효과, 새로 생기는 논의 대기 및 수질 정화 효과, 방조제의 해일 방지 효과 등이 큼직한 편익이다.

이렇게 정리하고 보면 경제학이 얼마나 원시적인 과학인지 한눈에 알 수 있다. 더 심하게 말하면 경제학은 모든 사람에게 자기가 원하는 결론을 안겨주기 때문에 과학이라고 할 수도 없다. 새만금 사업의 경제성 평가 작업에 참가한 어떤 경제학자가 사업을 계속해야 한다는 결론을 원한다면, 그는 편익을 키우고 비용을 줄임으로써 그 목적을 이룰 수 있다. 반면 지금이라도 사업을 중단하는 것이 옳다는 결론을 원할 경우에는 편익을 줄이고 비용을 키우면 된다. 새만금 사업의 비용과 편익 중에는 그 규모를 정확하게 예측하기 지극히 어렵고, 그것을 금전적 가치로 환산하기는 더욱 어려운 것이 많다. 만약 비용과 편익의 항목 하나 하나가 엿가락처럼 마음먹는 대로 늘이고 부러뜨릴 수 있다면 아무리 고매한 경제학자들이 해놓은 경제성 평가라 할지라도 믿는 사람만 바보가 될 것이다.

농림부와 농업기반공사, 전라북도 등의 유관 행정관청의 책임자들은 사업을 계속 시행하기를 원한다. 그들의 이익을 대변하는 전문가는 다양한 방법으로 편익을 키운다. 민관합동조사단의 경제성 평가 보고서에서 가장 먼저 눈에 들어오는 것은 이른바 '안보미가' 다. '안보미가' 란 쌀의 시장가격이 아니라 '비상사태가 일어날 경우 쌀의 가치' 를 말한다. 1970년대 석유수출국기구의 아랍 국가들이 이스라엘을 편드는 나라에 대해 원유 수출을 중단한 것처럼, 미래의 어느 시점에서 식량 수출국들이 식량을 정치적 무기로 악용할 경우 쌀은 현재의 시장가치보다 몇 배 높은 가치를 가지게 된다는 이야기다. 새만금 사업으로 생기는 논에서 생산할 쌀의 가치를 이렇게 높게 잡을 경우 이 사업의 편익은 크게 늘어난다.

같은 효과를 서로 다른 여러 항목으로 중복 계산하는 것도 편익을 키우는 데 효과적인 방법이다. 같은 보고서에는 '간척논의 농산물 증산액' , '새만금 국토확장 효과' , '담수호 창출 효과' 등이 각각 별개의 편익 항목으로 등장한다. 새만금 사업의 가장 중요한 편익은 '농산물 증산액' 이다. 이것을 위해서 '국토를 확장' 했고,

농업용수를 확보하기 위해 하구를 막아 담수호인 새만금호를 조성한다. 국토확장과 담수호 조성은 결국 농산물 증산을 위한 것이고, 그 경제적 효과는 모두 증산되는 농산물의 가치에 포함되는 것이 당연하다. 그런데도 이런 것을 별도 편익 항목으로 잡은 것은 사업의 경제성을 '서류상'으로 개선하기 위한 일종의 눈속임에 불과하다.

편익을 부풀리는 동시에 비용은 줄여야 한다. 그래서 이 보고서는 토석 채취를 위해 산을 깎아냄으로써 발생하는 육상 생태계의 파괴를 비용으로 잡지 않았다. 하구 개펄과 얕은 바다가 사라지는 것은 그곳에서의 수산물 생산이 없어지는 결과를 낳는 데 그치지 않는다. 어패류의 산란장이 사라지고 해양 생태계가 교란됨으로써 발생할 장기적인 부정적 효과가 어디까지 미칠지는 누구도 예상하기 어렵다. 하지만 사업의 비용 규모를 감축하려면 이런 요소는 과감하게 무시해 버려야 한다. 새만금호의 수질이 농업용수인 4급수 기준을 유지할 수 있을지 의문이 제기되고 있지만, 만경강과 동진강 수질 개선은 새만금 사업이 없더라도 어차피 해야 하는 사업이라는 이유을 들어 추가적인 비용 항목으로 잡지 않았다. 하구가 열려 있는 강물로 둔 경우와 방조제로 하구를 막아 호수로 만든 경우를 비교할 때 호수 쪽이 수질 관리가 더 어렵고 그래서 추가비용이 발생한다는 지적은 무시해 버렸다.

새만금 사업 찬성론자들 이런 식으로 계산한 결과는 무엇인가. 이자율을 연 8%로 가정하여 현재가치로 환산한 사업의 미래 편익이 비용보다 3.7배나 되기 때문에 사업을 계속하는 것이 타당하다는 결론이었다. 그러나 반대론자들은 똑같은 분석 과정을 통해서 정반대의 결과를 도출했다. 그들이 편익을 매우 엄격하게 평가하고 환경피해 등 예상되는 부정적 외부효과는 넉넉하게 잡았다는 것은 말할 나위도 없다. 대표적인 예가 유영성·조승헌 박사 등 생태경제연구회 소속 경제학자 4명이 2000년 11월에 발표한 「새만금 간척사업 민관공동조사단의 경제성 보고서 재평가 결과」인데, 여기서 연구자들은 그 시점까지 이미 투입된 사업비 1조 4천억 원을 '매몰비용'(sunk costs) 즉 이미 버린 돈으로 치고 제외하는 경우에도, 이 사업 은 편익이 비용의 56%에 불과한 '밑지는 사업'이라고 주장했다. 사업을 강행하면 사회적으로 적으면 2조 8천억 원 많으면 4조 9천억 원의 손실이 발생한다는 것이 다.

상반되는 두 결론 가운데 어느 쪽이 옳은지 나는 모른다. 그러나 경제학자들 이 오만하고 무지하다는 것만은 안다. 경제학자들이 외부효과가 발생할 경우 일어 나는 시장의 실패를 논증한 것은 무척 오래된 일이다. 그러나 깨끗한 자연이 아무 대가 없이 소비할 수 있는 '자유재'가 아니라는 사실을 심각하게 깨닫고 이 문제 를 경제학의 세계에 편입시킨 것은 불과 50년도 되지 않았다. 맑은 공기를 마시기 위해 자연휴양림을 찾고 맑은 물에 발을 담그기 위해 교통체증을 뚫고 몇 시간씩 자동차를 몰아가는 도시인들의 '비참한 처지'를 생각하면 자연은 이미 '매우 값비 싼 경제재'가 되었다고 할 수 있다. 환경문제가 경제학의 세계에 진입한 것은 경제 학자들이 갑자기 똑똑해져서가 아니라 환경 파괴의 속도와 규모가 인내하기 어려 운 지경까지 악화되어 누구의 눈에나 명백하게 나타났기 때문이다.

새만금 사업과 관련하여 한 가지 확실하게 말할 수 있고 또 심각하게 고려해 야 할 사실은 자연의 경제적 가치에 대한 평가는 시간이 갈수록 높아지고 있다는 것이다. 우리는 지난 70년대 몇만 달러 어치의 염색한 직물을 수출하려고 도시 한 가운데를 흐르던 맑은 강을 죽음의 늪으로 만들어버린 적이 있으며 이런 멍청한 행위는 지금도 계속되고 있다. 새만금 간척지의 염분을 모두 제거하고 본격적으로 쌀을 생산하는 것은 20년 후의 일이다. 하구가 막히지 않은 강과 드넓은 개펄, 서만해의 생태계, 그리고 새만금이 아니었다면 거기 그 자리에 그대로 서 있을 수많은 야산들의 경제적 가치에 대해서 우리는 오늘날과는 크게 다른 평가를 내리게 될지도 모른다. 그리고 그때 가서 어떤 경제학자는, 오늘날 우리가 몇 개의 염색공장을 위해 도심을 흐르던 강을 죽여버렸던 70년대를 개탄하는 것과 똑같은 심정으로, 논을 만들기 위해 그만큼 넓은 개펄과 강과 해양 생태계를 없애고 파괴해 버렸던 2000년대 벽두의 어리석은 행위를 개탄하는 글을 쓰고 있을지도 모른다.

외부효과로 인한 시장의 실패를 국가는 기껏해야 부분적으로 교정할 수 있을 뿐이다. 국가가 직접 하면 시장과 달리 이 문제를 완벽하게 처리할 수 있다는 듯 주장하는 경제학자가 있다면 그것은 그가 무지하고 오만하다는 것을 드러내는 징표로 보아 무방하다. 국가는 예측하기 어려운 규모의 환경 파괴를 동반하는 사업에서는 최대한 소극적으로 행동하는 것이 좋다. 그리고 그러한 국책사업의 타당성여부를 조사하고 정부의 자문에 응하는 경제학자들은 무차별적인 환경파괴가 저질러진 시대에는 그것이 자기네가 담당해야 하는 문제인지조차 몰랐던 과거의 집단적 오류에 비추어 지금이라도 스스로 경계하고 삼가는 태도를 가져야 할 것이다. 당신들은 과학자가 아니지 않은가!

의료 서비스 시장과 정보 불균형

21세기 한국 사회는 예전에 볼 수 없었던 의사들의 파업사태를 겪었다. "진료는 의사에게, 조제는 약사에게." 의약분업은 이 너무나도 당연한 원칙을 실현하기 위한 것이었지만, 사태는 동네 병·의원들이 일제히 문을 닫는 데서 시작해서 전공의들의 업무 거부로 대형병원들이 제 기능을 하지 못하는 상황으로까지 이어졌다. 여러 차례 진료비를 인상하고 약사법을 뜯어고치는 우여곡절 끝에 의사들은 다시 제자리로 돌아갔다. 하지만 그 다음에는 의료보험 재정이 2001년 한 해에만 4조 또는 6조 원의 적자를 볼 것이라는 예측이 나오면서 쟁점이 국민건강보험 재정 파탄 문제로 넘어갔다.

의약분업 실시에 따른 일련의 사태는 외견상 매우 복잡하다. 하지만 그 본질은 알고 보면 별로 복잡할 것도 없다. 그것은 우리 국민들이 얼마만큼의 돈을 의료 서비스와 약품 구입에 지출해야 하며, 병원과 의사와 제약회사와 약사들이 그 돈을 어떻게 나누어 가질 것인가를 둘러싸고 벌인 적나라한 집단적 이권투쟁이었다. 의사들이 즐겨 이용하는 인터넷 사이트에서 일약 최고의 스타로 떠올랐던 어느 논객은 이것이 '의료 자본주의'와 '의료 사회주의'의 싸움이라고 주장했지만 천만의 말씀이다. 의료 서비스 시장과 의료보험 시장은 원래부터가 자본주의 시장원리를 그대로 적용할 수 없는 예외 영역이어서 국가의 개입과 통제는 어떤 경우에도 불가피하다. 그 개입과 통제의 방식이 나라마다 조금씩 다를 뿐, 계몽된 산업사회 치고 '의료 자본주의'라고 해도 좋을 만큼 의료 서비스와 약품의 공급을 시장원리에 내맡겨둔 나라는 하나도 없다.

우선 의료 서비스 공급자인 의사와 병원을 향한 도덕적 비난에 대해서 한마디. 의사는 특별한 도덕성을 가진 사람이 아니며, 자선사업가나 '하나님의 어린 양'을 보살피는 목자(牧者)는 더더욱 아니다. 그들이 오로지 돈을 벌기 위해 의사가 되었다고 할 수야 없겠지만, 돈을 벌기 위해서 의사가 된 것 또한 사실이다. 남의 생명을 다루는 사람이라고 돈을 탐해서 안 될 이유는 없다. 사람 목숨과의 관련성만 보자면야, 택시 운전사나 항공기 조종사도 그렇고 심지어는 쌀집 아저씨까지도 그 책임에서 면제되는 건 아니다.

돈 욕심 없이 자기의 몸을 희생해 가면서까지 남의 생명과 건강을 돌보는 것은 존경받아야 마땅한 선행이다. 하지만 그런 선행을 하지 않는다고 해서 의사를 비난해야 할 이유는 없다. 의사가 되기 위해 투자했던 그 기나긴 시간과 힘든 공부, 수련의와 전공의 시절 응급실에서 지새야 했던 그 수많은 불면의 밤들, 만만치 않은 의대 등록금, 이런 것에 대한 보상을 받고 병원을 차리는 데 들어간 투자자금을 회수하려면 의사도 돈을 벌어야 한다. 다른 모든 직업이 그런 것처럼, 의사 역시 자신의 이기적 욕망을 추구함으로써 사회의 공동선을 진작한다는 자본주의적 자리이타(自利利他)의 원리를 적용해야 할 직업인이다. 그들은 다른 모든 직업인들이 그런 것처럼 의사로서 지켜야 할 직업윤리와 상도덕을 지키고 법률이 금지한 행위를 하지 않고 돈벌이를 함으로써 사회와 이웃에 도움을 줄 수 있다.

이런 것들을 전제로 하고 살펴볼 때, 의료 보건 분야에 시장원리를 그대로 적용할 수 없는 이유로는 크게 두 가지를 들 수 있다. 첫째로 사소하게는 외부효과를 들 수 있다. 서양의학을 불신하면서 한의학이나 식이요법, 기(氣) 이론을 신봉하는 사람들 가운데는 자기 자신은 물론이요 아이들도 병원에 보내지 않고 약도 먹이지 않으며 심지어는 법정 전염병 예방백신조차 맞히지 않는 사람들이 있다. 그런데 이런 아이들도 큰 병에 걸리지 않고 잘 자란다. 이걸 보고 법정 전염병 예방백신을 맞히도록 하는 정책이 제약회사의 배를 채워주기 위한 책략이라고 분개하는 이도 있다. 하지만 의료 보건 서비스의 외부효과를 잘 몰라서 하는 소리다.

전염병은 남이 걸리지 않으면 나도 잘 걸리지 않는다. 정부는 하수시설을 정비하고 수입 농수축산물 검역을 철저히 하고 수시로 방역작업을 함으로써 전염병을 예방하고, 콜레라 같은 전염병이 발생하면 즉시 환자를 격리 치료한다. 이런 조건에서 대부분의 아이들이 예방백신을 접종해서 전염병이 나돌지 않는다면, 내 아이가 예방주사를 맞지 않았다고 해서 병에 걸릴 가능성은 매우 희박하다. 정부의 공중보건 서비스는 모든 사람에게 동일한 혜택을 준다. 전염병은 인간의 망상이 만든 가공의 질병이라는 파격적 주장을 펴는 사람조차도 예외가 될 수 없다. 이런 면에서 공중보건 서비스는 국방이나 치안과 같은 성격을 가진 공공재라고 할 수 있다. 다른 사람이 전염병 예방백신을 맞으면 내가 병에 걸릴 확률이 낮아진다. 내가 맞을 경우에는 남이 마찬가지로 덕을 본다. 이것은 전형적인 긍정적 외부효과다. 이런 효과가 발생하는 서비스를 전적으로 시장에 맡기지 않고 국가가 공급하거나 지원하는 것은 국방이나 치안 서비스를 국가가 책임지는 것과 마찬가지로 합리적이다.

말이 나온 김에 참고 삼아 짚고 넘어가자. 전염병과 인구 증가 사이의 역사적 상관관계를 연구한 학자들의 분석에 따르면 약품과 수술 등 의료기술의 발전이 인간의 평균수명 연장에 기여한 바는 상대적으로 매우 미미하다. 그보다는 상하수도의 분리와 방역 등 일반적인 공중보건정책, 그리고 주거환경과 식생활의 개선 등으로 영아사망률과 전염병 사망자가 급격하게 줄어든 것이 평균수명 연장의 주된 원인이었다. 그러니 의료기술이 더 발달하면 나도 더 오래 살 수 있을 것이라고 기대하는 것은 별 의미가 없다고 하겠다.

어쨌거나 보건의료 서비스의 외부효과 문제는 시장원리를 그대로 적용하기 어려운 이유이기는 하되 하나의 '사소한' 이유에 불과하다. 치안은 외부효과를 가진 공공재이고, 그래서 정부가 경찰조직을 만들어 국민의 세금으로 운영한다. 하지만 이것이 충분치 않다고 생각하는 사람은 자기 돈으로 민간 경비·경호 서비스를 고용할 수 있다. 이러한 치안 서비스 수요에 부응하는 기업이 생기고 경호업체 사이에 고객 유치를 위한 가격과 서비스 경쟁이 벌어지는 것은 시장원리에 따른 자연스러운 현상이다. 국가가 서비스의 가격을 통제할 필요는 없다. 의료 서비스도 다른 '중대한 이유'가 없다면 얼마든지 이렇게 할 수 있을 것이다.

그런데 불행하게도 의료 서비스 시장에는 그렇게 할 수 없는 '중대한 이유'가 있다. 다름 아닌 시장의 불완전성이 그것인데, 의료 서비스 시장의 불완전성은 세 가지 측면에서 나타난다.

첫째, 완전 경쟁 시장은 합리적 개인을 전제로 한다. 하지만 건강에 관한 한 개인은 일관성이 없는 몹시 불합리한 존재다. 사람은 건강할 때는 건강과 의료 서비스의 가치를 아주 낮게 평가하고 의사를 우습게 여긴다. 하지만 일단 병에 걸리고 나면 전혀 다른 사람이 된다. 건강을 회복할 수만 있다면 전 재산을 다 바쳐도 아갑지 않다고 생각하며, 그 병을 고칠 수 있는 의사를 하나님 못지 않게 높이 받들어 모신다. 만약 병든 사람과 의사가 치료비를 가지고 협상을 해서 거래를 할 자유를 허용한다면 어떻게 될까? 병이 낫고 난 뒤 환자가 의사를 도둑놈이라고 욕하면서 자신이 미친 짓을 했다고 후회하는 상황이 틀림없이 벌어질 것이다. 이처럼 똑같은 사람이라 하더라도 건강할 때와 병들었을 때는 전혀 다른 인격체가 된다. 하지만 그가 환자였을 때 맺은 계약은 병이 나은 뒤에도 변함없는 법률적 효력을 가진다. 맹장염 수술의 대가로 전 재산을 바쳤다 하더라도 그것이 자발적인 거래였다면 그는 돈을 돌려받거나 수술비 지급을 거부할 수 없다. 그런 만큼 질병의 치료와 관련된 서비스를 거래하는 시장에서도 개인의 합리성을 전제로 삼기는 어려우며, 이것을 자유 거래의 원리에 맡겨버릴 수도 없다. 의료수가에 대한 국가의 통제와 감독은 불가피한 것이다.

둘째, 완전 경쟁 시장은 '소비자 주권'을 전제로 한다. 한마디로 '소비자가 왕'이라는 말이다. 여기서 소비자(환자)는 자기가 어떤 재화와 서비스를 원하는지를 정확히 알고 어떤 품질의 재화와 서비스를 어디에서 얼마에 구입할 수 있는지를 알고 있어야 한다. 하지만 의료 서비스 시장에서는 이러한 소비자 주권이 들어설 만한 공간이 없다. 이곳은 의사와 병원이 모든 것을 지배하는 공급자 시장이다. 무슨 말인지 구체적으로 이야기해 보자.

예컨대 갑자기 어지럼증과 두통 때문에 잠시 정신을 잃고 쓰러진 사람이 있다고 하자. 그는 우선 무엇 때문에 이런 증세가 생겼는지 모른다. 119 구급차에 실려 대학병원 응급실로 간 환자는 당직의사한테서 뇌혈관에 문제가 있을 수도 있고, 반고리관을 비롯한 평형기관 말초신경의 염증 때문일 수도 있다는 이야기를 듣는다. 이 의료 서비스 소비자는 '왕'이 아니다. 의사의 권유에 따라 CT 촬영과 심전도 검사, 혈액검사 등등을 받고 진단이 나올 때까지 무조건 기다려야 한다. 다행히 다음날 평형감각과 관련된 말초신경계의 이상 때문이라는 진단이 나왔다고 하자. 하지만 그는 이 진단이 정확한지 여부를 알 수 없다. 진단이 정확하다고 믿는 경우에도 어느 병원 어떤 의사가 이런 질병을 잘 치료할 수 있는지도 모른다.

마침 병원 원무과에 아는 사람이 있어서 이비인후과 과장한테 특진을 받았다고 하자. 과장이 간단한 수술 또는 약물을 처방하는 경우, 환자는 이것이 적절하고 효과적인 치료법인지 알 수 없다. 더군다나 병원을 상대로 치료비를 흥정하는 건 상상할 수도 없다. 눈앞이 빙빙 돌아 자리에서 일어날 수도 없는 판국에 다른 병원이 비슷한 치료를 하고 얼마를 받는지 알아볼 도리는 없는 것이다. 만약 환자 개개인이 병원과 치료비 협상을 해야 한다면 이 협상에서 환자가 결코 유리한 고지를 점령할 수 없다는 것은 자명한 일이다. 그리고 이 대학병원에서 치료를 받는 경우에도 치료비는 나중에 청구서를 받아야 알 수 있다. 소비자가 할 수 있고 또 해야 하는 유일한 행위는 병원에 가서 의사가 시키는 대로 고분고분 따르고, 그리고는 내라는 대로 치료비를 납부하는 것 하나뿐이다.

이처럼 의료 서비스 시장은, 약품 시장도 결국은 마찬가지이지만, 서비스의 품질과 종류와 가격 같은 시장 정보의 투명성이 보장되지 않고 소비자가 선택권을 행사할 수도 없다는 특수성을 지니고 있다. 투약과 수술 등 어떤 유형의 서비스에 대해서도 소비자는 그것이 자기에게 좋은지 나쁜지, 좋으면 얼마나 좋은지를 판단할 수 없다. 반면 공급자인 의사와 병원은 그 모든 것에 대한 정보를 보유하고 있으면서 자기들끼리만 알 수 있는 전문용어로 자기네끼리 의사소통을 한다. 이른바 '정보의 비대칭성'이다. 이런 시장에서는 소비자 주권이라는 것이 성립할 수 없다. 따라서 의료 서비스 공급을 전적으로 시장에 맡긴다는 것은 한마디로 말해서 터무니없는 짓이 된다. 국가는 시장에서 전권을 행사하는 의사들이 적절한 품질의 의료 서비스를 공급할 능력을 가졌는지를 검증하는 면허 제도를 실시하고, 실제 그렇게 하고 있는지를 감독해야 한다.

의료 서비스와 관련된 문제는 여기에서 끝나지 않는다. 의료보험 시장의 불완전성이라는 세번째 문제가 있다. 국가가 의사의 전문성을 검증하고 약품과 진찰료, 수술비 등 가격을 직접 통제하는 경우에도 그 비용을 누가 어떻게 감당하느냐는 의문은 여전히 남는다. 이것을 시장원리에 맡기는 것은 환자와 그 가족이 알아서 하게 내버려두는 것을 의미한다. 돈이 많은 사람이라면 별 걱정을 하지 않을 것이다. 하지만 암이나 당뇨병처럼 치료에 만만치 않게 비용이 드는 질병을 생각하면 웬만큼 먹고사는 사람들에게도 만약의 경우에 지출해야 할 의료비는 큰 걱정거리가 아닐 수 없다. 그래서 나온 것이 의료보험이다.

의료 서비스 공급은 시장원리에 내맡기지 못한다 할지라도 의료보험은 얼마든지 시장원리에 맡길 수 있다. 그런데도 문명화된 산업국가들은 거의 예외 없이 국가가 만든 의료보험에 국민 모두를 강제로 가입시킨다. 우리나라도 피용 근로자는 의무적으로 직장의료보험에 가입하고 자영업자들은 모두 지역의료보험에 가입하도록 강제하는 전국민 의료보험 제도를 시행해 왔다. 미국 한 곳을 제외하면 선진국 클럽이라는 OECD 국가들도 대부분 이런 제도를 가지고 있다. 의료 서비스 시장뿐만 아니라 의료보험 시장에까지도 국가가 직접 개입하는 이유가 무엇일까?

의료보험 시장에 국가가 개입하는 것은, 그렇지 않을 경우 '관폐'(官弊)와 '민폐'(民弊)를 끼치는 사람이 많이 생기기 때문이다. 복권이나 마권을 사는 사람들이 자기에게 대박의 행운이 찾아들 가능성을 객관적인 확률보다 높게 평가하는 것처럼, 사람들은 보통 자기가 병에 걸리거나 사고를 당할 가능성을 실제보다 낮게 평가한다는 점을 우선 지적할 수 있다. 그래서 의료보험의 필요성을 깨닫지 못하고 살다가 나중에 후회하지만 이미 때는 늦었다. 이런 사람들이 스스로 또는 가족의 도움으로 문제를 해결하지 못하면 국가와 복지단체 등 사회가 치료비를 대신 맡아 줄 수밖에 없다. 이와 같은 사태를 예방하려면 소득이 있는 모든 국민이 의료보험에 가입하도록 법률로 강제할 수밖에 없다.

병에 걸릴 가능성을 과소평가하지 않는 경우에도 소득이 너무 빈약해서 보험료를 낼 수 없고, 그래서 보험에 가입하지 못하는 사람들이 많다. 민간기업이 제공하는 의료보험은 가입자의 나이와 병력 등 질병 리스크를 나타내는 객관적 지표에 따라 보험료를 달리 정한다. 가입자의 소득수준은 고려사항이 아니다. 그래서 저소득층은 민간 의료보험에 가입하기가 어렵다. 이 문제 역시 국가의 개입이 필요하다. 국민 모두가 의료보험에 가입하고 질병 리스크가 아니라 소득의 수준에 비례해서, 많이 버는 사람은 보험료를 많이 내고 적게 버는 사람은 조금만 내되, 혜택은 보험료 수준과 무관하게 병에 걸린 사람 모두에게 똑같이 제공하는 것이다. 이런 면에서 법정 의료보험은 더 잘 버는 사람이 더 못 버는 사람들을 지원함으로써 아름다운 사회적 연대(social solidarity)를 구현하는 재분배 매커니즘이라고 할 수 있다.

게다가 민간 의료보험 시장은 보험회사와 가입자 사이의 '정보 비대칭성' 때문에 이른바 '역선택'(adverse selection) 현상이 나타날 수 있다. 보험 가입자는 자기의 건강 상태 또는 질병 리스크를 어느 정도 알고 있다. 예컨대 술 담배를 하지 않고 스키나 인라인 스케이트 같은 위험한 스포츠를 피하면서 채식 위주로 식생활을 하고 평소 적당한 운동을 하는 사람은 질병 리스크가 상대적으로 낮다. 이런 사람을 편의상 '좋은 가입자'라고 하자. 그와 정반대 생활습관을 가졌기 때문에 질병 리스크가 높은 사람은 '나쁜 가입자'라고 하자. 문제는 보험회사가 가입자 개인의 질병 리스크를 알 수 없다는 데 있다.

'좋은 가입자'는 보험회사에 자기의 좋은 생활습관을 설명하면서 보험료를 낮추어 달라고 요구할 수 있다. 하지만 보험회사로서는 이 주장을 그대로 받아들일 수도 없고 비용이 많이 들기 때문에 사실 여부를 확인하고 감시할 수도 없다. 반면 '나쁜 가입자'는 자기가 얼마나 나쁜 생활습관을 가졌는지를 보험회사에 알려서 손해를 볼 이유가 없다. 그래서 보험회사로서는 나이와 성별처럼 통계적으로 질병 리스크에 영향을 미치는 객관적 요소를 기준으로 보험료를 책정한 표준계약서를 사용할 수밖에 없다. '역선택'은 이런 조건에서 발생한다.

'좋은 가입자'가 좋은 생활습관을 유지하는 데는 '절제'와 '조심' 같은 비금전적 비용이 들고 무농약 채소를 먹으려면 금전적 비용도 든다. 이 모든 추가적인 비용을 합쳐놓고 보면 자기가 질병 리스크에 비해서 너무 많은 보험료를 낸다고 생각할 수 있고, 그래서 차라리 보험료를 정기적금에 넣어 두었다가 큰 병에 걸리면 찾아 쓰는 편이 낫겠다고 생각해서, 병원을 찾을 확률이 가장 희박한 '가장 좋은 가입자'부터 의료보험 계약을 해지한다. 이런 사람이 많이 생기면 보험회사는 손실을 보게 된다.

보험회사가 다음 해에도 똑같은 손실을 보지 않으려면 보험료를 인상하거나 보험급여를 줄여야 한다. 그러면 '그 다음으로 좋은 가입자'들이 불만을 품고 보험을 떠난다. '나쁜 가입자'는 그래도 보험에 드는 게 이익이라고 생각해서 그대로 남는다. 보험회사는 또 손실을 본다. 이처럼 '좋은 가입자'는 순차적으로 이탈하고 '나쁜 가입자'는 그대로 남는 상황이 반복되면 보험회사는 결국 문을 닫아야 할 것이다.

보험회사가 '역선택'을 '순선택'(positive selection)으로 바꾸려면 '좋은 가입자'를 골라서 받아야 하는데, 병약한 사람을 배제하고 건강한 사람만 받는 보험은 제대로 된 보험이라고 할 수가 없다. 국가가 법률로 보험 가입을 강제하는 제도를 도입한 것은 민간 의료보험 시장에 모든 것을 맡겨두어서는 국민 모두에게 기본적인 의료 서비스를 제공하기 어려운 탓이라는 이야기다. 여기까지는 어째서 국가가 의료보험을 만들어 온 국민이 가입하도록 강제하는지에 관한 이야기였다. 이제 의료보험의 재정을 어떻게 마련하고 지출을 어떻게 통제하는지에 대해서 살펴보자.

경제학에는 '수요의 소득 탄력성'이라는 개념이 있다. 보통의 재화와 서비스는 국민소득이 증가하면 그 수요도 따라서 증가한다. 하지만 반대로 수요가 감소하는 경우도 있다. 추억의 먹거리라 할 수 있는 붕어빵이 그 대표적인 사례다. 아직 보릿고개의 흔적이 남아 있었던 70년대만 해도 이것은 매우 인기 높은 간식이었다. 하지만 우리나라가 본격적인 산업화를 이루고 국민소득이 크게 높아지면서 사람들은 좀더 영양가와 맛이 있는 간식을 찾게 되었고 약간의 팥소를 제외하면 밀가루가 전부인 붕어빵은 그래서 자취를 감추었다. IMF 경제위기가 찾아온 후 소득이 격감하고 실업자가 크게 늘어나면서 다시 모습을 드러내긴 했지만 붕어빵에 대한 수요가 소득 증가와 더불어 감소한다는 것은 분명한 사실이다. 이런 재화를 가리켜 '열등재'(劣等材)라고 한다.

이런 예외를 제외하면 대부분의 상품과 서비스는 소득이 높을수록 수요도 증가한다. 하지만 그 증가 속도는 상품마다 다르다. 증가하긴 하지만 소득보다 상대적으로 느리게 증가하는 재화와 서비스는 '수요가 소득 비탄력적'이라 한다. 반면 소득보다 빠른 속도로 증가하는 경우는 '수요가 소득 탄력적'이라 한다.

식료품은 일반적으로 '수요가 소득 비탄력적'이다. 널리 알려진 '엥겔계수'가

사회의 복지수준을 알려주는 지표로 사용되는 것은 바로 이 때문이다. 엥겔계수는 가계 소비지출 가운데 식료품비가 차지하는 비율을 말하는데, 소득이 높은 선진국일수록 엥겔계수는 낮고, 국민들이 목구멍에 풀칠하기 바쁜 가난한 나라에서는 엥겔계수가 높게 마련이다.

기호품과 사치품은 일반적으로 '수요가 소득 탄력적'이다. 부자일수록 그런 데 돈을 더 많이 쓴다는 이야기다. 그런데 기호품이나 사치품이 아닌 것 중에도 소득 탄력적인 서비스가 있으니, 그게 바로 의료 서비스다. 소득이 높아지면 사람들은 점점 더 많은 몫을 의료 서비스를 구입하는 데 지출한다. 다시 말해서 점점 더 많은 몫을 병원과 약국에 갖다 바친다는 뜻이다. 물론 그런다고 해서 국민의 건강지수가 올라가는 건 아니지만 어쨌든 그렇다.

국민건강보험 재정 위기가 쟁점으로 떠오르자 의사협회에서는 선진국의 경우 의료비 지출이 국민총생산의 10%가 넘는데 우리는 그 절반 수준에 불과하다는 주장을 거듭 펼친 바 있다. 의료수가 인상과 의료보험료 인상은 선진국으로 가는 데 따르는 당연한 현상이라는 걸 강조하기 위한 주장이다. 그런데 의사협회는 선진국이라는 나라들의 1인당 국민소득이 우리보다 서너 배 높다는 사실을 망각한 것처럼 보인다. 의료 서비스 수요가 소득 탄력적인 사실을 고려하면 우리나라의 국내총생산 대비 의료비 지출 비율이 선진국보다 낮은 건 당연한 현상이다. 정부가 의사들을 구박하고 천대하기 때문에 그런 게 아니라는 말이다. 우리나라도 1인당 국민소득이 지금보다 서너 배 높아지면 그렇게 되게끔 되어 있으니 의사협회가 현재 우리나라의 국민소득 대비 의료비 지출 비중이 낮은 걸 걱정할 필요는 전혀 없다는 이야기다.

국민건강보험은 수입과 지출 양면에서 심각한 문제를 안고 있다. 우선 수입

면에서 소득의 증가보다 더 빠른 속도로 의료보험료를 인상하는 것은 의료 서비스 수요의 높은 소득 탄력성 때문에 불가피한 측면이 있다. 문제는 그 비용의 분담이 공정하게 이루어질 수 없다는 점이다. 봉급생활자들은 소득세와 의료보험료 등을 원천징수당하지만 자영업자들은 그렇지 않다. 우리나라의 조세행정은 정직한 사람을 구박하고 거짓말쟁이를 우대한다. 전문가들의 추정에 따르면 국세청은 자영업자들의 소득 가운데서 겨우 30% 정도를 파악하고 있을 뿐이다. 소득에 비례해서 보험료를 납부하고 혜택은 똑같이 누린다는 의료보험의 사회적 연대 원칙이 근본적으로 파괴되고 있는 것이다. 이런 이유 때문에 보험료 인상에 대한 국민들의 거부감은 크게 증폭될 수밖에 없다. 이 사태에 대한 책임을 물어야 할 곳이 재정경제부와 국세청이라는 점에 비추어보면 보건복지부와 건강보험공단은 저지른 잘못에 비해 너무 심한 뭇매를 맞았다고 할 수 있다.

지출 쪽 문제도 마찬가지로 심각하다. 국민건강보험은 사실 의료보험이 아니라 진료비 할인 제도에 불과하다. 보험 적용이 안 되는 게 너무 많고 본인 부담율이 너무 높아서 암이나 신장 계통 만성질병 등 정말 큰 병에 걸렸을 때는 보험 기능을 하지 못한다. 연예인들이 암 환자를 방문해서 이야기를 나누는 장면을 보여주면서 모금을 하는 방송 프로그램이 있는데, 의료보험이 제대로 되어 있다면 이런 것은 필요가 없다. 원래 보험이라는 것이 재정적으로 감당할 수 없는 위험에 대비한 것인데 정말 큰 위험이 닥칠 경우 소용이 없으니 이걸 어찌 보험이라고 할 수 있을까? 지금처럼 본인부담금 제도를 그대로 둔다고 하더라도, 연간 몇백 만원 수준으로 본인부담금 총액한도를 설정해 두고 그 한도를 초과하는 것은 의료보험공단에서 지불하는 '본인부담금 총액한도제'를 도입하지 않으면 앞으로도 보험 노릇을 하기는 어려울 것이다.

국민건강보험의 재정난을 악화시키는 또 하나의 요인은 의사와 환자 사이의 '정보 비대칭성'이다. 앞서도 말한 것처럼 환자는 의사가 의학적으로 적합하고 비용 면에서 적절한 치료를 했는지 여부를 판단할 능력이 없다. 병원이 매출을 올리기 위해서 전혀 필요 없는 시술을 하거나, 지나치게 높은 비용을 발생시키는 진료행위를 했거나, 하지도 않은 진료행위에 대해 보험급여를 청구하는 경우에도 환자는 알 수가 없다. 따라서 환자들을 대신해서 이를 검증해 줄 제3자가 필요하다. 이것을 경제학에서는 '대리인'(agent)이라고 한다. 이 대리인은 '주인'(principle)인 건강보험 가입자 즉 국민들을 위해 일한다.

대리인 역할을 할 수 있는 곳은 바로 건강보험공단이다. 여기서 의학적 전문지식을 가진 실무자를 고용해서 병원의 처방전과 보험급여 청구서를 심사함으로써 의료 공급자들이 환자와 의료보험 재정을 착취하는 것을 막아야 한다. 우리나라에도 건강보험공단과 별도로 심사평가원이라는 곳이 있기는 하다. 하지만 몇십 명 되지도 않는 심사요원들이 전국의 병·의원 처방전을 다 감독할 수는 없는 일이어서, 나쁜 마음만 먹는다면 의사와 병원들이 얼마든지 환자와 의료보험 재정을 등칠 수 있게 되어 있다.

지면 사정상 과잉진료나 부당청구를 막는 제도적 방안으로서 제기되고 있는 '포괄수가제'나 '수진확인제' 등에 대한 설명은 생략한다. 하지만 정보의 비대칭성 등 의료 서비스 시장이 근원적으로 안고 있는 특수성을 제대로 살피지 않은 채, 마치 국가가 의료 서비스 공급의 책임을 전적으로 지는 '의료 사회주의'와 모든 것을 시장에 맡기는 '의료 자본주의' 중에서 하나를 택하는 수밖에 없는 것처럼 문제의 본질을 호도하는 선동에는 현혹되지 말아야 한다는 점을 강조해 둔다. 경쟁 시장의 원리가 국가의 틀을 벗어나 작동하는 일은 역사상 없었고 앞으로도 없을 것이다. 모든 국민에게 적절한 의료 서비스를 제공하는 일은 시장도 국가도 혼자서는 해낼 수 없다.

조세정의에 대하여

국민들은 언제나 더 나은 공공서비스를 원한다. 튼튼한 국방, 완벽한 치안, 차가 잘 빠지는 도로, 쾌적한 공원, 원활한 민원 처리, 수준 높은 학교교육, 신속하고 유능한 119구조대, 효과적인 산불 예방, 백년을 내다보는 홍수 대책…. 국민들의 바람은 끝이 없다. 대통령이나 국회의원이 되려는 사람과 그들이 속한 정당은 선거 때마다 이 모든 것을 획기적으로 개선하겠노라고 약속한다.

그러나 공공서비스 확충을 위해서 세금을 더 많이 내겠다고 나서는 사람은 보기 드물다. 당선되면 세금을 올리겠다고 공언하는 대통령 후보나 국회의원 후보 역시 없다. 가을 정기국회가 열리고 정부가 새해 예산안을 제출하면 모든 언론기관이 또 세금을 올린다고 정부를 공격한다. 야당은 불요불급한 예산을 과감하게 삭감하겠노라고 주장하고 여당 의원들도 국민의 조세부담을 줄여주어야 한다고 역설한다.

이것은 정치권과 언론이 지난 수십 년 동안 해마다 변함없이 되풀이해 온 거대한 기만극이다. 무언가 귀중한 것은 반드시 그 값이 있다. 개인은 때로 공짜로 무언가를 얻기도 하지만 사회 전체로 보면 공짜란 있을 수 없다. 대통령과 재경부 장관은 허공에서 돈을 만들어내는 마법사가 아니다. 정부가 더 나은 공공서비스를 제공하려면 더 많은 비용이 들게 마련이고, 그 비용을 짊어져야 하는 것은 결국 국민들이다. 그런데도 이런 당연한 이치를 입에 올리는 언론인이나 정치인을 찾아보기 어려우니 정말 괴이한 일이 아닐 수 없다. 모두들 한 입으로 공공서비스 개선과 세금 인상 반대를 동시에 주장함으로써 남과 자기를 동시에 속이고 있는 것이다.

도대체 세금이란 무엇인가. 국가가 사회 안전과 질서를 보호하고 국민생활에 필요한 공공재를 공급하는 비용을 마련하기 위해 국민들에게 강제로 징수하는 돈이다. 개개인이 내는 세금에는 어떠한 직접적 반대급부도 없다. 그러나 징역 가지 않으려면 세금은 내야 한다. 물론 세금이 이런 재정적 목적만을 위한 건 아니다. 그밖에도 소득분배의 불평등을 완화하거나, 경기변동을 누그러뜨리거나, 자원배분의 왜곡을 바로잡는 등의 다른 목적도 있기는 하다. 하지만 국가의 재정 확보가 가장 중요한 목적임은 말할 나위도 없다.

그러면 세금을 얼마나 거두는 것이 적당할까? 이 질문에 대한 정답은 없다. 국민소득 가운데 세금이 차지하는 비중을 조세부담률이라고 하는데 조세부담률은 나라에 따라 시대에 따라 다르다. 조세부담률이 높다고 해서 꼭 나쁜 것은 아니며 낮다고 해서 좋은 것 역시 아니다. 세금을 많이 거두고 공공서비스도 좋은 나라가 있는가 하면 세금을 적게 거두고 공공서비스가 나쁜 나라도 있다. 문제는 역시 효율성이다. 세금은 많이 거두는 데 비해 공공서비스가 시원치 않다면, 그건 문제가 있다는 이야기다. 국민들이 원하는 공공서비스를 최소한의 세금으로 제공한다면 조세부담률이 얼마든 문제삼을 일이 아니라는 이야기다.

다음 〈표 2〉와 〈표 3〉은 우리나라의 조세부담률과 국민부담률을 '선진국클럽'이라는 OECD의 다른 회원국과 비교해 본 것이다. 구할 수 있는 최근 자료가 1998년도 것이라 조금 아쉽긴 하지만 조세부담률은 단기간에는 크게 변하기 어려운 것이니만큼 별 문제가 없을 것이다. 조세부담률은 국민들이 한 해 동안 벌어들인 소득(GDP) 가운데 몇 퍼센트를 국세와 지방세로 납부했느냐를 나타내는 지표다. 국민부담률은 세금에다 고용보험과 산재보험, 국민연금 등 사회보장 기여금을 합친 것이 GDP에서 차지하는 비중을 나타낸다. 조세부담률과 국민부담률은 국가가 국민의 소득 가운데 얼마를 '빼앗아 가는가'를 알려준다.

〈표 2〉 1998년도 주요국가의 조세부담률

한국	미국	일본	영국	프랑스	독일	이탈리아	캐나다	멕시코
19.1	22.1	17.5	30.7	28.8	22.0	30.1	32.3	13.2

(자료 : OECD 사무국)

〈표 3〉 1998년도 주요국가의 국민부담률

한국	미국	일본	영국	프랑스	독일	이탈리아	캐나다	멕시코
21.5	28.9	28.4	37.2	45.2	37.0	42.7	37.4	16.0

(자료 : OECD 사무국)

OECD 29개 회원국 평균 조세부담률과 국민부담률은 각각 27.6%와 37%다. 한국은 조세부담률은 멕시코와 일본 다음으로 낮고 국민부담률은 멕시코 다음으로 낮다. 2000년도에는 각각 22.0%와 26.4%로 높아졌지만 순위에서는 별 변화가 없다. 조세부담률과 국민부담률이 가장 높은 나라는 덴마크, 스웨덴 등 북유럽과 벨기에, 이탈리아, 오스트리아, 네덜란드 등 서유럽 선진국들이다. 미국은 전통적으로 시장과 경쟁을 중시하고 국가개입과 사회보장을 최소화하는 나라이기 때문에, 그리고 일본은 장기불황을 극복하기 위한 감세정책으로 조세수입이 줄었고 국채를 발행하여 재정적자를 메꾸고 있기 때문에 조세부담률이 낮은 수준을 유지하고 있다.

유럽 선진국들이 초등학교에서 박사과정까지 모든 교육과 의료 서비스를 거의 무료로 제공하고 폭넓은 장애인과 저소득층 지원 제도를 운영하는 것을 부러워하는 사람이 많다. 그러나 그 나라 국민들은 그처럼 풍부한 공공 서비스를 제공받는 대가로 소득의 절반 가량을 국가에 '빼앗긴다' 는 사실을 잊어서는 안 된다. IMF 경제위기 이후 '작은 정부' 가 무조건 좋은 정부인 것처럼 선동한 경제 전문가들이 많았는데, 적어도 국가재정이 국민경제에서 차지하는 비중을 보면 우리는 상대적으로 '작은 정부' 아래서 살아 왔다. 교육과 의료, 도로교통과 재해 방지, 치안과 국방을 제대로 하지 못한다고 정부를 질타하면서, 동시에 국민의 조세부담 경감을 주장하는 정치인과 언론인, 경제 전문가는 바보 아니면 사기꾼이다. 그런 사람들을 만족시킬 수 있는 정부는 지구에 없다.

그러면 우리 정부는 세금을 어디서 얼마나 거두어 어디에 쓰고 있을까? 다음 〈표 4〉와 〈표 5〉를 참고 삼아 간략히 짚어본 다음 조세정의에 대한 이야기를 계속하자.

〈표 4〉 2000년도 주요세목별 세수실적 (단위 조원)

국세총액	일반회계	소득세	법인세	부가가치세	증권거래세	특별소비세	관세	교통세	특별회계
92.9	82.0	17.5	17.9	23.2	2.7	3.0	5.8	8.4	10.9

(자료 : 재정경제부)

이것은 중앙정부에 귀속되는 국세 수입을 세목별로 본 것이다. 액수가 가장 큰 것은 부가가치세, 그 다음이 개인과 법인이 내는 소득세다. 직접세인 소득세의 비중은 전체 국세 수입 중 약 40%, 나머지는 모두 최종소비자가 세부담을 지는 간접세다.

〈표 5〉 2000년도 일반회계 기능별 세출

구분	총세출	일반행정	방위비	교육비	사회개발	경제개발	지방행정 교부금	채무상환 기타
금액(10억원)	87,464	8,164	15,479	12,704	10,600	23,879	8,267	8,371

(자료 : 재정경제부)

정부가 제일 많은 돈을 쓴 곳은 경제개발사업이다. 그 다음 60만 대군을 먹이고 입히고 재우고 손에 무기를 쥐어주는 데 무려 15조 5천억 원을 썼고, 40만 교육공무원에게 월급을 주고 그보다 스무 배 많은 학생들에게 교실과 운동장, 학습자료를 제공하는 일에 12조 7천억 원을 썼다. 늘어난 나라빚 때문에 채무상환 등에 8조 원이 넘게 들어가니 그렇지 않아도 넉넉지 못한 나라살림이 더 팍팍해진 것을 알 수 있다. '채무상환 기타' 항목은 외환위기가 터진 1997년만 해도 2조 4천억 원에 불과했다.

나라 살림의 규모와 내용은 이런 정도 살피는 걸로 하고 이제 조세정의 문제로 들어가자. 세금은 얼마를 거두느냐도 중요하지만 그 부담을 국민들이 어떻게 나누느냐 하는 것도 그 못지않게 중요한 문제다. 공공서비스를 제공받으려면 세금을 많이 내야 한다는 사실을 인정하는 사람조차도, 남들에 비해 '불공정하게' 많은 세금을 부담하라고 하면 당장 정부를 욕하고 나설 것이기 때문이다. 이제 무엇을 기준으로 조세부담을 나누어야 '조세정의'가 실현된 것으로 볼 수 있는지를 탐색해 보기로 한다.

시장경제는 여러 약점을 가진 시스템인데, 소득분배를 불평등하게 만든다는 것도 그 가운데 하나다. 그래서 사회정의를 높은 가치로 여기는 사람들은 조세 제도를 통해서 시장이 만든 소득불평등을 완화해야 한다고 주장하면서 간접세 비중이 매우 높은 우리나라의 조세체계가 사회정의에 역행한다고 주장한다. 좋은 말씀이다. 하지만 우리 사회에서는 조세체계가 잘못되어서 소득재분배 기능을 못하는 게 문제라기보다는, 현행 조세 제도에 따라 당연히 거둬야 할 세금조차 제대로 거두지 못한다는 데 더 큰 문제가 있다.

우선 조세 징수의 원칙부터 따져보자. 여기에는 최소한 네 가지 원칙이 있는데, 이는 아담 스미스가 『국부론』에서 제시한 것으로 지금까지도 널리 인정받는 원칙이다. 첫째는 평등(equality)이다. 모든 시민은 신분과 지위의 고하를 불문하고 세금을 내야 한다. 납세와 관련해서는 어떤 예외나 특권도 허용해서는 안 된다. 둘째는 확실성(certainty)이다. 무엇이 과세 대상이며, 얼마의 세금을 누가 납부해야 하는지가 분명해야 한다는 것이다. 셋째는 편리성(convenience)이다. 납세 방식이나 기간 등 세금 납부가 편리해야 한다. 마지막으로는 경제성(economy)이다. 세금을 징수하는 비용이 적게 들어야 한다는 말이다.

후일 경제학자들은 더 정교한 과세의 원칙을 제시했는데, 그 가운데 가장 중요하고 또 그만큼 많은 논란을 불러일으킨 것이 '정의(正義)의 원칙'이다. 요컨대 조세부담을 정의롭게 나누어야 한다는 것이다. 이 원칙에 시비를 걸 사람은 없다. 하지만 구체적으로 어떤 기준에 따라 누구에게 얼마의 세금을 물리는 것이 정의로운지를 문제 삼을 경우 합의를 거두기란 사실상 불가능하다.

어떻게 하는 것이 정의로운 조세분담일까? 여기에는 두 가지 원리가 있다. 첫째는 수혜자 부담 원리다. 이 원리에 따르면 국가가 제공하는 공공서비스의 혜택을 누리는 사람이 그에 상응하는 세금을 내야 한다. 이것은 이론적으로는 흠잡을 데 없는 시장원리다. 하지만 경제학의 많은 이론이 그런 것처럼 현실에서는 별 쓸모가 없다. 국방이나 치안 등 가장 중요한 공공서비스에 대해서는 누가 얼마만큼 혜택을 누리며, 또 시민들 개개인이 그 서비스에 대해서 얼마를 지불할 의사를 가지고 있는지 측정할 방법이 없기 때문이다. 국방이나 치안이 이 원리를 적용할 수 있는 서비스라면, 애초에 국가가 개입할 필요도 없었을 것이다. 수혜자 부담의 원리는 고속도로, 공공도서관, 시립수영장처럼 이용자를 쉽게 파악하고 통제할 수 있는 곳에만 제한적으로 적용할 수 있을 뿐이다.

두번째는 '능력에 따른 조세분담 원리'다. 이 원리에 따르면 모든 국민은 경제적 능력에 따라 조세분담에 참여해야 한다. 능력이 같은 사람은 똑같은 액수의 세금을 내고, 능력이 다른 사람은 다른 액수의 세금을 내는 것이 정의롭다는 이야기다. 수혜자 부담 원리를 적용할 수 없다면 선택할 수 있는 원리는 사실상 이것 하나뿐이며, 그래서 세상의 모든 나라들이 이 원리에 따라 조세를 징수하고 있다.

그런데 여기에도 문제가 없는 건 아니다. 모든 추상적인 원리가 그렇듯, 그것을 현실에 적용하는 데는 실제적인 어려움이 있기 때문이다. 핵심문제는 개별 납세자의 경제적 능력을 측정하기 위해서 어떤 지표를 쓰느냐는 것이다. 널리 채택된 능력의 지표는 세 가지가 있다. 첫째는 소득, 둘째는 재산, 셋째는 소비다. 국가는 이 가운데 어느 것 하나를 골라 쓸 수도 있고 둘 이상을 적당히 섞어 쓸 수도 있다. '경제적 능력'을 여러 가지로 해석할 수 있기 때문이다.

우선 소득부터 살펴보자. 소득은 일정 기간 동안 어떤 사람이 벌어들인 수입과 그것을 얻기 위해 지출한 비용의 차액이다. 소득이 경제적 능력의 가장 확실한 지표라는 것은 이론의 여지가 없다. 그래서 국가는 소득을 지표로 삼아 소득세를 징수한다. 그러나 소득에 세금을 부과하는 것은 결코 쉬운 작업이 아니다.

무엇보다도 소득은 정확하게 파악하기가 어렵다. 소득은 그 원천과 종류가 매우 다양하다. 민간기업의 노동자와 국가 공무원들은 근로소득을 얻는다. 의사, 변호사에서 동네 중국음식점과 구멍가게에 이르기까지, 사업업을 하는 사람들은 사업소득을 얻는다. 금융기관에 자산을 맡긴 사람은 이자소득을, 주식을 보유한 사람은 배당소득을 얻는다. 부모를 잘 만난 사람은 상속과 증여를 받기도 하고 운이 좋은 사람은 카지노와 경마장에서 '대박' 을 터뜨리기도 한다. 수천만 명의 시민들이 이처럼 다양한 원천에서 얻는 다양한 종류의 소득을 전부 정확하게 파악하기란 사실상 불가능하다. 경제학 세계의 합리적 개인은 이기적인데, 이기적인 개인이 세금 많이 내는 걸 즐거워할 리는 없다. 사람들은 법이 허용하는 최소한의 세금을 내려고 하는데, 세법의 허점을 이용해서 세금을 줄이는 것을 기업인들은 절세(節稅)라고 한다. 들킬 염려가 없다고 생각하거나 들킬 경우 당할 불이익이 그리 크지 않을 때는 아예 소득을 감추어 탈세를 한다. 국세청이 아무리 눈에 불을 켜고 감시를 하고 세무조사를 한다고 해도 이걸 다 찾아낼 수는 없는 일이다.

물론 탈세를 하려야 할 수 없는 사람도 있다. 회계장부를 비치하는 일정 규모 이상의 기업에 고용된 노동자나 공무원들이 얻는 근로소득은 사용자가 원천징수해서 국세청에 납부하기 때문에 정확하게 드러난다. 봉급생활자를 가리켜 '유리지갑' 이라고 하는 건 바로 이 때문이다. 반면 기업과 자영업자들은 매출액수를 누락하거나, 비용을 부풀려 단기순이익을 줄임으로써 소득을 감춘다. 사업장 위층에 살림집을 차려두고 자동차에서부터 수도요금과 전기요금까지 사업과는 무관한 소비지출까지 모두 영업비용으로 떠넘기는 관행도 널리 퍼져 있다. 이런 이유 때문에 거의 완벽하게 파악되는 근로자의 소득과는 달리 국세청은 자영업자의 소득을 많아야 30% 정도밖에 파악하지 못하고 있다.

소득세는 누진세(累進稅)다. 소득이 높을수록 세율도 높아지기 때문에 세액은 소득보다 더 빠른 속도로 증가한다. 고액소득자들은 불평을 하지만 대다수 국민들은 소득세가 시장이 만든 분배의 불평등을 완화하는 정의로운 세금이라고 믿는다. 하지만 이것은 어디까지나 소득을 있는 그대로 파악하고 과세한다는 전제가 있어야 성립한다. 자영업자의 소득 파악률이 30%에도 미치지 못하는 상황이라면 소득세는 정직한 납세자를 구박하고 절세와 탈세에 능한 거짓말쟁이를 우대하는 결과를 낳을 뿐이다. 일부 과격한 경제학자들이 세무행정의 기초가 잘 갖추어져 있어서 소득을 제대로 파악할 수 있는 사회가 아니라면 차라리 소득세를 없애버리는 편이 현명하다고 주장하는 이유가 바로 여기에 있다.

문제는 또 있다. 시민 개개인의 납세능력을 결정하는 것은 일정 기간에 획득하는 소득의 총액이다. 어디에서 나온 어떤 형태의 것이든 상관이 없다. 따라서 그 사람이 일정 기간에 획득한 모든 종류의 소득을 합친 액수를 납세능력의 지표로 삼아야 하며, 원천과 종류에 따른 차별을 두지 말아야 한다. 특히 근로소득이나 사업소득과 더불어 이자와 배당 등 금융소득도 함께 얻는 경우 두 가지를 모두 합친 종합소득에 과세해야 마땅하다. 그런데도 우리나라의 경우 아직도 금융소득 종합과세 제도가 도입되지 않고 있다. 근로소득과 사업소득에 대해서는 누진세를 적용하지만 금융소득에 대해서는 소득과 세액이 비례해서 증가하는 비례세를 적용하는 것이다. 이러한 분리과세로 덕을 보는 건 물론 고액의 금융소득을 올리는 부자들이다. 금융소득 종합과세는 이론적으로 반대할 하등의 이유가 없으며, 실무적으로도 아무 어려움이 없다. 그런데도 정부가 IMF 경제위기를 빌미 삼아 예정되어 있던 금융소득 종합과세 실시를 슬그머니 연기해 버린 것은 고위 경제관료와 국회의원 등 정책결정권을 행사하는 사람들 자신이 금융소득 분리과세로 득을 보고 있기 때문이라는 것말고는 달리 설명할 방법이 없다.

소득은 또한 수입과는 다르다. 소득을 얻는 데는 비용이 들어간다. 예컨대 근로자는 출퇴근을 하는 데 돈을 써야 하고, 자영업자는 상품을 생산하는 데 비용을 쓴다. 소득은 개인이 얻는 수입에서 그러한 비용을 뺀 금액을 말한다. 근로자와 회계장부를 비치하는 일정 규모 이상의 기업은 그나마 이런 문제를 해결하기에 수월하다. 하지만 회계장부를 비치하지 않는 작은 규모의 자영업자들은 소득을 자진 신고하게 되어 있다. 예컨대 공중파 방송의 프리랜서 진행자가 한 해 동안의 수입을 신고하면, 그중 일부를 비용으로 간주해 과세 대상에서 제외한다. 연간 4천만 원까지는 수입액의 35%를 소득으로 간주한다. 65%를 비용으로 인정해 주는 것이다. 4천만 원 이상은 45%를 소득으로 간주한다.

자영업자의 종합소득 신고기간인 5월경에는 국세청의 인터넷 홈페이지가 붐빈다. 거기 가면 직업별 표준소득률표가 있기 때문이다. 국세청은 자영업자들을 수백 개의 직업군으로 분류해서 모든 직업군에 대해 서로 다른 표준소득률을 정해 놓았다. 이렇게 하는 것은 우선 소규모 자영업자들이 복식부기에 따른 회계장부를 유지하고 비치하는 번거로움을 면할 수 있도록 배려하기 위해서다. 아울러 해마다 100조 원 이상의 세금을 거두는 국세청의 눈으로 보면 '보잘 것 없는 규모'인 자영업자들이 회계장부를 성실하게 기록하는지를 일일이 감시할 수 없기 때문이기도 하다. 하지만 직업의 종류에 따른 자영업자 표준소득률이 과연 어떤 과정을 거쳐 나온 것이고 얼마나 합리적인지는 알 길이 없다.

소득이 그 자체로서 납세능력의 척도가 되기 어려운 요소는 또 있다. 똑같은 소득을 올리는 사람이라도 처한 상황이 다르면 납세능력도 달라지기 때문이다. 예를 들어 연봉 1억 원을 받는 증권회사의 유능한 직원이 둘 있다고 하자. 그런데 하나는 독신인데 다른 하나는 연로한 부모를 봉양하는 6남매의 장남이며 아내와 아이 셋이 딸려 있고, 중증 장애인 동생까지 돌본다고 하자. 두 사람은 소득이 같지만 납세능력은 천양지차다. 독신 직원은 소득세를 다 내고도 스포츠카를 몰고 다닐 만큼 여유가 있겠지만 가련한 6남매의 장남은 아마 세금을 낼 여유가 거의 없을 것이다. 소득세는 물론 이런 요소를 고려한다. 부양가족의 수, 자녀의 학비, 부양가족의 장애 여부 등등을 고려해서 일정액을 과세 대상에서 공제하고 세액을 감면해 주는 장치를 두고 있다. 그러나 이 모든 것을 고려해 주는 일은 매우 번거로우며, 이런 문제를 완전하게 해결하기란 사실상 불가능하다.

앞서 거론한 바 있는 과세의 기본원리에 비추어보면 소득세는 문제가 많은 세금이다. 과세의 대상인 소득을 확실하게 파악하기 어렵고 징수 비용도 많이 들어가며 탈세로 표현되는 납세자의 저항도 만만치 않다. 그런데도 모든 문명국이 누진소득세 제도를 두고 있다. 소득이 경제적 능력을 가장 뚜렷하게 반영하는 지표이고, 다수 국민들이 시장이 만든 소득의 불평등을 완화하는 데 기여하는 공정한 제도라고 믿기 때문이다.

납세자의 능력을 나타내는 또 다른 지표는 재산이다. 재산은 소득과 직접 관련되어 있다. 우선 재산은 모두 과거 소득의 산물이다. 과거의 소득을 모두 소비해버린 사람은 재산을 모을 수가 없다. 재산은 또한 미래의 소득과 관련되어 있다. 토지와 건물, 유가증권 등은 미래에 소득을 가져다주기 때문에 가치를 지닌다.

재산은 경제적인 힘이며 사회적인 권력이다. 때로는 정치권력까지 따라온다.

재산이 많을수록 납세능력이 크다는 건 말할 나위도 없다. 하지만 재산을 납세능력의 유일한 또는 가장 중요한 지표로 삼는 나라는 없다. 그렇게 하기에는 이론적·실제적인 난관이 너무 크기 때문이다. 재산세는 보통 징수권이 지방자치단체에 있고 세율도 별로 높지 않다. 그것은 재산에 대한 과세가 내포한 문제점이 매우 심각한 탓이다. 여기서는 세 가지 문제점만 따져보자.

첫째, 재산은 과거 소득의 산물이다. 소득세 징수가 정상적으로 이루어지는 사회라면 재산을 형성하는 데 들어간 돈은 모두 소득세를 납부한 '세후소득'(稅後所得)이다. 그 재산으로 임대료나 이자소득을 얻으면 거기에 또 소득세를 매긴다. 그런데도 그것도 모자라 보유 재산 그 자체에 또 세금을 부과한다면, 사회적·개인적으로 바람직한 행위인 저축과 투자를 이중 삼중 '처벌'하는 셈이다. 그러니 반발이 없을 수 없다.

둘째, 재산의 가치는 거래가치다. 재산에 일정한 가치가 들어 있는 게 아니다. 토지든 건물이든 주식이든, 재산의 현재 가치는 그것이 미래에 가져다줄 소득이 얼마나 큰가에 좌우된다. 어떤 건물이 해마다 일정한 소득을 안겨준다면 그 건물은 미래소득을 현재의 가치로 환산한 액수만큼 가치를 지니며 그런 수준에서 거래된다. 명동의 땅값이 비싼 것은 그곳에서 장사를 하면 많은 돈을 벌 수 있기 때문이지 땅 자체가 특별하기 때문이 아니다. 그런데 시장에서는 모든 것이 끊임없이 변화한다. 경기도 고양시의 논밭은 신도시가 들어서면서 가치가 몇십 배 뛰었다. 대우자동차 인천공장의 조업 중단은 주변상가 임대료 폭락을 불렀다. 그런 식이다. 어떤 재산이 미래에 얼마만한 소득을 안겨줄 것인지를 예측하는 건 불가능하다.

미래소득을 정확하게 예측할 수 있다는 비현실적 가정을 하더라도 문제는 여전히 남는다. 미래소득을 현재가치로 환산할 때 할인율을 좌우하는 이자율이 일정하지 않을 것이다. 어떤 주식이 1년 후에 110만 원의 배당소득을 안겨준다고 하자. 이자율이 10%라면 배당소득의 현재가치는 100만 원이 된다. 하지만 이자율이 10%보다 낮으면 배당소득의 현재가치는 100만 원이 넘고 이자율이 10%보다 높으면 100만 원에 미치지 못한다. 따라서 이 주식의 가치는 이자율이 높으면 감소하고 이자율이 낮으면 증가한다. 그런데 이자율은 끊임없이 변한다. 결국 재산의 가치는 한순간도 고정되어 있지 않다는 이야기다. 가치가 고정되어 있지 않은 것에 세금을 매기는 것을 합리적인 행위라고 하기는 어렵다.

셋째, 재산이 가치 있는 것은 그것이 미래에 소득을 가져오기 때문이다. 따라서 재산에 세금을 매기는 것은 결국 미래의 소득에 세금을 부과하는 것이다. 아직 세상에 존재하지 않는 어떤 것에 세금을 부과한다는 이야기다. 서울 근교에 지금으로서는 별 쓸모 없는 야산을 가진 가난한 농민이 있다고 하자. 장차 여기에도 새로운 도시가 들어설지 모른다는 막연한 가능성 때문에 땅값이 제법 나간다. 하지만 현재까지는 잡목이 들어선 그 땅이 아무 소득도 안겨주지 않는다. 이 농민에게 재산세를 부과한다고 하자. 어떻게 될까? 특별한 대책이 없다면 빚을 내서 세금을 내든가 야산 한 귀퉁이를 잘라 팔아야 할 것이다. 반발이 없을 수 없다.

다음은 납세능력의 세번째 지표인 소비를 살펴보자. 저축과 재산 형성은 그 자체가 목적이 아니다. 현재의 소비를 줄임으로써 미래의 필요에 대비하는 수단이다. 개인의 경제적 능력은 결국 그 사람이 얼마나 소비를 많이 하는지를 보면 알 수 있다. 따라서 소비에 세금을 물리면 결국 능력대로 조세분담을 하게 된다. 물론 능력이 있으면서도 소비를 적게 하는 구두쇠는 세금을 덜 낸다는 지적이 나올 수 있다. 하지만 그런들 어떤가. 저축한 재산을 저승까지 지고 갈 리는 없지 않은가.

그가 평생 그렇게 살다 죽는다고 해서 유산을 상속받은 자식들까지 그러리라는 법은 없다. 누군가 저축한 것은 언젠가 다른 사람이라도 반드시 소비하게 된다는 말이다.

소비세는 상품에 매기는 세금이다. 소비자가 상품을 구입할 때 물건값과 함께 세금을 지불하면 판매자가 국세청에 납부하는 간접세다. 종류는 무척 다양하다. 특수한 예외를 제외한 모든 상품에 대해 판매가격의 10%를 세금으로 덧붙이는 부가가치세, 건강에 해로운 기호품에 매기는 주세와 담배세, 자동차를 비롯한 값비싼 소비재에 부과하는 특별소비세 등등 소비에 부과하는 세금의 종류는 일일이 헤아리기 어려울 정도로 많다. 그러나 원리는 동일하다. 소비하는 사람은 세금을 낸다는 것이다.

소비세는 장점이 무척 많은 매력적인 세금이다. 아담 스미스의 네 가지 원칙에 비추어보면 분명 그렇다. 소비세는 우선 평등하다. 모든 시민은 신분과 지위의 고하를 불문하고 소비하는 만큼 세금을 내야 한다. 어떤 예외나 특권도 허용되지 않는다. 소비세는 무엇이 과세 대상이며, 얼마의 세금을 누가 납부해야 하는지 확실하다. 소비세는 또한 편리하다. 너무나 편리해서 세금을 실질적으로 부담하는 소비자는 자기가 소비세를 얼마나 내는지 모르는 것은 물론이요 세금을 낸다는 사실조차 의식하지 못하는 경우가 많다. 그러니 조세저항 걱정은 할 필요가 없다. 소비세는 게다가 경제적이기까지 하다. 세금을 국세청에 납부하는 건 기업이지만 실제 부담은 소비자가 지는 만큼, 기업이 소득을 숨기기 위해 거래기록을 없애버리는 경우를 제외하면 탈세를 할 이유도 없다. 그러니 누가 얼마를 소비하는지, 세금을 제대로 내는지를 감시하는 비용이 들지 않는다. 국세청의 입장에서 보면 소비세만큼 좋은 세금이 달리 없다.

그러면 소득세니 재산세니 하는 다른 종류의 세금을 모두 폐지하고 소비세 하나만을 실시하면 어떨까? 아무 문제없다. 단 한 가지를 제외하면 말이다. 그런데 그 단 하나의 문제가 너무나 중대한 것이라 그럴 수가 없다. 소비세는 가난한 사람에게 더 높은 세율을 적용하는 역진세(逆進稅)다. 소비에 비례해서 세금을 내는데 왜 역진세가 될까?

연봉이 10억 원인 펀드매니저와 연봉 5천만 원인 평범한 샐러리맨이 있다고 하자. 애가 둘 딸린 이 샐러리맨이 아무리 허리띠를 졸라매도 2천만 원 넘게 저축하기는 어렵다. 부가가치세가 세금을 포함한 상품 가격의 10%라고 가정하면 그는 소득의 60%를 소비하면서 연간 3백만 원을 세금으로 낸다. 이 세금은 연봉 5천만 원의 6%다. 소득세로 치면 그는 6%의 소득세율을 적용받은 셈이다.

펀드매니저는 씀씀이가 커서 연간 3억 원을 소비하고 나머지를 저축하거나 투자한다. 샐러리맨보다 열 배나 많이 소비하기 때문에 부가가치세도 열 배나 많은 3천만 원을 내게 된다. 그런데 3천만 원은 연봉 10억 원의 3%에 불과하다. 소득세로 치면 연봉이 스무 배나 많은 펀드매니저가 연봉 5천만 원 짜리 샐러리맨보다 훨씬 낮은 세율을 적용받는 결과가 된다. 누진소득세가 정의로운 것인지에 대해서 논란의 여지가 있다고 인정하더라도 소득이 낮을수록 높은 세율을 적용하는 역진세가 정의롭다고 말할 만큼 배짱이 좋은 사람은 아무도 없다.

자, 이제 결론을 내리자. 공정한 조세분담이라는 당위적 요구에 비추어보면 소득세가 제일 낫다. 조세 징수의 효율성을 기준으로 보면 부가가치세 같은 간접세가 낫다. 우리나라에서는 간접세 의존도가 매우 높다. 가난한 사람들이 상대적으로 더 많은 세금을 낸다는 이야기다. 따라서 조세정의 실현을 위해서는 간접세 비중을 낮추고 소득세 비중을 올려야 한다고 주장할 수 있다. 하지만 이건 어디까지나 이론적으로 그렇다는 이야기다. 자영업자의 소득 파악률이 30%에도 미치지 못하는 상황에서 소득세 비중을 높이게 되면 조세정의가 실현될까? 그렇기도 하고 아니기도 하다.

부자들에게 더 큰 부담이 간다는 건 분명하다. 하지만 그건 어디까지나 정직하거나 멍청해서 소득을 숨기지 못하는 부자나 그렇다. 소득을 숨기는 데 성공한 부자는 지금보다 더 큰 이득을 볼 것이다. 자영업자의 소득 파악률을 획기적으로 올리지 못한다면, 소득세의 비중 증가가 곧 조세정의 실현을 의미하는 건 아니라는 것이다. 이론을 공부한 자가 이런 소리를 하는 게 마음 아프긴 하지만, 어쩌겠는가. 현실이 그런 것을!

국가채무, 어떻게 볼 것인가

누구나 살다보면 빚을 질 수 있다. 무언가 일이 꼬이는 바람에 그 빚을 제때 갚을 수 없게 되는 일도 흔하다. 이럴 경우 채무자는 봉급을 차압당할 수도 있고, 심하면 살던 집과 살림살이를 채권자에게 빼앗기고 거리에 나앉게 된다. 아이들을 제대로 먹이고 재우고 학교에 보낼 수 없고, 평소 금실이 좋지 않은 부부들은 등을 돌려 갈라서고, 절망에 빠진 사람들은 서울역 지하도의 노숙자 대열에 섞여들거나 스스로 목숨을 끊기도 한다. 채무자가 개인이 아니라 법인인 경우 그 회사는 남의 손에 넘어가거나 문을 닫게 된다. 졸지에 일자리를 잃어버린 종업원들은 새로운 일자리를 찾을 때까지 허리띠를 졸라매야 한다. 세상에 빚만큼 무서운 건 그리 많지 않다.

개인이나 기업만 빚을 지는 건 아니다. 국가도 빚을 진다. 이것이 국가채무다. 여기서 국가란 중앙정부뿐만 아니라 특별시, 광역시, 도 정부와 시·군·구 기초자치단체를 모두 포함한다. 1997년 외환위기가 터진 후 부실한 금융기관과 기업을 정리하고 실업자를 돌보는 과정에서 우리는 국가채무가 눈덩이처럼 불어나는 것을 목격했다. 그러니 이런 의문과 걱정이 따르는 게 당연하다. 개인이나 기업이 빚에 짓눌려 파산하는 것처럼 국가도 빚을 갚지 못해 파산하는 것은 아닐까? 결론부터 말하자. 그 채무의 성격에 따라 그럴 수도 있고 아닐 수도 있다. 만약 채권자가 외국기업이나 정부라면 국가부도 사태가 일어날 수 있다. 하지만 그런 경우를 제외하면 국가가 파산할 위험성은 전혀 없다. 2001년 현재 상황을 볼 때 대한민국이 국가채무 때문에 부도를 낼지 모른다는 걱정은 한마디로 쓸데없는 걱정이다.

그러면 우리나라의 국가채무는 구체적으로 어떤 것일까? 우선 재정경제부의 설명을 보면 2000년도 말 현재 국가채무 총액은 100조 9,416억 원으로 전년도 말 현재액 89조 7,146억 원보다 11조 2,270억 원(12.5%)이 증가하였다. 국채가 전체 국가채무의 75.6%를 차지하고 있어 정부의 가장 중요한 차입수단 역할을 하고 있으며, 차입금과 국고채무부담행위가 각각 21.7%, 2.7%를 차지하고 있다. 한편, 채무보증액은 74조 5,654억 원으로 전년대비 6조 9,392억 원이 감소하였다.

〈표 6〉 국가채무 개요 (단위 억원)

구분	1999년 말	2000년 말
차입금 국내차입금 해외차입금	213,862 24,433 189,429	219,066 19,007 200,059
국채	658,060	763,252
국고채무부담행위	25,224	27,098
합계	897,146	1,009,416
채무보증	815,046	745,654

(자료 : 재정경제부)

약간의 보충설명이 필요할 것 같다. 우선 국내차입금은 한국은행과 수출보험기금 등 공공기금에서 직접 빌려온 돈이고 해외차입금은 밖에서 빌려온 차관인데, 그 액수는 크지 않아 별 문제가 없다. 66조 원이나 되는 국채는 주로 국고채권과 국민주택채권, 외국환 평형기금채권 등이다. 해마다 새로 발행하고 만기가 된 채권을 상환하는 과정을 반복하는데 불경기로 재정 형편이 좋지 않아 신규 발행액이 상환액보다 많은 게 문제다.

국고채무부담행위는 다음 회계연도 이후에 돈을 지불하는 계약을 미리 맺는 경우에 발생한다. 이런 계약은 예산과는 별도로 그런 행위를 할 연도, 상환연도, 채무부담금액을 표시해서 국회 의결을 받아야 한다. 미래의 어느 시점에서 반드시 이행해야 할 계약이기 때문에 국고채무부담행위는 국가채무에 속한다. 여기까지가 국가채무라는 건 논란이 없다. 문제는 맨 아래 채무보증부터 시작된다.

국가의 채무보증은 기업과 금융기관 등 민간 채무에 대해서 정부가 원리금 상환을 보증해 준 데서 발생한다. 이것은 주로 금융기관 구조조정에 투입한 이른바 공적자금을 조성하는 과정에서 발생했다. 국가가 직접 채무부담을 진 것은 아니기 때문에 재정경제부는 이것을 국가채무 통계에서 제외하려고 한다. 그러나 기업과 금융 구조조정에 투입한 공적자금을 제대로 회수하지 못할 경우 일부가 국가채무로 전환된다는 것은 자명한 사실이다. 국가채무에 비판적인 야당과 언론은 그밖에도 드러나지 않는 국가채무가 국가의 직접채무보다 더 많다는 주장을 편다. 대표적인 것이 2001년 11월 23일부터 중앙일보가 보도한 '위기의 재정' 시리즈다.

중앙일보 경제연구소가 "수십 명의 관계전문가들에게 자문을 구한" 끝에 작성한 국가채무 현황은 몇 가지 면에서 재정경제부의 주장과 현저하게 다르다.

〈표 7〉 우리나라 재정에 부담 줄 요인들

구분	재정부담 규모(조원)	비고
직접채무	119.7	차입금, 국채 등
공적자금	142.1	공적자금 159조 원에 중립적 회수율 적용
공무원연금	70.2	적립기금 부족분
군인연금	8.9	
국민연금	127.2	
건강보험	5.1(2006년)	
국민기초생활보장법상 최저생계비 보전비용	3.4(2002년)	
공기업 채무	101.4	금융기관 이외 공기업과 출자기관 채무
남북경협비용	0.5(2002년)	남북경협기금 출연금

(자료 : 중앙일보 경제연구소)

　　이렇게 계산하면 2002년 말 현재 국가채무는 약 400조 원. 한 해 국가예산의 4배, 국민총생산의 80%나 된다.

　　빚은 호랑이보다 무섭다고 하는데 도대체 어쩌자고 이렇게 나라빚을 쌓는 것일까. 이것이 과연 국가재정의 파국을 초래할 무서운 일인가? 400조 원이라는 천문학적 숫자의 위세가 사람을 주눅들게 만든다. 그러나 따지고 보면 그렇게 호들갑을 떨 일은 아니다. 우선 원론적으로 말해서 빚지는 게 무조건 나쁜 일은 아니기 때문이다. 개인이나 기업도 그렇지만 국가는 때로 세금보다는 빚을 내서 일해야 하며, 일부러 그렇게 해야 할 경우도 있다. 어떤 경우일까?

　　첫째, 수익이 생기는 투자가 그렇다. 이건 개인이나 국가나 다를 바 없다. 개인이 빚을 얻어서 사치를 즐긴다면 문제지만 돈벌이가 되는 곳에 투자를 해서 그 수익으로 원리금을 갚을 수 있다면 괜찮다. 국가도 수익이 나는 사업의 투자재원을 차입해도 된다. 예컨대 도시 지역의 상수도나 열병합발전소가 그렇다. 물론 금방 수익이 나는 사업은 대부분 민간기업의 몫이기 때문에 이런 사례가 그리 흔한 건 아니다.

둘째, 미래세대가 혜택을 보는 사업은 빚으로 해도 된다. 학교와 대학, 교통망 등의 이른바 인프라를 세금으로만 만들 경우 부담은 지금 세금을 내는 세대가 지고 혜택은 다음 세대가 주로 누리게 된다. 이건 분명 불공평하다. 이런 사업은 투자 재원을 부분적으로 차입해야 다음 세대도 납세자가 되어 원리금 상환 부담을 나누어 가지게 된다. 보기에 따라서는 북한을 지원하는 비용도 이렇게 할 수 있다. 남북의 평화공존 또는 통일은 민족적 과제다. 북한이 식량난과 전력 부족을 견뎌내고 인프라를 건설하도록 돕고, 그 과정에서 한반도에 평화를 정착시키는 데는 돈이 든다. 그 돈을 현재 세대에게만 부담하도록 하는 것은 세대간 형평성에 어긋난다. 평화와 통일의 혜택은 다음 세대도 함께 누리기 때문이다. 지금의 어려운 경제사정을 근거로 한 소위 '북한 퍼주기' 비난은 단견과 무지의 소치다. 돈이 모자라면 빚을 내서라도 하는 것이 옳다.

셋째, 사회적 통합을 유지하는 비용도 빚을 낼 수 있다. 예컨대 한국전쟁 참전 희생자나 민주화운동 희생자들을 돌보는 사업이 그렇다. 이런 분들은 우리 사회의 존립과 민주적 기본질서를 세우는 일을 하느라 피해를 당했다. 이 피해를 보상하는 것은 지금 세대뿐만 아니라 대한민국에서 태어나고 살아갈 미래세대도 함께 참여해야 할 의무다. 이런 사업은 특별회계를 편성해서 운영하되 다음 세대도 원리금 상환에 참여할 수 있도록 필요한 재원의 일부를 차입해도 된다.

국가채무를 정당화하는 논리는 이 세 가지말고 또 있다. 불황을 극복하기 위해서는 정부가 빚을 얻어도 된다. 정부는 여러 가지 거시경제 목표를 추구한다. 높은 고용수준, 물가안정, 국제수지 균형, 적절한 성장률 등이 그 목표들이다. 어느 시점에서 총수요가 부족한 탓으로 성장률이 둔화되고 실업률이 높아졌다고 하자. 정부는 여러 가지 정책수단을 동원할 수 있다.

첫째는 감세정책이다. 민간가계의 가저분소득을 늘려 소비수요를 확대하려면 근로소득세율을 내리는 게 좋다. 기업의 투자수요를 증진하려면 법인세율을 내리거나 투자액수에 비례해서 세액을 깎아줄 수 있다. 둘째는 재정지출을 확대하는 정책이다. 병원을 짓거나 도로를 새로 뚫는 데 정부가 돈을 지출하면 직접 총수요를 확대할 수 있다. 이런 것은 이론적·경험적으로 효과가 입증된 정책이다.

그런데 문제는 이렇게 할 경우 재정적자가 난다는 것이다. 불경기에는 기업의 단기순이익이 줄어들고 실업자가 늘어나기 때문에 조세수입이 줄어들게 마련이다. 이런 판국에 또 감세를 하고 재정지출을 확대한다면 큰 적자가 날 수밖에 없다. 적자를 메우려면 정부는 국공채를 발행해서 차입을 해야 한다. 차입 그 자체가 바람직한 일은 아니지만 이런 경우 국가부채가 증가하는 것은 불가피하고 또 정당한 일이기도 하다. 국가채무 증가가 무섭다고 불경기를 그대로 방치하다가는 더 큰 낭패를 볼 수도 있기 때문이다.

아주 운이 좋은 경우에는 불경기에 대처하기 위해 차입한 국가채무가 저절로 없어지기도 한다. 감세와 재정지출 확대로 총수요가 늘어나 경기가 반전되면 기업은 더 많은 수익을 올리고 취업자의 수도 늘어나고 경제성장률이 높아진다. 그러면 납세자의 수와 소득이 올라가 조세수입이 저절로 늘어난다. 만약 조세수입이 차입금만큼 늘어난다면 그걸로 빚을 갚으면 된다. 이것을 경제학자들은 '부채(負

債)의 역설'이라고 하는데, 이런 행복한 상황이 벌어지는 경우는 매우 드물지만 아주 배제하기도 어렵다.

정부가 재정적자와 그것을 메우기 위한 신규 차입을 두려워해서는 안 된다. 정반대 상황을 생각해 보자. 불경기에는 조세수입이 줄어든다. 지출을 줄이지 않으면 재정적자가 나게 마련이다. 그러니 빚을 얻지 않으려면 세율을 올리거나 지출을 줄이거나 두 가지를 동시에 해야 한다. 불경기에 세율을 올릴 수는 없는 노릇이라 할 수 없이 재정지출을 줄여 적자를 없앤다고 하자. 그러면 '부채의 역설'이 정반대의 모습으로 나타난다.

정부지출을 줄이면 그렇지 않아도 부족한 총수요가 더 줄어든다. 기업은 생산량을 줄이고 종업원을 해고한다. 실업자가 늘어나면 조세수입은 더욱더 줄어들고 실업 대책 등 재정지출 압박은 더욱 커진다. 지출을 줄여도 재정적자는 계속되고, 빚을 내지 않으려면 재정지출을 다시 더 줄여야 한다. 처음부터 빚을 얻어 경기부양책을 쓰는 경우보다 상황은 훨씬 더 악화되고 재정적자는 적자대로 점점 늘어나는 악순환에 빠지게 되는 것이다.

지금까지 살펴본 대로 국가채무는 그 자체로 비난해야 할 사회악은 아니다. 그런데도 왜 정치인과 언론은 국가채무의 증가를 두고 나라가 곧 망할 것처럼 비난을 해대는 것일까. 부분적으로는 무지와 오해 때문이며, 더 크게는 정치적 동기 때문이다.

우선 무지와 오해부터 살펴보자. 경제학을 전혀 모르는 사람들은 개인이 빚 때문에 파산하듯 국가도 파산할지 모른다는 걱정을 한다. 하지만 이건 그야말로 기우(杞憂)에 불과하다. 빚을 질 수 있다는 점에서는 개인이나 국가나 마찬가지이지만 국가가 빚 때문에 파산하는 일은 있을 수 없다. 국가는 조세징수권을 보유하고 있기 때문이다. 다시 말해서 국가채무의 원리금 상환에 쓸 돈이 부족하면 세금을 더 걷으면 된다는 이야기다. 국가채무를 갚는 것은 종국적으로 세금을 내는 국민들이다. 국가가 발행한 국공채를 외국인이 아니라 우리 국민들이 가지고 있는 한, 국가채무는 곧 우리 국민이 자기 자신에게 진 빚인 것이다. 자기 자신에게 빌려준 돈 때문에 자기가 파산할 리는 만무한 것이다.

앞으로 태어날 아이들을 걱정하는 사려 깊은 이들은 현재 세대가 미래세대에게 원리금 상환부담을 떠넘긴다는 이유로 국가채무의 증가를 비판한다. 그럴듯한 주장이다. 하지만 한 걸음만 더 생각을 진전시켜보면 그리 설득력이 크지 않은 견해임을 알 수 있다. 미래세대에게 남겨지는 것은 국가채무의 원리금 상환 부담만이 아니다. 국가채무가 승계되는 것과 마찬가지로 채권 역시 상속된다. 유가증권을 들고 무덤 속으로 들어가는 사람은 없다. 결국 국가채무의 원리금을 상환하는 것도 미래세대요 그것을 받아 챙기는 것 역시 미래세대인 것이다.

여기서 잠깐, 외채(外債) 문제를 짚고 넘어가자. 국가가 외국에 빚을 진 경우, 국가부도 사태가 올 수 있다. 국가의 대외채무에는 여러 종류가 있다. 우선 국가가 직접 외국 금융기관이나 국제금융기구에서 돈을 꾸는 경우가 있다. 우리는 산업화 초기인 70년대에 이런 방법으로 투자재원을 마련했다. 하지만 이젠 모두 옛이야기에 불과하다. 오늘날에는 비상사태가 아니고는 이런 종류의 국가채무는 찾아보기 어렵다. 1997년 말 IMF에서 받은 긴급구제금융이 바로 이런 것이었지만, 2001년에 잔액을 조기 상환함으로써 다 끝난 일이 되었다.

IMF사태를 불러온 것은 국가채무가 아니다. 재벌과 금융기관 등 민간기업이 외국 금융기관에서 얻어 쓴 빚이 원인이었다. 기업들이 대외채무를 갚지 못하게 되자 한국경제에 대한 국제적 신뢰가 무너졌고, 그래서 한국 돈의 가치가 순식간에 반 토막이 나면서 외환위기가 닥친 것이다. 정부가 나서서 IMF 구제금융을 받은 것은 이런 사태를 민간기업 스스로는 해결할 수 없었기 때문이고, 그대로 방치하면 국민경제 전체가 주저앉았을 것이기 때문이다. 이런 일은 앞으로 또 일어날 수 있다. 하지만 한 가지, 앞으로 문제가 되는 것은 민간의 대외채무이지 국가채무가 아니라는 점은 잊지 말아야 할 것이다.

물론 국가채무의 일부가 외채일 수는 있다. 자본 시장이 개방되어 있기 때문이다. 대한민국 정부가 발행한 국채를 외국인이 매입하는 데는 별다른 장애물이 없다. 한국인이 그걸 샀다가 외국인에게 팔 수도 있다. 마찬가지 방식으로 한국인이 미국이나 독일의 국공채를 매입할 수도 있다. 이런 식으로 발생한 국가의 대외채무가 얼마나 되는지는 정확하게 파악하기 어렵다. 그러나 어떤 경우도 그것이 달러 표시 채권이 아닌 한 그 때문에 국가 부도가 날 이유는 없다. 우리 정부는 우리 돈으로 이자와 원금을 지급하기 때문에 그 채권의 소유자가 외국인이든 한국인이든 상관할 바가 아닌 것이다.

경제 전문가들은 지금까지 이야기한 것과는 전혀 다른 맥락에서 국가채무를 문제삼는다. 첫째는 이른바 '구축효과'(驅逐效果, crowding-out effect)라는 부작용을 둘러싼 논쟁이고, 둘째는 국가부채의 한계 설정을 둘러싼 논란이다.

우선 '구축효과'를 살펴보자. 투자자의 입장에서 보면 국공채는 여러 유가증권의 한 형태에 불과하다. 그들은 민간기업이 발행한 회사채나 주식과 정부가 발행한 국공채 가운데 어느 것이든 살 수 있다. 국공채는 회사채에 비해 수익률이 떨어지지만 국가 자체가 망하지 않는 한 절대 부도가 나지 않는다는 장점이 있다. 회사채나 주식을 발행해서 투자비용을 조달하려는 기업의 입장에서 보면 국공채는 강력한 경쟁상대인 것이다.

정부의 차입 확대는 자본 시장의 수요 확대를 의미한다. 특별한 사정이 없는 한 이자율은 올라갈 것이다. 이자율이 올라가면 기업은 당연히 투자를 줄이게 된다. 정부가 빚으로 재정지출을 늘려 총수요를 증가시키지만, 그 때문에 자금을 조달하기가 어려워짐으로써 민간기업의 투자수요가 줄어들게 된다는 것, 이것을 경제학자들은 '구축효과'라고 한다. 여기서 문제는 '구축효과'의 크기다. 어떤 학자들은 '구축효과'가 재정지출 확대로 인한 총수요 증가를 완전히 상쇄할 만큼 크다고 주장하는 반면, 다른 학자들은 불경기에는 별로 걱정할 필요가 없을 만큼 미미하다고 주장한다. 하지만 이것이 차입을 통해서 재정지출을 확대할 때 필연적으로 수반되는 부작용이라는 것을 부정하는 경제학자는 없다.

다음 문제는 국가채무의 한계에 관한 것이다. 국가채무를 정당화하는 근거는 이미 말한 것처럼 여럿 있지만 정부가 무한정 빚을 얻어 쓸 수는 없는 일이다. 도대체 어느 정도까지 국가채무를 용납할 수 있는 것일까? 앞서 수익이 생기는 투자는 빚을 내서 해도 된다는 점을 지적한 바 있다. 이걸 달리 표현하면 국민경제의 인프라를 건설하고 공기업을 세우고 사람을 교육함으로써 사회의 인적 자본을 축적하는 데 들어가는 비용, 즉 공공투자비용에 상응하는 액수만큼은 해마다 신규 차입을 해도 괜찮다는 말이 된다. 정부지출 가운데 어디에서 어디까지를 공공투자로 잡느냐를 둘러싼 갑론을박은 있지만 이런 원칙에 대해서는 큰 논란이 없다.

그런데 경제학자들이 관심을 가진 것은 물론 법률적 한계가 아니라 경제적 한계다. 국가채무의 경제적 한계란 국민경제가 감당할 수 있는 국가채무의 수준을 가리킨다. 이 의문에 대한 답을 찾으려면 우선 국가채무의 수준을 나타내는 지표(指標)가 있어야 한다. 그래서 경제학자들은 여러 가지 아이디어를 냈다.

가장 손쉽게 생각할 수 있는 지표는 국가채무의 절대액수다. 우리 언론은 '나라 빚'의 심각성을 보도할 때 이 지표를 즐겨 쓴다. 하지만 이것이 적절한 지표가 될 수 없다는 것은 길게 설명할 필요조차 없다. 가난한 노동자에게는 1천만 원이 엄청난 빚이 되지만 억대 연봉을 받는 펀드매니저에게는 아무 문제도 아닌 것처럼, 국민총생산의 규모가 나라마다 다르고 시간에 따라 달라지는 상황에서 국가채무의 절대액수는 규범적 평가를 위한 지표로는 쓸 수가 없는 것이다.

그래서 나온 지표가 국민총생산 대비 국가채무의 비율이다. 이 지표는 무척 쓸 만하다. 국민총생산이 증가하면 국가채무를 감당할 능력도 증가한다는 사실을 반영하기 때문이다. 이 비율이 높아지는 것은 좋지 않은 신호로 해석할 수 있다. 그런데 이 지표가 상승하는 것을 어디까지 참아줄 수 있을까? 이론적인 해답은 없다. 다만 실제 산업선진국들이 용납하는 비율을 참고할 수 있을 뿐이다. 예컨대 유럽연합은 유러화 통화동맹 가입 조건으로 국가채무율 60%를 내걸었다. 이것이 적정하다는 증거는 물론 없다. 개인과 비교해서 말하면 이는 연봉 1억 원을 버는 사람이 6천만 원의 빚을 안고 살아가는 상황이다. 이 빚이 너무 많은지 아닌지 판단은 각자의 취향에 달렸다.

그런데 이 지표 역시 완벽하지는 않다. 왜 빚을 졌는지, 어디에 썼는지, 언제 생긴 빚인지, 단기채무인지 장기채무인지, 실제로 국민경제에 어느 정도 부담을 주는지를 알려주는 정보가 없기 때문이다. 무언가 함께 참고할 수 있는 보조 지표가 필요하다. 이러한 보조 지표로는 두 가지를 들 수 있다. 하나는 신규차입액을 국민총생산이나 정부지출 총액으로 나눈 것이다. 이 비율이 높으면 최근의 국가재정 상황이 좋지 않다는 것을 의미한다. 국가채무가 많아도 이 비율이 낮으면 상황이 개선되어 가는 중임을 알 수 있다. 또 하나는 국가채무의 이자를 갚는 데 들어가는 돈의 액수를 국민총생산이나 정부지출 총액으로 나눈 비율이다. 이 비율이 높으면 국가재정이 심한 압박을 받고 있다는 것을 의미한다. 정부가 세금을 거둬서, 또는 새로 빚을 내서 기존의 국가채무 이자를 갚느라 허덕이고 있고, 그래서 적극적인 공공투자 사업이나 복지사업을 할 수가 없다는 이야기다. 나라마다 차이가 있기는 하지만 유럽연합 15개 회원국 가운데 정부지출 총액 대비 국가채무 이자지급액의 비율이 10%에 미달하는 나라는 거의 없다. 독일처럼 상대적으로 건실한 나라도 2000년 현재 15% 수준이나.

아래 〈표 8〉에서 보듯 한국의 국가채무는 아직 그리 심각한 수준이 아니다. 물론 이 통계는 IMF 기준에 따라 직접채무만을 국가채무로 인정한 것이다. IMF는 "국가가 상환의무를 지고 상환금액을 예측할 수 있는 경우"를 국가채무로 본다. 기업 금융 구조조정에 들어간 공적자금이 적어도 부분적으로 국가채무가 될 가능성을 고려하면 한국의 국가채무는 이 통계보다는 심각한 것이 사실이다. 하지만 재정파탄에 대한 국민적 공포감을 야기할 정도라고 보기에는 무리가 있다.

〈표 8〉 **국가채무 국제비교** (1998년 기준, 단위 %)

나라	일본	프랑스	독일	미국	영국	한국
국가채무/GDP	116.8	59.4	61.2	61.9	52.4	20

(자료 : IMF World Economic Outlook, 99.5)

국가채무 문제는 국제적인 관심사가 된 지 오래다. 그래서 IMF와 OECD에서는 국가채무의 경제적 한계에 관한 지표를 개발했다. 요즘 유행하는 '지속 가능성'(sustainability) 개념에 입각한 지표다. 이 지표를 통해서 알아보려고 하는 것은 각국의 국가채무가 장기적·지속적으로 감당해 낼 만한 수준인지 여부다.

이 지표는 독자들께서 매우 낯설어 할 개념을 여러 개 알아야 그 산출 과정을 설명할 수 있기 때문에 여기서는 기본적인 아이디어만을 소개하기로 한다. 대충 이런 것이다. 2001년 12월 말 시점에서 대한민국은 일정 액수의 국가채무를 지고 있다. 한국정부는 2002년 이후 계속해서 이 채무에 따르는 이자를 지불해야 하며 해마다 새로 빚을 얻을 것이다. 아무도 미래를 정확하게 예측할 수는 없지만 경제학자와 통계학자들이 창조한 여러 가지 예측모델을 동원해서 두 가지를 예측해 본다. 첫째, 한국정부가 앞으로 해마다 거둬들일 수입 가운데 새로 차입하는 부분을 제외한 액수를 계산한다. 조세수입과 국공영기업의 수익금 따위가 그 내용이 될 것이다. 둘째, 한국정부가 앞으로 해마다 지출할 돈 가운데 국가채무 이자로 나가는 부분을 제외한 액수를 산출한다.

우리가 이 두 가지를 예측한다고 하자. 그러면 정부가 해마다 남길 수 있는 돈의 액수도 나온다. 한국이 현재의 국가채무를 지속적으로 감당해 내려면 신규 차입금과 이자지불액을 제외한 국가재정이 일단 흑자를 내야 하며, 흑자의 규모가 커야 한다. 어느 정도 커야 할까? 미래에 해마다 거두게 될 순수한 재정흑자를 2001년 12월 현재의 가치로 환산해서 합한 액수가 현재의 국가채무보다 많아야 한다. 무척 복잡한 이야기 같지만, 개인의 경우와 비교하면 아주 간단하게 이해할 수 있다.

현재 1억 원의 부채를 지고 있는 개인이 그 빚을 더 늘리지 않고 살아가려면 어떻게 해야 할까? 자기가 일단 이자를 제외하고 해마다 지출하는 돈보다 더 많은 수입을 올려야 한다. 그리고 해마다 남는 차액을 현재 가치로 환산해서 합친 것이 1억 원보다 많으면 그 사람은 이자를 문제없이 갚으면서 살아갈 수 있다. 물론 개인은 죽기 전에 원금을 갚아야 하기 때문에 자식에게 빚을 상속시키지 않고 저 세상으로 가려면 좀더 많은 돈을 벌어야 한다. 하지만 국가는 개인과 달리 죽지 않는다. 설혹 언젠가 남의 나라 침략을 받아 망하는 수도 있겠지만 그런 가정을 하고 살림을 꾸리는 정부는 지구상에 없다.

IMF와 OECD의 '지속 가능성' 지표는 미래를 예측할 능력을 요구한다는 점에서 정확한 지표가 될 수도 없고 그 현실성도 떨어진다. 하지만 이것이 내포한 경제정책적 의미는 명백하다. 국가채무가 국민경제에 주는 부담은 채무의 절대 액수가 클수록, 그리고 이자율이 높을수록 커진다. 국민경제가 국가채무를 감당할 수 있는 능력은 경제성장률이 높을수록 커진다. 경제성장률이 이자율보다 훨씬 높다면 국가채무가 많아도 크게 걱정할 일이 아니다. 하지만 그렇지 못한 상황이라면, 특히 성장률이 이자율을 초과하기 어려운 상황이라면 빚을 갚기 위해 계속해서 새로 빚을 내야 하는 처지에 빠져 국가채무가 눈덩이처럼 불어날 가능성이 크다. 한국경제가 앞으로 과거처럼 높은 성장을 이룰 수 없다는 사실을 인정한다면 다른 길이 없다. 국가채무를 줄이기 위해 억울하지만 현재의 납세자들이 더 많은 희생을 치러야 하는 것이다.

이제 마무리 삼아 2000년 4월 제16대 국회의원 총선을 앞두고 야당이 제기했던 국가채무 논쟁의 정치적 성격을 따져보자. 국가채무를 가구수로 나누어 뽑은 액수를 들이대며 온 국민이 다 빚을 지고 있는 것처럼 분노와 공포감을 조성했지만, IMF 차입금을 제외하면 대부분의 국가부채를 국내에서 조달했다는 사실, 따라서 그 어마어마한 나라 빚의 채권자 역시 우리 국민이라는 사실을 주목한 언론사와 정치인은 별로 없었다. 이것이 정치적 동기에 입각한 선동임은 총선이 끝나고 나자 국가채무에 관한 논란과 보도가 슬그머니 자취를 감춘 데서 그대로 드러난다. 같은 이유에서 이 논란은 2002년 대통령선거를 앞두고 다시 불붙게 될 것이다.

국가채무는 매우 중요한 문제이다. 100조 원에서 400조 원에 걸쳐 저마다 다른 수치를 들이대지만, 어쨌든 사람을 겁에 질리게 만들기에 충분한 규모다. 하지만 겁먹을 이유는 별로 없다. 경제학에 대한 대중의 무지를 악용하는 정치적 선동에 휘둘리면 자기만 손해다. 대한민국은 해마다 생기는 국민소득이 국가채무보다 훨씬 많은 나라다. 게다가 대부분의 국가채무는 결국 우리 국민이 자기 자신에게 빌린 돈이다. 자기 자신에게 꾼 돈의 액수가 너무 크다고 경기를 일으키는 것은 어린 아이에게나 어울리는 행동이 아닐까?

국가의 실패와 이익단체 정치

사람 사는 세상에 완벽한 것은 없다. 시장이 완벽하지 않다는 것은 이미 살펴보았다. 시장은 외부효과와 자연독점이 나타나는 영역에서는 아예 출현하지도 않거나 출현해도 제 역할을 하지 못한다. 세상이 불완전한 것은 무엇보다 인간 그 자체가 불완전한 탓이다. 경제학의 세계에서 개인은 완벽하게 합리적이지만 현실의 개인은 그렇지 않다. 현실의 개인은 위험에 대한 인지능력 부족과 과소평가, 오늘의 즐거움에 대한 과도한 집착 때문에 잠재적인 위험에 적절하게 대응하지 못한다. 불완전한 개인과 불완전한 시장이 어우러져 우리의 경제생활이 곳곳에서 파열음을 빚어내는 것은 바로 그 때문이다.

개인과 시장이 스스로 문제를 해결할 수 없다면, 국가가 개입하는 것은 당연한 일이다. 그렇다면 '보이지 않는 손'이 지배하는 시장에서 발생한 문제를 '국가의 보이는 손'이 해결할 수 있을까? 결론부터 말하면, '어느 정도'는 그렇다. 물론 그 '어느 정도'가 만족할 만한 수준인지 여부는 보는 사람의 판단에 달려 있다. 하지만 분명한 것은 하나 있다. 국가 역시 개인이나 시장과 마찬가지로 실패할 수 있으며 또 실패하고 있다는 사실이다. 국가 역시 불완전한 개인들이 만들고 운영하는 것이기 때문이다.

국가는 추상적인 개념이다. 실제로 존재하는 것은 추상적인 국가가 아니라 그것을 운영하는 사람들과 그들이 만든 제도일 뿐이다. 그런데 국가를 경영하는 사람들은 오로지 공동선에만 봉사하는 성인군자가 아니라 자신만의 고유한 이상과 이해관계를 가진, 예의 그 문제 많은 개인에 불과하다. 그들이 내리는 의사결정을 지배하는 것은 공동선을 향한 의지만이 아니다. 다음 선거에서도 승리를 거두려는 열망, 자기 자신과 자기가 속한 집단의 권력을 키우려는 욕구, 이해관계를 함께하거나 달리하는 이해집단의 압력, 이런 것들이 크고 작은 영향을 미친다. 심지어는 오로지 공동선에만 봉사하려고 하는 경우에조차도, 무엇이 진정한 공동선이며 그것을 실현하기 위해서 어떤 방법을 선택하는 것이 가장 효과적인지를 정확하게 규정하고 판단할 수 없는 일이 많다. 그래서 국가 역시 실패의 위험을 벗어날 수 없는 것이다.

이론적으로 보자면 국가의 실패는 예정되어 있다. 여기서 실패란 국가가 사회의 요구와 동떨어진 경제정책적 의사결정을 하거나, 그 요구를 실현하는 데 기여할 수 없는 정책수단을 선택하는 것을 의미한다. 국가의 역할 가운데 가장 중요한 공공재 공급을 보면 사태는 자명해진다. 국가는 국민들이 어떤 공공재를 얼마나 많이 공급해 주기를 원하는지, 또 그 대가로 얼마나 많은 돈을 지불할 의사가 있는지 있는 그대로 파악할 수 없다. 대표적인 공공재인 치안 서비스를 예로 들자.

국민들은 누구나 자기 집에 도둑이나 강도가 들지 않기를 원한다. 다 자란 딸이 밤늦게 들어와도 걱정할 필요가 없을 만큼 치안이 완벽하기를 바란다. 하지만 시장은 이런 서비스를 제공하지 않는다. 물론 민간경비업체를 시켜 감시카메라와 경보시스템을 설치해서 자기 집을 지킬 수는 있다. 경호원을 고용해 24시간 안전을 보장받을 수는 있다. 하지만 이런 것은 돈이 엄청나게 많이 들 뿐만 아니라 사회 전체가 무정부 상태에 있는 상황이라면 효과도 크지 않다. 누군가 나서서 경찰을 창설할 수도 있겠지만, 남들이 모두 공짜로 그 혜택을 보게 될 것이기 때문에 자기 재산을 털어서 그런 일을 할 바보 또는 성인군자는 아무도 없다. 그래서 국가가 나서서 그 책임을 맡는다. 그런데 문제는 여기에 엄청난 돈이 든다는 것이다. 그리고 그 돈을 치러야 하는 것은 궁극적으로 치안 서비스 소비자인 국민이다.

국가는 어느 정도의 치안 서비스를 제공해야 하는 것일까? 경제 이론에 비추어보면 간단하다. 치안 서비스의 한계비용이 시장가격과 같아지는 지점에서 공급량을 정하면 된다. 그런데 치안 서비스에는 시장가격이라는 것이 없다. 그래서 경제학자들은 가격 대신 소비자의 지불의사라는 개념을 도입했다. 특정한 양과 질의 치안 서비스에 대해서 국민들이 어느 정도의 돈을 지불할 의사가 있는지를 따져본다는 말이다. 그러나 이것은 이론적으로는 그럴듯하지만 실제로 집행할 수는 없는 방안이다. 국민 개개인을 대상으로 이것을 조사하는 데는 천문학적인 액수의 비용이 든다. 게다가 실제로 그렇게 한다고 해도 국민들은 치안 서비스에 대한 지불의사를 정직하게 밝히지 않기 때문에 헛돈을 쓰는 셈이 된다.

다시 말하지만 시장이 치안 서비스를 제공할 수 없는 것은 그것이 외부효과를 가지기 때문이다. 누군가 돈을 대서 거리의 질서를 잡으면 다른 사람은 공짜로 그 혜택을 본다. 그리고 누구나 이런 사실을 알고 있다. 국가가 치안 서비스에 대한 지불의사를 물어올 경우 언제나 자기의 이익을 극대화하는 데 관심이 있는 합리적 개인들은 다른 사람들이 솔직하게 답변하는지 여부와 무관하게 실제 지불의사보다 적은 액수를 쓸 것이다. 남들이 비용을 대고 자기는 거기 편승해 가는 이른바 무임승차(free rider)를 노리는 것이다. 국가는 국민들의 지불의사를 정확하게 파악할 수 없다.

사정이 이렇기 때문에 국가는 스스로 치안 서비스의 질과 양을 결정할 수밖에 없다. 이때 의사결정권을 행사하는 주체는 추상적인 국가가 아니라 국가권력을 행사하는 사람들이다. 민주주의 사회에서 이 사람들은 선거라는 집단적 의사결정을 통해 선출된다. 권력을 다투는 정당과 후보들은 치안예산이나 정책에 대해서도 때로 서로 다른 공약을 내걸고 경쟁한다. 강력한 치안질서 확립을 남들보다 강하게 주장하는 후보를 당선시킴으로써 국민들은 치안 서비스 공급과 관련된 의사결정에 영향을 미칠 수는 있다. 하지만 선거의 영향력은 매우 제한적이다. 정부와 집권당은 어떤 종류의 치안 서비스를 어디에 얼마만큼 공급하느냐에 대해 사실상 전권을 행사하기 때문이다.

공공재의 공급과 관련하여 가장 중요한 역할을 하는 것은 관료집단이다. 우리나라 대통령은 5년마다 바뀐다. 장관은 길어야 한두 해가 고작이다. 그러나 관료들은 몇십 년씩 한 곳에서 근무한다. 대통령과 장관은 관료들의 도움 없이는 아무 것도 할 수 없다. 그들은 그 분야의 전문지식과 경험과 정보를 독점하고 있다. 그런데 대통령과 장관들이 그런 것처럼 관료들 역시 국리민복만이 아니라 자기네의 개인적·집단적 이익에 관심을 두고 그것을 극대화하기 위해 전력투구하는 합리적 개인들이다.

이기적 개인인 관료들이 일차적으로 관심을 가지는 것은 국리민복의 극대화가 아니라 권력의 극대화다. 자기가 속한 부서나 기관의 권력을 극대화해야 자기가 개인적으로 행사할 수 있는 권력도 극대화할 수 있다. 관료집단의 권력은 재정과 기구, 인력의 크기에 비례한다. 이런 것을 키우기 위해서는 그 집단이 하는 일이 국가의 번영과 사회의 안정을 위해 얼마나 중요한지를 국민에게 이해시키고 제한된 예산을 둘러싸고 경쟁하는 다른 관료집단을 눌러야 한다. 사회적 요구에 맞는 적정량의 공공재를 공급해야 한다는 경제원리는 별로 중요하지 않다.

다시 치안 서비스 문제를 보자. 흔히들 치안 서비스를 두 종류로 나눈다. 민생치안과 시국치안이다. 여기서 민생치안은 거리의 평화와 국민들의 일상생활을 위협하는 강도, 절도, 폭력, 사기, 성추행, 난폭운전 등 일반 형법이 규정한 범죄행위를 적발하고 예방하는 일을 가리킨다. 시국치안은 헌법과 법률에 위반되는, 구체적으로는 집회 및 시위에 관한 법률(집시법)과 국가보안법에 어긋나는 정치적 집회, 시위, 조직을 저지, 통제, 진압, 단속하는 일을 말한다. 국민들은 이 둘 모두를 필요로 한다. 하지만 둘 가운데 어느 쪽에 더 큰 비중을 두느냐는 것을 결정하는 것은 국민이 아니라 대통령과 장관, 그리고 국가정보원, 검찰, 경찰 등의 치안관료들이다.

박정희 정권 이래 약 30여 년 동안 한국을 지배한 것은 군사쿠데타, 부정선거 또는 '체육관선거'로 권력을 잡은 독재자들이었다. 그들은 반독재 민주화운동을 탄압하는 이른바 '시국치안'에 압도적인 비중을 부여했다. 이 분야에 종사한 관료들은 사실상 아무런 감시도 받지 않는 가운데 얼마인지도 알 수 없는 예산을 가져다 썼고, 간첩이 없으면 고문을 해서라도 사건을 만들어 상금을 타고 특진을 했다. 수지 김 사건에서 보듯 멀쩡한 아내를 죽여놓고도 북한 간첩이었다고 사기를 친 살인범을 국가안전기획부와 그 후신인 국가정보원은 무려 15년 동안이나 '보호'해 주었다. 중앙정보부와 그 후신인 안기부, 검찰 공안부와 경찰 대공수사팀의 고위 공무원들이 퇴임 후에 국회의원이나 장관을 하는 일도 다반사였다. 이러한 치안 서비스에 불만이 있다 해도 국민들은 말을 할 자유가 없었다.

1987년 6월민주항쟁 이후 진행된 민주화는 시국치안 서비스 수요의 현저한 감소를 불러왔다. 치안정책의 중심이 민생치안으로 옮겨간다는 것은 시국치안을 전담했던 공안기관의 축소를 의미한다. 이것은 공안관료들의 권력 축소를 의미하며 예산과 인원과 기구의 감축, 즉 공안기관의 구조조정으로 연결될 수밖에 없다. 이기적 개인인 공안관료들이 그냥 앉아서 당할 리가 만무한 일이다. 정체가 불분명한 할머니 간첩 사건으로 재야인사들을 줄줄이 구속하고 평양 만경대 방명록에 적은 글귀 하나를 빌미로 정부의 허가를 받고 북한을 방문한 사람들을 무더기로 잡아넣는 식의 침소봉대와 호들갑은 그들의 전통적인 생존전략이다. 대한민국 김대중 대통령과 조선민주주의인민공화국 김정일 국방위원장이 악수와 포옹을 나누고 함께 샴페인을 터뜨린 뒤로도 국가정보원의 국내정치 개입 축소를 제외하면 별다른 공안기관 구조조정이 없었다는 사실은 공안관료들의 생존전략이 어느 정도 성공했다는 것을 의미한다. 결국 치안 서비스 공급을 결정하는 것은 관료집단의 권력 극대화 전략일 뿐, 국민들이 이러한 의사결정에 영향을 미칠 여지는 존재하지 않는 것이다.

관료집단이 국민들의 의사와는 무관하게 불필요한 또는 과다한 공공재를 공급하는 사례는 시국치안 서비스말고도 곳곳에 널려 있다. 몇 가지 예를 들어보자. 2001년 9월 정부는 쌀 수요의 지속적인 감소와 WTO 규정에 따른 쌀 수입의 불가피성을 이유로 전통적인 쌀 증산정책 포기를 공개적으로 검토하기 시작했다. 전국 각지에서 농민들은 논을 갈아엎으며 항의시위를 벌였다. 그런데 정말로 이해할 수 없는 일은 쌀 증산정책을 포기해야 한다는 전문연구기관의 보고서 결론을 이미 알고 있으면서도, 농림부와 농업기반공사가 전라북도의 개펄을 몽땅 논으로 바꾸는 새만금 사업을 밀어붙였다는 사실이다. 한편으로는 증산정책을 포기하면서 동시에 다른 한편으로는 쌀 증산을 명분으로 멀쩡한 개펄을 없애버리는 사업을 추진하는 행태를 어떻게 설명해야 좋을까? 조직과 인원과 예산의 극대화를 추구하는 농림부와 농업기반공사 관료들의 '합리적 선택'이라는 것말고는 다른 설명이 있을 수 없다.

2001년 봄 반세기 만의 왕가뭄이 덮쳤다. 그러자 건설교통부와 수자원공사는 동강댐 건설 백지화 이후 서랍 속에 넣어두었던 중소형댐 건설 빙침을 재빠르게 들고 나왔다. 그 며칠 후 장마비가 넉넉하게 내리는 바람에 김이 좀 빠지기는 했지만 건설교통부는 지리산 주변을 포함하여 전국적으로 10여 곳이 넘는 중소형 댐을 추진한다는 입장을 굽히지 않았다. 이미 오염될 대로 오염된 4대강의 수질을 개선하고, 기업과 가정의 물 사용량을 줄이고, 아까운 수돗물이 땅속으로 흘러나가게 만드는 낡은 수도관을 정비함으로써 물 수요를 줄이기보다는 자꾸만 댐을 만들어 공급을 확대하는 정책을 고집하는 이유가 도대체 무엇일까? 건설교통부와 수자원공사 관료들의 권력 극대화 전략말고는 달리 설명할 방법이 없다.

정치가와 관료들이 자기 자신의 이상과 이해관계에 입각해서 공공재 공급과 관련된 의사결정을 내리는 한 '국가의 보이는 손'과 시장의 '보이지 않는 손'의 우열을 논하는 것은 부질없는 짓이다. 부분적으로 실패하는 시장이라도 없는 것보다는 나은 것과 마찬가지로, 역시 부분적으로 실패하게 마련인 국가의 개입 역시 없는 것보다는 낫다는 논리로 마음을 달래는 수밖엔 없는 노릇이다.

국가의 실패가 관료집단만의 책임인 건 결코 아니다. 이른바 이익집단의 압력도 한몫을 한다. 소비자와 노동자, 기업 등 모든 경제주체는 이익단체를 만들어 국가 정책을 유리한 쪽으로 끌어갈 수 있다. 우리는 수많은 이익단체를 알고 있으며, 국민들은 대부분 적어도 한두 군데씩은 이런 저런 이익단체에 속해 있다. 전경련,

경총, 무역협회, 중소기업협동중앙회, 상공회의소…, 이런 것들은 기업과 기업인들의 이익단체다. 의사협회, 변호사협회, 약사회, 요식업중앙회…, 이런 낯익은 이름들은 소규모 자영업자들의 이익단체와 관련이 있다. 한국노총, 민주노총, 전교조, 공무원직장협의회, 농협, 농민회 등은 경제활동 인구의 다수를 차지하는 노동자와 농어민들이 만든 이익집단이다. 사학법인연합회나 사립대학총장협의회와 같은 학교법인과 대학운영자들의 모임도 있다.

이익단체의 활동 그 자체를 나쁘게 볼 이유는 없다. 정부의 경제정책에 대한 나름의 집단적 요구를 분명하게 제시하고 그것을 실현하기 위해 함께 노력하는 것은 합헌적이고도 자연스러운 일이다. 문제는 국가가 어떤 집단의 요구는 특별히 존중하면서 다른 집단의 요구는 무시하는 경향이 있다는 점이다. 이렇게 되면 국가의 경제정책은 국민들의 실제적 요구와는 크게 동떨어진 쪽으로 간다. 대통령이나 장관, 관료들이 심보가 고약하거나 뇌물을 좋아해서 그런 게 아니다. 세상사가 흔히 그렇듯 이 경우에도 원래부터 그렇게 되게끔 구조가 짜여져 있기 때문에 그렇다.

이익단체는 본질적으로 하나의 경제 현상이다. 이익단체를 만들어 운영하는 데는 비용이 든다. 회원이 되려면 돈을 내야 하고 모임에 참가하려면 시간을 내야 한다. 단체의 임원이나 간부가 되면 개인적으로 더 큰 비용을 치러야 한다. 그런데도 이익단체에 참여하는 것은 그렇게 해서 확보한 집단적 편익 가운데 일부를 개인적 이익으로 챙길 수 있기 때문이다. 이렇게 보면 이익단체가 출현하는 데 어떤 조건이 필요한지는 분명해진다. 조직을 만들고 운영하는 데 들어가는 비용이 적을수록 이익단체를 만들기가 쉽다. 이해관계를 함께 하는 사람이 적을수록 유리하다는 이야기다. 그리고 챙길 수 있는 개인적 이익이 클수록 참여하는 사람도 많고 참여도 활발하다. 아주 많은 사람들이 조금씩 이익을 얻는 문제에 대해서 사람들은 별로 관심이 없다. 그런 정도 개인적 이익 때문에 번거로운 활동을 할 필요는 없기 때문이다. 반면 적은 수의 사람들이 큰 이익을 얻는 문제가 있으면 강력한 이익단체가 생긴다. 그들에게는 이것이 사활이 걸린 사안이기 때문이다.

이런 점을 고려하면 국가 정책이 어떤 집단의 이익을 주로 고려하는지는 어렵지 않게 알 수 있다. 첫째 소수의 이익은 다수의 이익보나 조직하기 쉽다. 둘째 생산자의 이익은 소비자의 이익보다 조직하기 쉽다. 이 말은 우리의 일상적 경험과 일치한다. 이익단체 가운데 가장 유명하고 영향력이 강한 것은 전경련과 경총, 무역협회, 상공회의소, 중소기업협동중앙회 같은 기업인 조직과 변호사협회, 의사협회 등 전문직업인들의 사업자단체다. 이런 단체는 회원 자격을 갖춘 사람이 상대적으로 적고 정부 정책에 영향력을 행사함으로써 얻는 집단적·개별적 이익이 매우 크다. 예컨대 기업활동에 대한 규제 완화, 수출기업 및 중소기업에 대한 금융지원 강화, 법정노동시간 단축 유예 등을 관철할 때 회원들이 얻는 이익은 화폐 액수로 정확하게 추산할 수 있을 정도로 분명하다.

변호사협회와 의사협회는 사법시험 합격자 정원과 의과대학 입학 정원을 확대하는 것을 필사적으로 저지하려고 한다. 말이 되기도 하고 안 되기도 하는 갖가지 반대 이유를 내세우지만 결정적으로 중요한 것은 그 동기다. 정원 확대는 곧 변호사와 의사 수의 증가를 의미한다. 경쟁자의 수가 늘어나면 경쟁이 더 치열해지고 자칫하면 자기의 소득이 줄어들 수 있기 때문에, 이미 사법고시와 의사시험을 통과한 사람들의 모임인 이들 단체는 사력을 다해 이런 사태를 저지해 온 것이다.

소비자단체나 납세자단체, 환경보호단체 등 불특정 다수의 권익을 옹호하는 조직은 보통 NGO라고 일컬어진다. 이런 단체는 사실상 온 국민의 이익을 대변한다고 할 수 있지만 회원으로 가입하거나 후원금을 내는 사람은 별로 많지 않다. 거기 참가함으로써 개인적으로 챙길 수 있는 이익이 그리 크지 않기 때문이다.

이익단체의 가장 중요한 활동은 로비다. 로비는 해당 이익단체의 주장을 받아들이는 것이 정당하고 사회 전체의 이익을 도모하는 길임을 확신하도록 정책결정권을 가진 정치가와 관료들을 설득하는 작업이다. 이익단체는 면담, 간담회, 공청회, 언론플레이 등 조용하게 할 수 있는 로비수단을 모두 동원해도 성과가 없을 때는 집회, 시위 등 시끄럽지만 합법적인 방법도 쓴다. 결정적으로 중요한 이익이 걸린 문제가 등장할 경우에는 2000년 여름 의사협회가 그랬던 것처럼 불법적인 투쟁수단까지도 마다하지 않는다. 호화 룸살롱 접대나 뇌물 제공 같은 범법행위가 수반되는 경우도 없지 않다. 여기에 따르는 현실적·잠재적 비용이 그 결과 얻을 수 있는 이익을 초과하지 않는 한 이익단체의 로비활동은 경제적으로 합리적인 행동이라 할 수 있다. 그러나 이것은 사회 전체로 볼 때 국가 정책이 국민 일반의 요구를 균형 있게 반영하지 못하게 함으로써 이른바 '국가의 실패'를 심화시킨다.

관료들이 완벽한 공익의 수호자이고 또 이익단체가 정부에 아무 영향력이 없다면 국가의 경제정책적 의사결정에는 문제가 없는 것일까? 그렇지 않다. 소위 시간 지체(time lag)와 정책수단의 정치적 오남용이라는 해묵은 골칫거리가 해결되지 않은 채 남아 있는 한 그렇게 말할 수는 없다.

재정경제부는 국민경제의 안정적 성장을 원한다. 그래서 한 달, 석 달, 여섯 달, 1년을 주기로 각종 경제지표의 동향을 면밀하게 관찰하면서 대책을 세우고 집행한다. 그런데 이 모든 일에는 시간이 필요하다. 어떤 이유에서인지 기업이 설비투자를 줄이고 민간가계가 소비지출을 줄이는 현상이 일어났다고 하자. 우선 재경부가 이런 현상이 진행 중이라는 것을 인지하는 데는 많든 적든 시간이 걸린다. 이것이 내버려두어도 될 일시적인 현상인지 아니면 불황으로 들어가는 불길한 조짐인지를 판단하는 데도 시간이 걸린다. 정치가와 관료들은 대학교수와 국책연구소의 정책전문가들과 함께 원인을 분석하고 향후 동향을 점검한다.

재경부가 이것이 뚜렷한 불황 조짐이라는 판단을 내리고 민간 소비지출 확대를 위한 감세안(減稅案)과 기업의 투자 활성화를 도모하기 위한 금융지원책을 마련했다고 하자. 재경부는 이런 정책의 실시 여부를 집권당과 상의하는 당정협의를 가져야 하고 한국은행과 산업자원부를 비롯한 다른 경제부처들과도 정책조율을 해야 한다. 정부여당이 이러한 경기부양책에 합의했다고 하더라도 국회 의결이 필요하기 때문에 야당과도 협상을 벌여야 한다. 한마디로 의사결정에 시간이 걸리는 것이다.

모든 의사결정 절차가 마무리되어 정부가 감세안과 기업의 설비투자 촉진을 위한 금융지원책을 발표하고 집행한 이후에도 시간 지체 문제는 여전히 남는다. 세금 인하가 가계의 가처분 소득을 증가시켜 소비지출의 확대로 이어지는 데도 시간이 걸리고 기업이 새로운 정책에 대응해서 새로운 투자 계획을 세우고 집행하는 데 또 시간이 걸리기 때문이다.

여러 단계에 걸친 시간 지체 때문에 정부의 경기부양책은 전혀 원하지 않은 역효과를 낼 수 있다. 어떤 이유 때문이든 그 사이에 한국경제가 호황으로 돌아설 수도 있기 때문이다. 예컨대 미국과 유럽연합의 경기가 예상치 못한 정도로 호전되어 우리의 수출 수요가 정부가 인지했던 민간가계의 소비수요 감소를 만회하고 남을 만큼 급격하게 증가했고 그로 인해 기업이 대규모 설비투자에 나섰다고 하자. 그럴 경우 정부가 불황 조짐에 대처하기 위해서 실시한 경기부양책은 경기과열과 물가인상 같은 불청객을 불러들이는 실패한 정책으로 끝날 수도 있다. 시간

지체로 인한 정책 실패의 가능성은 경제정책의 모든 영역에 상존하고 있는 것이다.

경기순환을 선거전의 무기로 사용하는 정략이 개입하면 문제는 더욱 심각해진다. 모든 민주주의 국가에서 경제문제는 선거전의 가장 중요한 이슈 가운데 하나다. 1997년 말 터진 외환위기는 최초의 여야 정권교체를 불러온 중요한 원인 가운데 하나였다. 집권세력은 중요한 선거가 임박한 시점에서 국민경제가 호경기를 맞거나, 최소한 불황에서 회복하는 단계에 올라서기를 원한다. 4년이나 5년 주기로 대통령 선거를 하는 나라라면, 집권당은 집권 초기에는 세금 인상과 긴축재정과 같은 이른바 '인기 없는 정책'을 채택한다. 그리고 집권 후반기에는 세금을 인하하고 재정지출을 확대한다. 국민들이 중요한 선거를 앞두고 경제가 점점 좋아지고 있다는 인식을 갖게 만들려는 것이다. 보수적인 정당이든 진보적인 정당이든 모든 집권당이 이러한 정책의 유혹을 받으며 대부분은 그 유혹에 굴복한다. 만약 이러한 정책이 제대로 효과를 낸다면 그 국민경제는 4년 또는 5년 주기의 정치적 경기순환 싸이클을 가지게 될 것이다.

경기변동, 특히 급격한 경기악화를 반기는 사람은 거의 없다. 그러나 자본주의 시장경제의 탄생과 함께 시작된 이 고질병을 피하거나 치유하는 데 성공한 국민경제도 아직은 없다. 경기변동을 사회적인 악(惡)으로 간주할 경우, 시장 시스템의 내재적 오류에서 나온 것이든 정치가들의 야망에서 나온 것이든 다를 바 없는 것이다.

이제 결론을 짓자. 시장의 '보이지 않는 손'이 해결하지 못하는 많은 문제들이 있다. 국가의 '보이는 주먹'이 이런 문제들을 말끔하게 해결하리라는 기대는 근거 없는 환상에 불과하다. 국가는 시장의 실패가 야기하는 문제를, 운이 아주 좋은 경우에도 어느 정도 완화할 수 있을 따름이다. 국가의 잘못된 개입이 시장의 실패를 더 악화시키는 경우도 물론 배제할 수 없다. 이것은 근본적으로 경제학이 과학이라고 하기에는 원시적인 수준에 머물러 있기 때문이다.

이건 내 생각이 아니다. 지난 세기 전환기의 가장 뛰어난 경제학자로 널리 인정받고 있는 폴 크루그먼이 한 말이니 독자들께서는 믿으셔도 된다. 그는 『경제학의 향연』 서론에서 이런 취지의 좋은 말씀을 하셨다.

경제학이 원시과학임은 말할 나위도 없다. 19세기 말 20세기 초의 의학과 비슷하다. 당시 의학교수들은 인간의 신체기관과 작용에 관한 수많은 정보를 축적했고, 이를 토대로 질병을 예방하는 데 매우 쓸모 있는 충고를 해줄 수 있었다. 하지만 정작 병에 걸린 환자는 제대로 치료할 줄 몰랐다. 경제학이 이것과 똑같지는 않지만 크게 다르지도 않다. 경제학자는 경제가 어떻게 돌아가는지 대단히 많이 알고 있지만 … 치료할 수 없는 게 많다. 무엇보다도 가난한 나라를 부유하게 만드는 방법을 모른다. 경제성장의 마법이 사라진 것처럼 보일 때 그것을 회복하는 법도 모른다.

크루그먼의 말은 여러 가지 의미를 지닌다. 그 중에 국가의 경제정책적 권능과 관련하여 비교적 분명한 메시지는 이런 것이다. 자기가 대통령이 되기만 하면 온 국민을 부자로 만들어주고 빈부격차와 불황을 비롯한 온갖 경제적인 악을 제거할 것처럼 큰소리치는 정치가를 믿지 말라. 무식한 돌팔이가 아니면 말만 번지르르한 사기꾼이 틀림없으니까.

지역주의 정치경제학

세상에는 닮은꼴이 많다. 전혀 다른 영역에 속하기 때문에 별로 닮은 점이 있을 것 같지 않는 경우에도 묘하게 닮은 모양들이 있다. 민주주의와 시장경제도 그 가운데 하나다.

그런데 우리나라에서 이 둘은 다 역사가 별로 깊지 않다. 박정희가 수출주도형 경제개발 전략을 본격적으로 집행한 1960년대 후반 이후 전두환 정권이 몰락한 1987년까지 한국은 개발독재의 지배 아래 있었다. 세계 역사상 유례를 찾아보기 어려울 정도로 급속한 경제성장을 이룩했지만 한국경제는 제대로 된 시장경제가 아니었다. 주력산업의 선정, 투자재원의 조달과 배분, 심지어는 노동자들의 임금 수준과 식료품 가격에 이르기까지 정부가 모든 중요한 사항을 계획하고 집행하고 감독했기 때문이다.

민주주의도 마찬가지였다. 우리나라에서 민주적 정치 과정이 시작된 것은, 6월항쟁으로 체육관 선거를 폐지하고 국민들이 직접 대통령을 뽑게 된 1987년 이후였다. 벌써 여러 차례 대통령이 바뀌었고 국회의원도 선거 때마다 무던히도 많이 바꾸었다. 하지만 정치는 변함없이 '비생산적'·'소모적'·'파당적'이고 무능력하다는 비난을 받고 있다. 일이 이렇게 된 데는 정치인들의 책임이 크겠지만 나는 유권자의 책임 역시 그에 못지 않다고 생각한다. 시장에서는 소비자가 왕이듯, 정치에서는 유권자가 왕이다. 만약 그 왕이 왕 노릇을 제대로 하지 못한다면 정치가 엉망이 되는 것은 너무나 자연스러운 일이 아니겠는가?

여기서 특히 문제가 되는 것은 유권자의 지역주의적 투표행태다. 우리 유권자들은 지역주의 정당이 공급하는 불량 후보들까지 거의 무조건 수용함으로써 생산적 정치가 이루어질 가능성을 원천적으로 봉쇄하고 있다. 이제 서로 닮은꼴인 시장과 정치를 비교해 봄으로써 지역주의가 정치에 폐해를 미치는 메커니즘을 분명하게 진단해 보기로 하자.

시장에서는 같은 종류의 상품을 공급하는 복수의 기업들이 소비자의 선택을 받으려고 경쟁한다. 돈을 벌기 위해서다. 소비자들은 마음에 드는 상품을 가지는 대가로 화폐를 지불한다. 헌법과 법률은 영업의 자유와 자유로운 시장 진출입을 보장하기 때문에 누구나 기업을 설립해서 시장 경쟁에 뛰어들 수 있다. 기업은 공정한 경쟁을 통해 소비자의 선택을 받아야 한다. 이를 위해 법률은 경쟁을 인위적으로 제한하거나 부정한 방법으로 경쟁하는 행위를 금지하고 있으며, 공정거래위원회와 사법당국은 이러한 행위를 감시하고 규칙 위반자에게 징벌을 내림으로써 시장의 공정경쟁질서를 유지한다. 많은 소비자의 호감을 사는 기업은 돈을 벌어 사세를 확장하게 되고, 그렇지 못한 기업은 문을 닫거나 경쟁자에게 합병당함으로써 시장에서 사라진다. 여기서 최종적 선택권을 보유한 것은 소비자이기 때문에, 경제학자들은 이것을 '소비자 주권'이라고 한다.

정치에서는 제한된 공직을 놓고 서로 다른 정책과 후보를 제시하는 복수의 정당들이 유권자의 선택을 받으려고 경쟁한다. 권력을 차지하기 위해서다. 유권자들은 마음에 드는 정당과 후보자에게 표를 던진다. 헌법과 법률은 정치활동의 자유와 자유로운 정당 결성을 보장하기 때문에 누구나 정당을 만들어 선거에 뛰어들수 있다. 정당은 공정한 경쟁을 통해 유권자의 선택을 받아야 한다. 이를 위해 법률은 경쟁을 인위적으로 제한하거나 부정한 방법으로 경쟁하는 행위를 금지하고있으며, 선거관리위원회와 사법당국은 이러한 행위를 감시하고 규칙 위반자에게 징벌을 내림으로써 정치의 공정경쟁질서를 유지한다. 많은 유권자의 호감을 사는 정당은 많은 후보를 당선시켜 권력을 장악하게 되고, 그렇지 못한 정당은 법률에따라 해산하거나 별 의미 없는 존재로 전락하고 만다. 여기서 최종적 선택권을 보유한 것은 유권자이기 때문에, 정치학자들은 이것을 '주권재민' 또는 '인민주권'이라고 한다.

물론 시장과 정치 사이에는 커다란 차이가 있다. 첫째, 정치에서는 모든 유권자가 오로지 한 표씩만 행사하지만 시장에서는 돈이 많은 사람은 그만큼 많은 투표권을 행사한다. 민주주의는 평등한 원리에 근거를 두고 있지만 시장은 재산권의 원리에 의거하기 때문이다. 둘째, 정치에서 유권자는 자기가 누구에게 표를 던졌든관계 없이 다수결의 원리에 따라 뽑힌 정부와 공직자를 받아들여야 한다. 따라서다른 사람의 선택이 나의 복지에 영향을 미친다. 하지만 시장에서는 각자 자기가선택한 상품을 자기 혼자 사용하기 때문에 다른 사람의 선택은 나의 복지와 무관하다. 그러나 이런 내용상의 차이에도 불구하고 시장과 정치는 같은 구조를 가진 닮은꼴임에 분명하다. 그런데 같은 것이 구조만은 아니다. 작동원리도 비슷하다.

시장을 작동시키는 힘은 소비자의 호의를 차지하기 위해 공급자들이 벌이는경쟁이다. 기업은 소비자들이 원하는 새로운 상품을 창조한다. 이미 있는 상품은 품질을 높인다. 새로운 생산공정과 유통기법을 창안함으로써 비용을 줄여 같은 품질의 상품이라도 더 싸게 공급한다. 이것이 이른바 '혁신 경쟁'(innovative competition)이다. 여기서 우위를 차지한 기업은 경쟁자들이 필적할 만한 혁신을 이룰 때까지 시장을 지배하면서 많은 이윤을 얻게 된다. 그런데 이들이 겁내는 것은 경쟁자들의 혁신만이 아니다. 혁신은 모방을 부르게 마련이고, 경쟁자들이 모방에 성공하는 경우 혁신이 가져다준 경쟁력은 급속하게 사라지고 만다. 이것이 바로 '모방 경쟁'(imitative competition)이다. 먼저 혁신한 경쟁자를 모방하면서 오리지널보다 더 나은 것을 만들 수도 있다. 이른바 '창조적 모방'(innovative imitation)이다.

이런 종류의 경쟁은 주변에서 손쉽게 찾아볼 수 있다. 콜라와 사이다 등 탄산음료가 지배하던 음료 시장에서 식혜가 돌풍을 일으킨 적이 있다. 가정에서 만들어 먹던 식혜를 캔에 담아낸 것은 상품혁신이었다. 캔식혜를 처음 개발한 업체는 한동안 호황을 누렸다. 하지만 경쟁자들이 이것을 모방하는 데는 그리 긴 시간이 필요하지 않았다. 이름도 맛도 비슷비슷한 캔식혜가 진열대를 채우면서 혁신기업의 독점이윤은 눈 녹듯 사라져버렸다. 혁신의 효과가 사라지는 데 걸리는 시간이 짧으면 짧을수록 그 시장에서는 경쟁이 치열하다고 할 수 있다.

순한 소주 시장에서 일어난 일도 똑같은 혁신과 모방의 경쟁이었다. 최초로 출시된 순한 소주는 혁신상품이었다. 그러나 소비자들은 이제 알콜 함유도를 낮춘 최초의 소주가 어느 것이었는지 기억하지 못한다. 소주의 이름이 다르고, 꿀이나 녹차 따위의 첨가물이 다르고, 광고에 나오는 배우가 다르기는 하지만, 순한 소주 시장은 사실상 품질에서 별 차이가 없는 복수의 경쟁상품으로 넘쳐나게 되었다.

시장은 혁신과 모방, 창조적 모방이 뒤섞인 경쟁의 와중에서 끊임없이 활력을 얻는다. 정치도 그와 다르지 않다. 정치를 작동시키는 힘은 유권자의 호의를 둘러싸고 정당들이 벌이는 경쟁이다. 정당은 유권자들이 원하는 새로운 정책을 창조한다. 이미 있는 정책은 내용을 개선하고 선거가 있을 때마다 새로운 인물을 선보인다. 이것은 '혁신 경쟁'이다. 여기서 우위를 차지한 정당은 경쟁자들이 필적할 만한 혁신을 이룰 때까지 정국을 주도하면서 자기의 권력을 확대한다. 하지만 '모방 경쟁'과 '창조적 모방' 때문에 혁신의 효과는 오래 가지 못한다..

2001년 4.13 국회의원 선거 당시 '젊은 피 수혈'을 먼저 내세운 것은 민주당이었다. 이것은 정치인의 세대교체라는 혁신적 선거전술이었다. 하지만 한나라당이 이른바 '386 영입 경쟁'에 뛰어들자 민주당은 혁신의 효과를 독점할 수 없게 되었다. 이런 종류의 경쟁은 민주주의가 잘 발달한 선진국에서 더 분명하게 찾아볼 수 있다.

1998년 독일 연방의회 선거에서 사회민주당은 헬무트 콜이 이끈 기민당의 장기집권을 종식시켰다. 독일 역사상 최초로 사민당과 녹색당의 신구(新舊) 좌파연정을 탄생시킴으로써 무려 16년 만의 정권교체를 이룩한 중심인물은 연방총리로 취임한 게르하르트 슈뢰더(G. Schröder)였다. 슈뢰더는 1990년대 사민당 지도자 가운데 가장 높은 국민적 인기를 누렸다. 그런데 그런 그가 정작 사민당 안에서는 별 인기가 없었다. 사회민주주의 전통 노선을 따르지 않았기 때문이었다. 예컨대 슈뢰더는 기자들에게 "사회민주주의적 경제정책과 보수적 경제정책을 구별하는 것은 이제 의미가 없으며 오직 현대적(modern)인 정책과 그렇지 않은 정책의 차이가 있을 뿐"이라고 말했다가 정통 사민주의자들의 격렬한 비난을 받은 적도 있었다. 그는 '신중도'(Neue Mitte) 노선을 통해 보수적인 유권자의 일부를 끌어들임으로써 사민당의 집권을 실현했다. '신중도' 노선은 사민당의 전통적인 정책에 노동시장의 유연화와 독일 산업의 국제경쟁력 강화 등 보수당의 정책을 끌어다 붙인 것이었다. '제3의 길'과 '신노동당'(new-labor)을 내세운 영국 노동당의 토니 블레어가 보수당의 장기집권을 종식시킨 데 이어 재집권에 성공한 것도 같은 맥락에서 해석할 수 있는 일이다.

그렇다면 왜 정당들은 경쟁자들의 정책을 모방하는 것일까? 대답은 자명하다. 기업들이 경쟁회사 제품의 장점을 모방하는 것과 같은 이유 때문이다. 기업이 자기 고객을 경쟁자에게 빼앗기지 않고 경쟁사의 고객을 빼앗아오기 위해서는 스스로 혁신하는 동시에 경쟁자의 혁신을 재빨리 모방해야 하는 것처럼, 정당도 고정 지지층을 지키면서 충성심이 약한 상대 정당의 지지자를 빼앗기 위해 전통적인 노선 위에 다른 당의 정책을 모방해 결합시키는 것이다.

과거 냉전시대에는 좌익과 우익 사이의 이데올로기적 대립이 첨예했다. 전통 노선을 벗어나는 것은 흔히 이념적 배신으로 비난받았다. 이 때문에 정당들이 다른 정당의 정책을 흉내내기가 어려웠다. 하지만 소련과 동유럽 사회주의 블록이 무너지고 국제적 냉전이 막을 내리자 개별 국가 내부의 좌우 이데올로기 대립도 크게 누그러졌다. 경쟁자의 정책을 모방하는 데 대한 당원들의 이념적 반발도 따라서 약화되었다. 정당 지도부의 정책적 운신 폭이 넓어지자 좌우 정당들은 정책 면에서 점점 더 비슷해져 갔다. 이런 추세가 계속된다면 좌우 정당들은 당의 이름과 지도자의 성격을 빼면 별로 다를 것이 없을 정도로 수렴할지도 모른다.

상품 시장에서 혁신과 모방 경쟁이 일어나는 것은 수요의 이동성이 있기 때문이다. 오늘 A기업이 만든 세제를 구입하는 소비자가 내일도 똑같은 것을 사리라는 보장은 없다. 다른 기업에서 표백기능을 첨가한 신제품을 내놓거나, 분량을 절반만 넣어도 빨래가 더 잘되는 세제를 출시할 경우, A기업의 제품을 구입하던 소비자들 가운데 상당수가 다른 회사 제품 쪽으로 이동해갈 것이다. 이럴 경우 A기업은 그에 필적할 만큼 새로운 장점을 가진 신제품을 만들거나 다른 기업 신제품을 모방함으로써 상황에 대응해야 한다. 그렇지 않으면 조만간 망하고 말 것이기 때문이다.

정치적 경쟁도 그와 다르지 않다. 정당 사이의 혁신과 모방 경쟁이 일어나는 원인은 '유권자 이동성'이다. 촐른회퍼(W. Zolnhöfer)라는 독일 경제학자에 따르면 유권자 이동성(Wählerbeweglichkeit)은 "여당 지지자 가운데 정부여당이 특정한 정책 실패를 저지를 경우 야당으로 돌아설 준비가 되어 있는 유권자의 비율"로 나타낼 수 있다. 여기서 정책 실패란 유권자가 기대하는 것과 정부여당이 실제로 이루어놓은 것 사이에 현저한 격차가 생기는 것을 의미한다.

물론 유권자라고 해서 다 똑같은 건 아니다. 사람에 따라 중요시하는 정책 분야가 다르고 똑같은 분야에 대해서도 이해관계와 사고방식이 다르다. 유권자들은 정부의 정책에 대해서 각자가 서로 다르게 반응한다. 예를 들어 정리해고를 법제화한 김대중 정부의 노동 시장정책은 민주노총 조직원을 비롯한 많은 노동자들이 등을 돌리게 만들었다. 하지만 지지자 가운데 기업을 경영하는 사람들은 그럴 이유가 없었다. 특검제와 고위공직자 인사청문회 도입 등 대통령 선거 공약을 부도어음으로 만들어버리는 것을 보고 지지를 철회한 유권자도 많았다. 하지만 자기 지역 출신 정치인이 대통령이 되는 데만 관심이 있었던 유권자에게는 이런 것이 문제될 리 없다.

한번 단골고객이 된 소비자가 영원히 고객으로 남아 있다면, 즉 '수요의 이동성'이 극히 미약하다면 기업은 매우 편안하게 장사를 할 수 있을 것이다. 그러나 수요자들이 상품의 품질과 디자인, 기능적 특성에 대단히 민감해서 '수요의 이동성'이 아주 높은 시장이라면 기업들은 소비자의 호의를 붙잡기 위해서 치열한 경쟁을 해야만 하고, 그 결과 소비자는 더 좋은 상품을 더 적은 돈을 주고 소비할 수 있게 된다.

'유권자 이동성'도 정당에 대해서 같은 영향을 미친다. 특정한 정책과 관련한 '유권자 이동성'이 크면 클수록 이 분야에서 유권자의 지지를 얻기 위한 정당간의 경쟁은 치열해지며, 정부는 좋은 정책을 펴야 한다는 압력을 그만큼 절박하게 느끼게 된다. 정부가 업적을 내야 한다는 압력을 더 강하게 느낄수록 더 효과적이고 바람직한 정책이 나올 개연성도 그만큼 높아진다.

그러나 '유권자 이동성'이 높다고 해서 반드시 바람직한 결과가 나오는 것은 아니다. '유권자 이동성'이 너무 높을 경우 정부는 단기성과에 집착한 나머지 사회적·경제적인 문제에 대해서 근본적이고 장기적인 대책을 세우기보다는 즉흥적이고 자의적인 '대중요법'에 매달릴 가능성이 높다. 물론 '유권자 이동성'이 너무 낮아도 좋지 않다. 정부가 효과적인 대책을 세울 여유를 가질 수는 있겠지만, 유권자들의 심기를 살필 필요가 없는 상황에서는 정부가 여러 이익집단의 로비에 휘말려 공공의 이익에 반하는 정책을 택하기 십상이기 때문이다. 결국 특정한 정책에 관련한 '유권자 이동성'이 너무 높지도 너무 낮지도 않은 적당한 수준일 때 정부는 좋은 정책을 펴는 데 필요한 동기와 여유를 동시에 가질 수 있다는 이야기가 되는 것이다.

이렇게 보면 한국정치가 국민의 지탄을 받으면서도 도무지 변화할 줄 모르고, 선거로 뽑은 대통령들이 집권 후반기로 가면서 거듭된 정책 실패로 망신을 당하는 이유를 비교적 분명하게 설명할 수 있다. 그것은 정책과 관련한 '유권자 이동성'이 매우 낮다는 사실 때문이다. 1987년 대통령 선거 이후 모든 중요한 선거에서 우리 유권자들은 자기 지역 출신 지도자가 이끄는 정당과 후보에게 몰표를 던지는 일을 반복했다. 정당의 정강정책을 들여다보는 유권자는 거의 없다. 후보의 능력, 도덕성 역시 따질 일이 아니었다. 쿠데타에 가담한 전력이 있는 전직 장군이든, 도박장 업주에게서 거액의 뇌물을 챙긴 전직 관료이든, 의사당에서 주먹을 휘두르고 날치기를 주동한 무뢰한이든, 지역 출신 지도자가 이끄는 정당의 후보라면 과거와 현재를 묻지 않고 대부분 당선시켰다.

단골고객들이 언제나 자기네 물건만 산다고 믿는 기업은 소비자를 무시하게 마련이다. 더 좋은 상품을 더 싼값에 공급하려는 노력을 할 리가 없다. 고정 지지층이 언제나 자기네를 지지해 줄 것이라고 믿는 정당과 정치인은 유권자를 무시하게 마련이다. 좋은 정책을 개발하는 일에 크게 신경을 쓸 이유가 없다. 돈을 받고 국회의원 후보를 공천하고 능력과 도덕성은 따지지 않고 총재에게 열심히 충성하는 사람을 공천해도 된다. 큰 잘못을 저지르는 경우에도 총재는 책임을 지지 않아도 된다. 찍어줄 사람은 어차피 찍어주게 되어 있으니까.

그렇다면 어째서 한국의 '유권자 이동성'은 그렇게 낮은 것일까? 도대체 어떤 요인이 '유권자 이동성'의 크기를 결정하는 것일까? 그 요인으로는 크게 보아 다음 세 가지를 꼽을 수 있다.

첫째는 특정 정당에 대한 선호와 귀속감이다. 전통적으로 우파 정당은 개인의 자유와 경제적 효율성을 강조하고 좌파 정당은 평등과 사회정의를 중시한다. 좌우 이데올로기 대립이 첨예한 사회에서 유권자들은 좌우 정당에 대해 이데올로기적으로 경직된 태도를 가지게 마련이다. 더욱이 많은 당원과 튼튼한 지역조직을 보유한 대중정당의 경우에는 유권자의 상당수가 정당과 이런 저런 연고관계를 지니고 있다. 이런 상황에서는 유권자들이 지지정당을 바꾸기가 쉽지 않다. '유권자 이동성'이 낮은 것이다. 극단적으로 말해서 대한민국 유권자 모두가 민주당, 한나라당, 자민련, 민주노동당의 당원이거나 적극적 지지자라고 가정할 경우 '유권자 유동성'은 0이 되어 정책 경쟁은 아예 발붙일 곳이 없을 것이다.

둘째는 정당들의 정책적 차별성이다. 경쟁하는 정당들이 크게 상반되는 정책을 추구하는 경우 어느 당이 승리하느냐가 유권자 개개인의 이익에 큰 영향을 미친다. 이런 경우 유권자 이동성은 높아진다. 그러나 주요 정당들이 비슷비슷한 정책을 표방할 경우에는 어느 정당이 이기든 별로 달라질 것이 없다. 유권자 이동성은 약해지며, 심지어는 아예 투표하기를 거부하거나 포기하는 유권자가 늘어난다.

셋째는 유권자의 정보 수준이다. 유권자들이 경쟁하는 정당들의 정강정책에 대해 큰 관심을 가질수록, 그 정책이 가져올 효과를 잘 알면 알수록 유권자 이동성은 높아진다. 정당 사이의 정책적 차별성이 큰 경우에도 유권자가 이런 사실을 알지 못하고 해석하지 못하면 별 의미가 없다. 유권자의 정보 수준을 결정하는 요소는 여러 가지가 있지만 언론보도의 질과 양이 결정적인 영향을 미친다.

정책과 관련한 우리나라 유권자의 이동성은 매우 낮다. 1987년 이후 치러진 대통령 선거와 국회의원 선거에서 정책이 핵심적인 선거쟁점으로 등장한 적이 없으며, 선거결과 역시 정책이 아니라 정당 지도자의 출신 지역에 따라 지역별로 현저한 격차를 보였다.

물론 특정 정당이 특정 지역에 확실한 기반을 가진다는 것 자체가 전적으로 부정적인 현상은 아니다. 우리나라 정당들은 이념으로 결속한 집단이 아니다. 민주주의 선진국의 정당들은 보수 또는 진보적 이념의 틀 위에 자리를 잡고 있다. 유권자들 가운데 상당수는 당원증을 대물림하거나, 어떤 경우에도 이념적 친화성이 있는 정당에 표를 던진다. 비록 여론의 지지를 받지 못하는 경우에도 정당이 망할 정도로 저조한 득표를 기록하는 경우는 없다. 따라서 자기네가 내세운 정책이 다수의 지지를 받지 못하는 때에도 패배를 각오하고 전통적인 노선을 고집한다. 여론의 향배에 따라 일희일비하면서 원칙 없이 이러저리 쏠리지 않는다는 이야기다. 그들이 이념적 원칙을 지킬 수 있는 것은 어느 정도의 고정 지지층이 있기 때문이다.

지역주의도 그런 역할을 할 수 있다. 지도자의 출신 지역에서 어느 정도 고정 지지층을 확보하면, 정당의 존속을 위협받지 않으면서 지역주의와는 무관하게 지지정당을 선택하는 유권자들을 구체적인 정책을 통해서 자기편으로 끌어들일 수 있다. 그러나 우리나라의 경우 지역주의가 잘못된 선거 제도와 결합하여 유권자 이동성을 극히 낮은 수준으로 떨어뜨림으로써 정당 사이의 혁신과 모방 경쟁의 가능성을 원천적으로 봉쇄하고 있다. 잘못된 선거 제도란 국회의원 소선거구제와 결선투표 없는 대통령 선거 제도를 말한다.

현행 소선거구제는 2위 이하 득표를 한 후보자에게 던진 표를 모두 죽은 표로 만들어버린다. 전국적으로 20%의 득표율을 올리는 정당이라 할지라도 어느 한 선거구에서도 1등을 배출하지 못하면 국회에 들어가지 못한다. 이런 제도 아래서는 전국적으로 고른 득표를 하는 것보다는 특정 지역에서 많은 득표를 하는 쪽이 유리하다. 그러니 정치인들이 정책을 개발하느라 골치를 썩이기보다는 원시적인 지역감정을 선동하는 쪽으로 머리를 굴리는 게 너무나 당연하다. 이 제도의 위력은 마산, 창원, 울산 등 노동자 밀집 지역에서조차도 노동운동에 매우 적대적인 민정당·민자당·신한국당·한나라당이 압승을 거둔 데서 분명하게 드러난다.

대통령 선거도 다르지 않다. 우리나라에서는 대통령이 되는 데 과반수 유권자의 지지를 받을 필요가 없다. 1등만 하면 된다. 그래서 인구가 많은 지역을 장악하는 것이 승리의 열쇠가 된다. 1997년 대선에서는 이인제 후보가 부산·경남에서 많은 득표를 함으로써 김대중 후보가 40% 남짓한 득표율로 요행히 당선되었다. 그러나 인구가 가장 많은 영남의 지역정서에 기대는 것이 가장 효과적인 선거전략으로 통하는 현실은 변함없이 계속되고 있다.

정책과 관련한 유권자의 이동성이 매우 낮다는 사실은 각종 여론조사에서도 매번 드러난다. 김대중 정권에 대해서 호남은 우호적이고 영남은 적대적이나. 대북정책, 노동정책, 인권정책, 언론정책 등 모든 영역에서 호남 유권자들은 다수가 찬성하고 영남 유권자는 다수가 반대한다. 물론 영남에서도 한나라당의 보수적 정책을 비판하는 유권자가 있고 호남에도 민주당의 정책을 너무 진보적이라고 비판하는 유권자가 있다. 그러나 지역주의에서 벗어나 정책을 보고 투표하는 유권자의 수는 정당과 정치인들이 지역감정 선동보다는 정책을 통한 승부를 택하게 하기에는 너무나 적다.

이런 사태의 책임이 정치인과 유권자 가운데 누구에게 있느냐를 따지는 것은 닭이 먼저냐 알이 먼저냐를 따지는 것과 마찬가지일 수 있다. 그러나 궁극적인 책임은 언제나 유권자에게 있다는 것이 내 생각이다. 지역주의 정치구도를 만든 책임이 정치인에게 있다 하더라도, 그것을 유지·강화하는 것이 정치인과 정당의 개인적·파당적 이익에 도움이 되는 상황에서는 정치인을 비난해 봐야 아무 소용이 없기 때문이다. 향토기업에 대한 애착이 남다르다고 해서 불량품을 비싼 값에 사주면 그 기업은 결국 경쟁력을 잃고 망하게 된다. 마찬가지로 출신 지역이 같은 정치지도자에 대한 애착이 남다르다고 해서 하는 일마다 선거 때마다 무조건 밀어주면 결국 정치도 멍들고 그 정치인도 패가망신하기 십상이다. 전직 대통령들의 비참하고 우스꽝스러운 정치적 말로를 보지 않았는가.

합리적 다수결은 없다

국가란 무엇인가? 철학자와 정치학자, 사회학자들은 오랜 세월 정답을 발견하려고 노력했다. 칼 마르크스와 같은 혁명가 철학자들은 국가를 마땅히 철폐해야 할 또는 언젠가 소멸하고 말 '계급 지배의 도구'로 간주했다. 하지만 그 반대편에는 국가를 신성한 존재로 보아 숭배의 대상으로 삼는 극우 국가주의자도 있다. 그렇다면 경제학자들에게 국가란 무엇일까? 대답은 의외로 간단하다. 국가는 공공재를 공급하는 하나의 경제주체에 불과하다.

시장은 개인이 배타적으로 소유하고 처분할 수 있는 사유재(私有財, private goods) 수요를 충족시키는 데 뛰어난 효율성을 발휘한다. 하지만 앞서 살펴본 대로 시장은 공공재(公共財, public goods)에 대한 사회적 수요를 충족시키는 데는 전적으로 무능하다. 사람들이 간절히 원하는데도 시장이 그것을 외면한다면 누군가 대신 일을 처리해야 한다. 그것이 바로 국가다. 국방과 치안 등 국가가 제공하는 공공서비스를 마르크스는 지배계급의 이익을 지키기 위한 폭력으로 규정했지만 경제학에서는 달리 본다. 극단적으로 말하면, 더할 나위 없이 난폭한 국가의 폭력

행사도 경제학의 관점에서 보면 어디까지나 공공서비스 공급 행위에 불과하다.

사유재에 관한 한 모든 개인은 나름의 결정을 내릴 권리가 있다. 예컨대 저녁 밥상에 무슨 반찬을 올릴지, 또는 어느 회사에서 만든 어떤 색의 구두를 살지 결정하는 일에서 남의 의견을 물어볼 필요는 없다. 다른 사람이 어떤 선택을 하든 나는 내 나름의 선택을 해도 된다. 하지만 공공재는 다르다. 일단 정부가 공공재의 종류와 공급량을 결정하면 국민들은 좋든 싫든 그것을 '소비' 해야 한다.

좀 고약한 사례이지만 이른바 '시국치안' (時局治安)을 생각해 보자. 박정희· 전두환 씨가 대통령으로 있던 시절 정부는 '시국치안 서비스' 를 그야말로 풍족하게 공급했다. 국가정보원의 전신(前身)인 중앙정보부와 안기부, 국군기무사의 전신인 보안사령부, 치안본부와 경찰청 등 공안기관들은 전국 각지에 분실을 두고 감시의 그물코를 촘촘하게 만들어 정부가 원하지 않는 목소리를 내는 사람들을 '색출' 하고 '박멸' 했다. 1980년대 중반에는 반상회를 열고 호구조사를 실시하면서까지 '지하에서 암약하는 반체제 세력' (지금 이들은 대부분 민주화운동 유공자로 인정받고 있지만)을 이 잡듯 추적했다. 이것도 어디까지나 공공서비스였다. 정부가 이런 서비스를 제공하면 국민들은 좋으나 싫으나 그 '혜택' 을 받을 수밖에 없다.

서울 지하철에서 '간첩과 거동수상자' 에 대한 신고를 장려하는 방송이 나오면 누구나 들을 수밖에 없다. 남들 보는 데서 귀를 막거나 불평을 하다가는 자칫 '거동수상자' 로 신고를 당할 수도 있다. 경찰이나 지방자치단체가 '옆집에 오신 손님 간첩인가 다시 보자' 라든가 '민주위장 좌익세력 살펴보고 신고하자' 는 표어를 커다란 철판에 써서 국도변에 줄줄이 세워놓을 경우, 보기 싫다고 함부로 뽑아냈다가는 '좌익세력' 으로 몰려 경을 치기 십상이었다. 공공재라는 따분한 이름을 가진 바구니에는 도둑을 잡고 산간벽지에 노선버스를 넣어주는 그런 좋은 것만이 아니라 독재와 인권유린 같은 끔찍한 '흉기'도 함께 들어 있는 것이다.

물론 정부가 어떤 공공재를 공급하느냐를 결정하는 일에 나도 참여를 할 수 있다. 민주주의 사회의 정부는 국민들의 의사를 무시하지 못하기 때문이다. 정부와 집권당은 국민의 정치적 지지를 얻기 위해 다수 국민이 원하는 바에 따르려고 한다. 야당도 국민의 바람을 살피고 옹호한다. 민주주의를 제대로 하는 사회에서라면 정부가 공급하는 공공재의 내용은 궁극적으로 국민이 원하는 쪽으로 움직이게 되어 있다. 그래서 공공재의 공급은 사유재와는 달리 '집단적 의사결정'에 따라 이루어진다고 한다. 이런 면에서 보면 공공재의 공급을 책임질 정부를 선출하는 유권자의 선택은 정치 행위인 동시에 경제 행위가 된다.

선거가 경제 행위라면 언제나 합리성을 중시하는 경제학자들은 당연히 이렇게 묻는다. "집단적 의사결정이 합리적인 결과를 낳을 수 있을까?" 또는 "어떤 상황에서도 합리적 결과를 얻어낼 수 있는 집단적 의사결정의 방식이나 절차가 있을까?" 대답은 분명하다. "아니오." 자신 있게 이런 대답을 내놓은 인물은 1972년 노벨 경제학상을 받은 미국인 애로우(Kenneth J. Arrow)였다. 그는 여기서 일일이 소개하기 어려운 몇 가지의 이론적 가정 위에서 "적어도 셋 이상의 선택할 수 있는 대안이 있는 경우 집단적 의사결정이 반드시 합리적 결과에 이르게 만드는 절차는 존재하지 않는다"는 것을 증명했고, 이 증명은 그래서 '불가능성 정리(定理)'라는 이름을 얻었다.

추상적인 설명을 피하기 위해 구체적인 예를 들어 이야기를 하자. 1998년 김대중 정부가 출범한 후 경찰청은 최루탄 사용을 자제하겠다는 방침을 세웠다. 이무영 경찰청장은 시위현장에 '폴리스 라인'을 설치하고 비무장 여성 경찰관들을 전면에 배치했다. 1980년대 이후 20여 년 동안 화염병과 최루탄이 난무하는 서울 거리를 뉴스화면으로 내보냈던 외신기자들에게 이것은 몹시 흥미로운 광경이었다. 경찰은 1999년 이후 이 글을 쓰고 있는 2002년 1월 현재까지 한 번도 최루탄을 쓰지 않고 시위에 대처했는데, 프랑스 르몽드 지는 "최루탄 대신 립스틱"이라는 제목 아래 이 '신기한 풍경'을 보도하기도 했다.

이른바 기업 구조조정과 대규모 실업사태, 그리고 임금 하락과 근로조건 악화에 격분한 노동사들이 각목과 화염병을 동원한 격렬한 가두시위를 벌였던 2000년과 2001년에도 경찰은 각목과 쇠파이프를 휘두를지언정 최루탄만큼은 쏘지 않는 정책을 고수했다. 그러나 모든 국민이 이 정책을 지지했던 것은 아니다. 집회·시위의 자유를 중시하는 사람들은 '립스틱'을 선호했다. 질서와 준법정신을 그 못지않게 중시하는 사람들은 립스틱과 더불어 때로는 최루탄도 필요하다는 입장을 보였다. 하지만 화염병과 쇠파이프를 들고 경찰을 공격하는 불법 행위는 최루탄 아니라 실탄을 쏘아서라도 단호하게 응징해야 한다고 믿는 사람들은 물러터진 정부의 태도를 강력하게 비난했다.

시위 진압은 대한민국 경찰이 전통적으로 넉넉하게 공급해온 '치안 서비스' 가운데 하나이다. 만약 국민들이 이 '치안 서비스'의 종류에 대해서 집단적 의사결정을 한다고 하자. 선택지는 셋이다. 첫째는 '최루탄 대신 립스틱'(이 대안을 '대신'이라 하자.), 둘째는 '최루탄과 더불어 립스틱'(이건 '더불어'라고 하자.), 셋째는 '립스틱말고 최루탄'(이 대안은 '말고'라 하자.)이다. 경찰이 대통령의 뜻이 아니라 국민들의 집단적 의사결정에 따라 정책을 결정한다고 하자.

우선 국민투표와 같은 직접민주주의 의사결정 방식을 채택한다고 하자. 모든 국민이 어느 하나에 찬성한다면 '만장일치'로 결정이 날 것이지만 현실은 그렇지가 않다. 유권자가 셋이라고 하자. 유권자 한 사람이 각각 1,500만 명이라고 하면 우리나라 인구와 비슷하니 그렇게 생각해도 좋다. 이 세 유권자의 세 대안에 대한 견해가 다음과 같다면 어떻게 될까?

〈표 9〉 꽁도르세 패러독스 : 홀수 유권자

	최선	차선	최악
유권자 1	대신	더불어	말고
유권자 2	더불어	말고	대신
유권자 3	말고	대신	더불어

유권자 1은 무최루탄 정책인 '대신'을 최선으로 여긴다. 어쩔 수 없는 경우 최루탄을 쏠 수는 있겠지만, 곤봉이나 고무탄, 실탄 사격 따위의 강경책은 최악의 대책이라고 믿는다. 유권자 2는 불법 시위로 번질 조짐이 있을 때는 경찰이 더 적극적으로 최루탄을 쏘아 해산시키는 '더불어' 정책이 최선이라고 본다. 그래도 시위 진압이 되지 않을 때에는 더 강력한 수단을 써도 된다고 믿는다. 무최루탄 정책은 경찰의 직무유기를 의미하는 최악의 대책이라는 신념을 가지고 있다. 유권자 3은 폭력시위에는 최대한 강력한 초동진압이 최선이라고 생각한다. 무최루탄 정책도 일리는 있다고 보지만, 최악의 대책은 어정쩡한 자세로 시위규모와 공권력에 대한 저항을 오히려 키워주는 '더불어' 정책이라고 생각한다.

이런 상황에서 국민투표를 한다고 하자. 세 가지를 한꺼번에 제시하여 찬성표가 제일 많은 것을 선택하는 상대적 다수결 원칙을 적용할 경우 투표 결과는 1:1:1이어서 어떤 것도 선택할 수 없다.

하지만 두 가지씩 짝을 지어 순차적으로 표결하면 결과는 크게 달라진다. 우선 '대신'과 '더불어'에 대해 표결한 다음, 거기서 채택된 것과 '말고'를 표결에 붙이는 경우. '더불어'를 최악이라고 보는 유권자 3이 '대신'에 표를 던져 '더불어'는 2:1로 탈락한다. 그 다음 '대신'과 '말고'를 붙이면 유권자 2가 '말고'에 표를 던져 결국 '말고'가 채택된다.

그런데 같은 방식으로 표결하는 경우에도 그 순서를 바꾸면 결과는 또 달라진다. 먼저 '대신'과 '말고'를 붙이면 '말고'가 2:1로 이긴다. 그 다음 '말고'를 '더불어'와 붙이면 '더불어'가 2:1로 이긴다. 처음에 '더불어'와 '말고'를 붙이면 어떻게 될까. '더불어'가 2:1로 이기지만, '더불어'와 '대신'을 붙이면 '대신'이 2:1로 채택된다. 표결 순서에 따라 결과가 달라지는 역설이 성립하는 것이다. 이 패러독스는 오지랖 넓은 프랑스 철학자의 이름을 따 '꽁도르세(Condorcet)의 순환'이라고 한다.

혹시 이런 역설이 대안과 유권자 모두 셋, 또는 일반적으로 홀수이기 때문에 생기는 것이 아닌가 의심하는 독자가 있을지 모르니, 이번에는 유권자가 넷인 경우를 살펴보자. 다음 표는 같은 스토리에 유권자가 하나 늘어난 상황을 보여준다.

여기서도 합리적인 결과를 보장하는 절차는 없다. '대신'과 '더불어'를 붙이

〈표 10〉 꽁도르세 패러독스 : 짝수 유권자

	최선	차선	최악
유권자 1	대신	더불어	말고
유권자 2	말고	대신	더불어
유권자 3	더불어	대신	말고
유권자 4	말고	대신	더불어

Marquis de Condorcet 마르케스 드 꽁도르세 (1743-1794)

꽁도르세는 학문이 지금처럼 전문화·세분화되기 이전 시대 프랑스 지식인의 전형을 보여주는 흥미로운 인물이다. 그는 원래 수학자로서 적분학과 혜성 연구, 확률이론 분야에서 뛰어난 업적을 남긴 파리 과학아카데미의 회원이다. 하지만 동시에 당시 유럽의 사회적 불평등과 노동자들의 집단적 궁핍, 도덕적 타락을 혁파하기 위한 사회개혁을 역설한 진보적 지식인이기도 하다.

1789년 프랑스 대혁명의 물결에 합류한 꽁도르세는 1792년 입법회의 의장을 맡아 혁명적인 국민교육법안을 상정했다. 교육제도에서 계급적 차별을 철폐하고, 성인들에 대한 평생교육 기회를 제공하는 것이 그 핵심이었다. 그러나 그는 자코뱅당의 독재가 시작되자 자코뱅 지도자 로베스피에르와 대판 논쟁을 벌이고는 추적을 피해 도망쳤다. 『인간사상의 진보사 개요』라는 유명한 책을 쓴 것도 바로 그때였다. 이 열혈 이상주의자는 1793년 체포되어 다음 해 감옥에서 독살 처형당함으로써 불꽃처럼 뜨거웠던 삶을 마감했다.

꽁도르세는 인간이 도덕적·정신적으로 발전하려면 먼저 경제적·사회적 평등을 이루어야 한다는 이상을 지니고 있었는데, 그가 이런 이상을 실현하기 위해서 제시한 방법은 평등한 교육 기회 제공과 사회적 약자를 위한 복지제도 도입, 노동자들의 재산형성을 위한 금융 지원 등 오늘날의 기준으로 보면 온건하기 짝이 없는 것이었다. 그러나 사회적 불평등과 대중의 빈곤을 해소하자는 그의 호소는 유럽 지식인들의 마음을 사로잡았다. 맬더스가 『인구론』을 통해 공격한 것도 바로 꽁도르세의 '아름답지만 위험하고 유해한 사상'이었다.

면 3 : 1로 '대신' 이 이긴다. 반면 '대신' 과 '말고' 를 붙이면 2 : 2로 비긴다. '더불
어' 와 '말고' 를 붙여도 2 : 2로 비긴다. 유권자는 '대신' 과 '말고' 에 대해 똑같이 바
람직하거나 바람직하지 못하다는 평가를 내렸다. '말고' 와 '더불어' 에 대해서도
마찬가지다. 만약 B=C이고, 또 C=A라면 A=B 역시 성립해야 논리적 정합성이
있다. '대신' 과 '더불어' 에 대해서도 같은 평가를 내려야 옳다는 말이다. 하지만
여기서 '대신' 은 '더불어' 를 3 : 1로 이긴다. 서로 다른 쌍의 표결 결과들이 논리적
으로 상충하는 것이다.

이런 모순이 나타나지 않는 표결 방법으로 상대적 다수결 제도를 생각할 수
있다. 만약 이런 제도를 채택한다면 '말고' 가 2 : 1 : 1로 '대신' 과 '더불어' 를 누르
고 국가 정책으로 채택된다. 하지만 다른 표결 방법을 쓰면 다른 결과가 나타나며,
상대적 다수결이 다른 표결방식보다 합리적이라고 주장할 논리적 근거는 없다. 이
제 국민투표와 같은 직접민주주의 방식이 아니라 정당정치를 핵심으로 하는 대의
민주주의 방식으로 넘어가 선거를 예로 들어 이 문제를 따져보자.

대통령 선거에 후보가 넷 출마했고 유권자는 다섯 명이며, 후보자들에 대한 그
들의 견해는 다음 표와 같다고 하자.

〈표 11〉 대통령 후보에 대한 유권자의 선호

	유권자 1	유권자 2	유권자 3	유권자 4	유권자 5
최선의 후보자	A	A	B	C	D
차선의 후보자	B	B	C	B	B
차악의 후보자	C	C	D	D	C
최악의 후보자	D	D	A	A	A

경제학의 세계에서 국가는 공공재를 공급하는 경제주체이다. 후보자의 철학과 선거공약, 소속정당의 정강정책은 그가 대통령이 되었을 때 어떤 공공재를 얼마나 공급할 것인지를 알려주는 지표이다. 유권자들은 자기 나름의 이해관계와 요구와 철학에 따라서 어떤 후보자를 최선으로, 다른 후보자를 차선이나 최악으로 간주하며, 최선의 후보를 선택할 수 없는 경우에는 차선을 택한다. 다음 표는 네 후보를 각각의 유권자가 좋아하는 순서대로 배열한 것이다.

유권자들이 이런 정치적 선호를 가지고 있을 때 선거 결과는 어떻게 될까? 표결 방법을 달리하면 결과도 달라진다. 첫째, 우리나라 선거와 같이 최다득표자가 당선되는 상대적 다수결 제도를 채택하면 후보자 A가 40%의 득표율로 당선된다.

둘째, 과반수 득표를 당선의 조건으로 절대적 다수결을 채택하는 경우 결선투표를 실시해야 한다. 그런데 이 경우 후보자 A는 후보자 B, C, D 가운데 누구와 겨루어도 이길 수 없다. 이는 절대다수인 세 유권자가 A를 최악의 후보로 간주하기 때문이다. 결과는 B, C, D 가운데 누군가의 당선으로 끝난다.

셋째, 후보를 둘씩 짝지어 최종 승자가 나올 때까지 표결을 계속하는 경우에는 B가 뽑힌다. 이는 유권자들이 전반적으로 B에 대해서 호감을 지니고 있기 때문에 생기는 현상이다.

넷째, 절대 뽑히지 말아야 한다고 생각하는 후보자를 차례차례 솎아내는 고대 그리스 패각투표 방식을 택할 경우에도 B가 당선된다. 여기서는 A가 가장 먼저, 그 다음에는 D, 그 다음은 C가 축출되어 B가 최종 승자로 남는 것이다.

지금까지 살펴본 것처럼 투표를 통한 집단적 의사결정에서는 규칙이 달라지면 결과도 달라진다. 그리고 어떤 규칙이 다른 규칙보다 우월하다고 판단할 근거는 없다. 그래서 어떻다는 말인가? 특정한 표결방식을 통해서 권력을 잡은 집권세력이 야당을 존중해야 한다는 평범한 진리를 잊지 말자는 이야기다. 민주주의를 실시하는 모든 나라는 나름의 선거법을 가지고 있다. 그런데 그 선거법이 규정한 표결방식이 절대적으로 합리적이지는 않다. 권력을 잡은 정치인들은 매사에 다수의 힘을 앞세우는 수가 많고, 소수파가 다수파의 지배를 무조건 받아들여야 한다고 주장하는 경우가 많다. 그러나 지금까지 살펴본 바와 같이 이러한 주장은 논리적 근거가 없는 것이다. 민주주의가 다수파의 지배를 의미하는 동시에 소수파에 대한 존중을 내포하는 것은 바로 그 때문이다.

여기까지 나는 유권자가 매우 순진하다는 암묵적 전제를 두고 논리를 전개했다. 유권자가 출마한 후보자 가운데 가장 좋아하는 사람에게 표를 주고, 그가 없으면 그 다음 좋아하는 사람에게, 그리고 차선마저 없으면 최악이 아닌 후보에게 표를 주는 방식으로 행동한다는 가정이다. 하지만 현실세계의 유권자는 그렇게 행동하지 않는다. 유권자들은 "정치가 맞춤복이 아니라 기성복"이며, 다음 선거 때까지는 좋든 싫든 다수 유권자가 선택한 옷을 자기도 입어야만 한다는 사실을 알고 있다. 그리고 선거법이 규정한 표결방식 아래서 자기가 순진하게 행동할 경우 정말로 피하고 싶은 최악의 결과가 나올 수 있다는 것도 안다. 그래서 그들은 때로 정말로 좋아하는 후보자를 외면하고 다른 후보자에게 표를 던진다. 이것이 이른바 '유권자의 전략적 투표행위'다.

다시 〈표 11〉로 돌아가보자. 우리나라는 모든 선거에서 최다득표자가 결선투표 없이 당선되는 상대적 다수결 원칙을 적용한다. 그리고 유권자는 이런 사실을 알고 있다. 만약 유권자들이 다른 유권자의 속내를 전혀 모른다면 자기가 제일 좋아하는 후보에게 표를 던질 것이다. 그러면 후보자A가 당선된다. 그런데 이것은 절대다수인 60%의 유권자에게 최악의 결과가 될 것이다. 만약 유권자들이 이런 결과를 예측할 수 있다면 어떻게 될까? 3, 4, 5번 유권자는 고민할 수밖에 없다. 여론조사를 통해서 A가 선두를 달리는 가운데 B, C, D 세 후보가 각축을 벌이고 있으며, 그 가운데 하나 예컨대 B가 C와 D보다는 강세를 보이고 있다는 사실이 알려졌다고 하자. C와 D를 가장 좋아하는 유권자는 자기가 좋아하는 후보자의 낙선이 분명해 보이지만 그래도 자기 취향대로 표를 던질 수도 있고, A의 당선이라는 최악의 상황을 저지하기 위해 차선의 후보인 B에게 한 표를 던질 수도 있다. 만약 이들이 이렇게 '전략적'으로 투표한다면 B는 여론조사 선두를 달리던 A를 누르고 역전승을 거두게 된다.

서로 다른 두 결과 가운데 어느 쪽이 합리적인 것일까? 그건 누구도 단언할 수 없다. 그런 판단을 내리는 데 필요한 근거가 없기 때문이다. 그런데 우리 선거법은 유권자의 전략적 투표행위를 억제하는 규정을 가지고 있다. 다름 아닌 여론조사 결과 공개 금지 조항이다. 후보자 등록이 시작되기 직전까지 정당과 여론조사기관은 자유롭게 여론조사를 할 수 있고 언론기관을 통해 그 결과를 발표해도 된다. 하지만 선거운동 기간에 들어가면 다르다. 선거법은 여론조사를 하는 것은 허용하면서도 그 결과를 공개하는 것은 금지해 놓았다. 그래서 후보자와 정당, 여론조사기관과 언론사들은 선거판세를 정확하게 파악하지만 유권자들은 알 수가 없다. 이런 '깜깜이 선거'에서는 유권자들이 후보자의 지지도를 알 수가 없다. 그래서 유권자의 선호가 〈표 11〉과 같은 경우 이런 제도는 A후보에게 유리하다.

반면 모든 정보를 독점한 후보자와 정당, 언론사는 자기가 원하는 방향으로 유권자를 움직이기 위해서 필요한 정보만을 일방적으로 흘려보낸다. 예를 들어보자. 1992년 대통령선거 당시 조선일보는 정주영 후보 지지자들에게 김영삼 후보를 찍는 전략적 투표행위를 종용하는 데스크 칼럼을 내보냈다. "정주영 후보가 아주 많은 득표를 하면 당선되겠지만 적당히 많은 득표를 하면 결과적으로 김대중 후보가 대통령이 될 것"이라는 요지였다. 정주영 후보 지지자들 가운데 김영삼 후보를 차선으로, 김대중 후보를 최악으로 보는 사람이 아주 많다는 사실을 알고, 최악을 피하기 위해서는 차선인 김영삼 후보에게 표를 몰아주라고 권유한 것이다.

1997년 대통령선거에서도 똑같은 일이 벌어졌다. 이회창 후보 진영에서는 "이인제를 찍으면 김대중이 된다"는 논리를 퍼뜨렸다. 이인제 후보는 발끈해서 "이인제를 찍으면 이인제가 된다"고 되받아 쳤다. 그런데 결과는? 이인제 후보가 '적당히 많은 득표'를 함으로써 김대중 후보가 40% 남짓한 득표율로 아슬아슬한 승리를 거두었다. 2002년 대선에서는 어떨까? 두고봐야 하겠지만 과거 두 차례 대선에서 김대중 후보가 차지했던 위치를 한나라당 이회창 총재가 차지하고, 민주당 쪽에서 이회창 후보에 대한 혐오감과 유권자들의 반(反)이회창 전략적 투표를 부추기는 작전을 쓰지 않을까 싶다.

지금까지 유권자의 전략적 행동에 대해서 이야기했다. 하지만 전략적 행동을 일상적으로 하는 것은 유권자가 아니라 후보자와 정당이다. 기업이 이윤의 극대화를 추구하는 것처럼 정당과 정치인은 권력의 극대화를 추구한다. 후보자와 정당은 선거판세를 정확하게 읽고 있기 때문에 낙선을 분명하게 예측하는 경우 끝까지 밀어붙이기보다는 당선 가능한 후보를 밀어주고 권력을 나누어 가지는 전략을 택할 수 있다.

1997년 대통령선거 당시의 DJP연합이 대표적인 사례이다. 한 자릿수 지지율로는 당선권에 접근할 수 없다는 사실을 잘 아는 김종필씨는 자기의 지지자들이 김대중 후보에게 표를 던지게 함으로써 권력의 절반을 차지했다. 대선 출마를 선언했던 조순 씨가 이회창 총재와 손잡은 것 역시 승산 없는 싸움 대신 권력의 분점을 추구한 전략적 행동이었다.

다시 한 번 요약하자. 경제학의 세계에서 정부는 공공재의 공급자에 불과하다. 정부는 일정 기간 동안 수많은 종류의 공공재를 공급하는 권한과 책임을 일괄해서 떠맡는다. 공공재 수요자인 국민은 서로 경쟁하는 정당과 후보자들에 대해 선택권을 행사함으로써 공급자를 결정한다. 이러한 집단적 의사결정을 위해 채택할 수 있는 절차는 여러 가지가 있으며, 어떤 상황에서도 합리적인 결과를 얻을 수 있게 하는 완벽하게 합리적인 게임 규칙은 존재하지 않는다. 정당과 유권자는 선거법이 규정한 특정한 게임의 규칙 아래에서 실현 가능한 최선의 결과를 얻기 위해 전략적인 행동을 한다. 유권자는 전략적 행동을 통해서 같은 게임 규칙 아래서도 집단적 의사결정의 결과를 바꾸어놓을 수 있다. 그리고 이렇게 해서 나온 상이한 결과들 가운데 어느 쪽이 더 합리적이라고 말할 근거는 없다.

만약 그렇다면 선거판세를 정당과 언론기관만 알고 유권자는 모르게 하는 선거법의 여론조사 결과 공개 금지조항은 폐지해야 마땅하다. 전략적 투표행위를 하지 못하게 해서 얻은 결과가 더 합리적이라는 명백한 증거가 있다 할지라도 주권자인 국민의 눈과 귀를 막고 선택권을 제한하는 것은 문제가 있는데, 하물며 그런 증거조차 없는 판국에 국민의 정치적 의사표현 방식을 제한하는 법률을 어찌 정당화할 수 있을 것인가.

제3부

시장과 세계

자유무역의 수혜자와 피해자

경제학은 '반직관적(反直觀的) 학문'으로 악명이 높다. 어떤 현상에 대해 정확한 판단을 내리려면 귀납적·연역적 추론과 논증을 거쳐야 한다. 하지만 일상적으로 경험하고 목격하는 모든 문제에 대해서 다 그렇게 하기는 어려운 만큼, 사람들은 보통 그런 절차를 생략하고 곧바로 나름의 판단을 형성하는데 이것이 바로 직관적 판단이다. 경제학이 '반직관적 학문'이라는 것은 사람들이 흔히 내리는 직관적 판단과 어긋나는 논리적 결론을 제시하는 경우가 많기 때문이다.

국제무역 분야는 경제학의 '반직관적 성격'이 가장 뚜렷하게 드러나는 분야라 할 수 있다. 그래서 경제학을 배우는 학생들뿐만 아니라 경제문제에 관심을 가진 일반인들에게는 가장 복잡하고 이해하기 어려운 분야로 통한다. 국제무역에 대한 이해를 가로막는 가장 큰 장애물은 오랜 기간 민족국가 또는 국민국가의 틀 안에 살면서 몸에 익힌 민족주의적 정서와 고정관념이다.

경제학자들은 거의 대부분 자유로운 국제무역을 지지한다. 특정한 시점에서 특정한 상품이나 서비스의 교역과 관련된 규제를 옹호하는 경제학자조차도 원칙적·이론적으로는 자유무역을 지지한다고 해도 좋을 정도로 자유무역론은 경제학의 세계에서 전폭적인 지지를 받고 있다. 무역의 원리를 설명하기 위해 경제학자들은 다양한 분석모델과 이론을 제시하는데, 전통적으로 애용되어 온 설명방식은 모두 비슷하다.

우선 국제무역을 하지 않는 자급자족적 국민경제에서 무엇이 얼마나 생산되어 어떤 가격에 거래되고 소비자의 복지수준은 어떠한지를 설명한 다음, 국제무역을 할 경우 이 모든 것이 어떻게 변하는지를 따져본다. 결론은 명료하다. 무역에 참여함으로써 '모든 나라'의 국부가 증진되고 모든 나라의 국민이 더 높은 복지수준에 도달할 수 있다는 것이다. 결론에 이르는 과정이 이론적으로 너무나 완벽하기 때문에 이것을 의심하고 논박해 봐야 별 의미가 없다.

그러나 이 결론은 보통 사람의 직관과 경험에 어긋난다. 두 가지만 예를 들어보자. 2000년과 2001년 중국과 한국은 마늘분쟁을 벌였다. 한국산 전자제품에 대한 중국의 수입규제를 피하기 위해 한국정부는 중국산 마늘을 수입하기로 했는데, 전국의 마늘 재배 농가에게 이 소식은 마른하늘에서 떨어진 날벼락과 같았다. 비슷한 시기에 한국영화는 새로운 중흥기를 맞았다. 〈쉬리〉에 이어 〈JSA〉와 〈친구〉가 대박을 터뜨리면서 흥행 면에서 수십 배의 제작비를 투입해서 만든 헐리우드 영화를 꺾은 것이다. 하지만 영화인들은 여전히 '스크린 쿼터'라는 외국영화 수입규제를 유지하는 일에 목을 매달고 있다. 영화산업에 자유무역의 원리를 전면적으로 적용할 경우 대한민국이 미국의 문화식민지가 되고 말 것이라는 주장이다. 자유무역론은 마늘 재배 농가와 영화산업을 파멸로 몰아넣는 강대국의 이데올로기에 불과하다는 것이 이들의 '직관적 판단'이다.

신문과 방송은 매월, 매분기, 매년 무역수지와 경상수지 통계를 발표한다. 흑자를 기록할 경우 경제부처 장관들이나 기자들의 어조에는 자랑스러움이 배어난다. 그러나 적자 폭이 커질 경우 '일부 부유층의 수입 소비재 선호'와 우리 기업의 경쟁력 약화를 개탄하는, 애국적 열정을 주체하지 못한 나머지 흥분하기까지 한 목소리가 도처에 넘쳐난다. 이것은 사람들의 '직관'이 국제무역을 국가 대표팀 사이의 축구시합 비슷한 것으로 보기 때문에 생기는 현상이다. 경상수지 통계표의 흑자 수치가 국가별 올림픽 메달 집계표와 비슷한 사회심리적 효과를 내는 것이다.

자유무역론이 경제학의 세계를 석권한 지가 벌써 200년이 지났는데도 실제 세계에서는 자유무역을 방해하는 수많은 제도적 장애물이 널려 있다. 이것은 국제무역을 축구 A매치처럼 어느 쪽이 이기면 다른 쪽은 질 수밖에 없는 제로섬 게임(zero-sum game)으로 보는 대중의 '직관적 판단', 외국기업과의 경쟁을 회피해 보려는 국내기업의 로비, 그리고 대중의 반감과 업계의 요구를 활용하여 표를 모아보려는 정치가들의 전략이 어우러져 만들어낸 현실이다.

이제 자유무역의 원리에 대해 이야기할 때가 되었다. 경제학 교과서는 여러 개의 자급자족적 국민경제에서 출발해서 자유무역으로 통합된 하나의 세계로 나아간다. 자유무역이 완전하게 실현되는 세계는 적어도 경제적인 면에서는 국경이 완전히 사라진 하나의 국민경제라고 할 수 있다. 이 세계는 모든 나라들이 자급자족 경제를 영위하던 과거보다 훨씬 더 풍요롭다.

하지만 여기서는 거꾸로 가보자. 이쪽이 문제의 본질을 이해하는 데 훨씬 더 편리하기 때문이다. 최초에 하나의 나라가 있었다고 하자. 이것은 모든 종류의 상품과 서비스, 자본과 노동이 자유롭게 거래되는 하나의 국민경제를 말한다. 기독교도들의 경전에 따르면 옛날 옛적에 이런 시대가 있었다. 그런데 바벨탑을 쌓아

감히 신의 지위에 도전한 인간들을 응징하고 유사한 사태의 재발을 방지하기 위해 그들의 신은 벌을 내렸다. 그 벌은 언어를 다르게 한 것이었다. 그런데 인간은 신이 내린 벌을 우습게 만들어버렸다. 수많은 언어들 가운데 하나인 영어를 사실상의 만국공용어로 삼아 온 세계가 별 문제 없이 의사소통을 할 수 있게 된 것이다.

이제 신은 천사를 보내 다른 벌을 내린다. 이 천사는 경제학자들 사이에서는 '사무엘슨의 천사'(Samuelson's Angel)라는 이름으로 통한다. 이런 우화를 무역론 분야에 처음 끌어다 쓴 사람이 현대경제학의 거두 가운데 하나인 사무엘슨(P. A. Samuelson)이기 때문이다. 사무엘슨의 천사는 세계를 여러 나라로 쪼개는데, 어떤 나라는 사람이 많지만 자본이 빈약하고 다른 나라는 사람보다는 자본이 풍족하게 만든다. 그런 다음 천사는 이런 명령을 내린다. "국경을 넘어 물건을 자유롭게 사고 팔 권리를 너희에게 허하노라. 그러나 자본과 노동력 같은 생산요소가 국경을 넘어 오가는 것은 엄금하노라."

이 우화는 원래 상품의 국제적 자유거래가 자본과 같은 생산요소의 국제적 이동과 같은 효과를 내느냐는 매우 복잡한 이론적인 문제를 따져보기 위한 장치였다. 미국에서는 1980년대 저학력 단순노동자와 고학력 전문직 노동자의 임금격차가 크게 벌어졌는데, 이것이 신흥공업국에서 노동집약적으로 생산한 상품을 대량 수입했기 때문이라는 해석이 큰 인기를 끌었다. 상품은 자본과 노동이라는 두 생산요소를 결합한 것이고 노동집약적 상품을 수입하는 것은 결국 외국의 값싼 노동력을 수입하는 것과 마찬가지이기 때문에 미국 저학력 단순노동자들이 임금 하락의 고통을 겪을 수밖에 없었다는 것이다. 1992년과 1996년 미국 대통령 선거에 출마한 억만장자 로스 페로(Ross Perot)는 이런 이론을 근거로 북중미자유무역협정(NAFTA)를 반대하는 논리를 전개해 많은 표를 모은 바 있다.

어쨌든 여기서는 경제학자들에게 이렇게 물어보자. 어떤 나라가 어떤 상품을 주로 생산해서 수출하게 될까요? 그리고 상품은 거래해도 되지만 생산요소는 거래하면 안 된다는 천사의 벌이 과연 무슨 효과가 있을까요? 만약 상품 교역이 생산요소가 이동하는 것과 똑같은 경제적 효과를 낸다면 사무엘슨의 천사가 내린 벌은 아무 효과가 없지 않나요? 천사가 경제학에 대해 너무 무식해서 실수를 한 것 아닌가요? 그렇다. 결론부터 말하자면 천사는 분명 실수를 한 것이다. 그 벌은 잠깐 동안 효과를 내지만 시간이 지나면 있으나마나한 물방망이로 전락하게 된다. 이제 그 이유를 따져보기로 하자.

자유무역이 좋은 일임을 '직관적'으로 이해하는 것은 별로 어려운 일이 아니다. 예컨대 연방국가인 미합중국의 50개의 주들이 각기 다른 화폐를 사용하면서 상품이 공화국의 경계를 넘어갈 때마다 관세를 부과하고 다른 주에 투자를 하거나 다른 주로 가서 취직하는 일을 금지한다고 가정해 보라. 미국 국민들이 오늘날과 같은 경제적 풍요를 누릴 수 있을까? 먼 나라 이야기라 실감이 나지 않는다면 대한민국의 5개 특별시·광역시와 9개 도가 제각기 다른 화폐를 사용하고 서로 다른 경제정책을 집행하며 다른 공화국에서 오는 수입품에 대해서 관세를 부과하고 다른 도에 투자하거나 취업하는 것을 금지한다면, 그렇다면 거기서 살아가는 우리들은 오늘날 정도의 경제적 풍요를 누릴 수 있을까? 우리들의 '직관'은 아니라고 말할 것이다.

세계를 향해 같은 질문을 던진다면 어떨까? 지금 세계는 200여 개의 국민국가로 나뉘어져 있다. 이 모든 나라들이 서로 다른 화폐를 사용하고 서로 다른 경제정책을 시행하며, 국경을 넘어 들어오는 상품에 관세를 부과하고 외국인이 자국 내에서 투자하거나 취직하는 데 대해서 수없이 많은 종류의 규제를 가하고 있다. '사무엘슨의 '천사'가 국경을 넘어 물건을 사고 파는 일까지 모두 금지했고 인간이 그 명령에 복종했다면 세계는 지금보다 훨씬 가난할 것이다. 만약 자유무역에 대한 모든 규제와 장애물을 남김없이 제거해 버린다면 세계가 사실상 하나의 국민경제가 되고 지금보다 더 풍요로워지리라는 것은 대한민국이라는 단일한 국민경제가 열네 개의 독립적 '도민경제'보다 풍요로운 것과 마찬가지 맥락에서 '직관적'으로 수긍할 수 있는 일이다. 개별적 국민경제 안에서 자유로운 거래가 좋은 것이라면 여러 국민경제로 이루어진 세계 전체에 대해서도 같은 이야기를 할 수 있으리라는 '직관적 판단', 이것을 논리적으로 뒷받침하는 것이 자유무역에 관한 이론이다.

자유거래의 경제적 효과를 체계적으로 논증한 최초의 인물은 물론 경제학의 아버지 아담 스미스였다. 하지만 이것을 국제무역 분야에서 논증한 인물은 데이비드 리카도(D. Ricardo)였다. 그는 자신의 유일한 저서이자 무미건조하고 난해하기로 악명 높은 『정치경제학과 과세의 원리』(On the Principles of Political Economy and Taxation)에서 '비교우위론'(比較優位論)이라는 획기적인 무역 이론을 제시했다. 리카도는 뛰어난 장사꾼의 회계장부만큼이나 알기 쉬운 수치 예를 가지고 이 이론을 설명했다. 다음 표는 영국과 포르투갈에서 옷감과 포도주 한 단위를 생산하는 데 들어가는 비용이 각각 얼마인지를 적은 것이다.

〈표 12〉 영국과 포르투갈의 옷감과 포도주 생산비

	옷감 생산비	포도주 생산비	포도주 생산비/ 옷감 생산비	옷감 생산비/ 포도주 생산비
영국	100	120	1.20	0.83
포르투갈	90	80	0.88	1.12

리카도는 노동가치론의 신봉자로 상품의 가치는 그것을 생산하는 데 들어간 노동량에 비례한다고 보았기 때문에 '옷감과 포도주를 생산하는 데 필요한 노동시간'을 생산비로 간주했다. 하지만 노동력을 유일한 생산요소로 간주하든 노동력과 자본을 모두 고려하든 이 이론은 언제나 타당하기 때문에 여기서는 알기 쉽게 파운드라는 화폐단위로 표시한 '생산비' 개념을 쓰기로 하자.

이 표는 무역의 이익을 실로 간단명료하게 보여준다. 가격이 생산비와 일치한다고 가정할 경우 영국에서 옷감 한 단위의 가격은 100파운드, 포도주 한 단위는 120파운드다. 포르투갈에서는 이것이 각각 90파운드와 80파운드다. 그런데 만약 두 나라가 무역을 한다면 어떻게 될까? 이 사례에서 포르투갈은 옷감과 포도주 둘 모두를 영국보다 저렴하게 생산한다. 전문용어로 포르투갈은 두 산업 모두에서 '절대우위'(絶對優位)를 보유하고 있는 것이다. 우연히 포도주와 옷감 모두 한 단위의 국제가격이 같다고 하자. 두 나라는 옷감과 포도주를 1:1로 맞바꿀 수 있다는 이야기다.

어느 나라가 어느 것을 수출하고 어느 것을 수입하게 될까? 영국은 옷감을 수출하고 포도주를 수입하는 게 이익이다. 100파운드의 비용을 들여 생산한 옷감 한 단위를 주면 직접 만드는 경우 120파운드가 들어가는 포도주를 얻을 수 있기 때문이다. 여기서 절약한 20파운드로 영국은 1/5단위의 옷감을 더 생산할 수 있다. 반면 포르투갈은 포도주를 수출하고 옷감을 수입한다. 80파운드를 들여 만든 포도주 한 단위를 수출하면 직접 생산하는 경우 90파운드가 드는 옷감 한 단위를 손에 넣을 수 있기 때문이다. 여기서 절약한 10파운드로 포르투갈은 포도주 1/8단위를 더 생산할 수 있다. 이 거래는 두 나라 모두에게 이익을 주며, 영국과 포르투갈은 각각 옷감과 포도주 산업으로 전문화하게 된다.

이것은 초보적인 산수만 알면 누구나 이해할 수 있는 이론이다. 하지만 지극히 '반직관적'인 결론으로 귀착되기 때문에 두고두고 논란을 불러일으킨 문제 많은 이론이기도 하다. 이 수치 예가 제시한 가장 놀라운 메시지는 모든 산업 분야에서 앞선 나라와 모든 산업분야에서 뒤지는 나라가 무역을 하는 경우에도 두 나라 모두 이익을 얻는다는 것이다. 이것은 모든 면에서 우리보다 앞선 나라와 자유무역을 하면 우리의 산업은 다 망하고 말 것이라는 '직관적 공포'에 명백하게 어긋난다. 여기서 포르투갈은 포도주와 옷감 둘 모두를 더 싸게 생산하고 영국은 둘 모두를 더 비싸게 생산한다. 그런데도 영국도 이익을 본다니! 실로 놀라운 결론이 아닌가.

리카도의 이론에는 '비교우위론'이라는 이름이 붙어 있다. 이 이론의 '반직관적' 결론을 이해하는 열쇠는 포도주와 옷감의 가격비에 있다. 표에서 보듯 포르투갈은 둘 모두를 영국보다 절대적으로 더 싸게 생산하지만 상대적으로는 포도주를 더 싸게 생산한다. 포도주 산업에서 '비교우위'를 가진 것이다. 반면 영국은 둘 모두를 더 비싸게 생산하지만 옷감을 상대적으로 덜 비싸게 생산한다. 옷감 생산에 '비교우위'를 가진 것이다. 무역에 참가하는 모든 나라는 자기가 절대우위를 가진 분야가 아니라 '비교우위'를 가진 산업을 전문화함으로써 제각기 이익을 얻을 수 있다. 이것이 리카도가 내린 결론이다.

이른바 '세계화 시대'를 맞아 나라 걱정을 하는 사람이라면 누구나 '경쟁력'이라는 말을 입에 달고 산다. 경쟁력이 뒤떨어지면 나라 경제가 망하고 국민생활이 도탄에 빠진다고 걱정한다. 이런저런 산업 분야가 선진국에 비해서 얼마나 경쟁력이 없는지 통계를 들이대고 국민들더러 허리띠를 졸라매고 일을 더 열심히 하라고 다그친다. 그런데 이 모든 주장의 근거는 '비교우위론'이 아니라 '절대우위

David Ricardo 데이비드 리카도 (1772-1823)

네덜란드계 영국인 은행가의 아들 리카도는 사업가로 대성할 수 있는 재능과 환경을 타고났다. 그는 열네 살에 아버지의 사업을 배우기 시작했고 스물두 살에 독립했으며 마흔두 살까지 사업을 하면서 엄청난 재산을 모았다. 특히 나폴레옹 전쟁 기간에 국채를 사고파는 주식 브로커로 큰 돈을 벌었다.

사업을 해서 번 돈으로 광대한 토지를 사들여 대지주가 된 이 주식브로커는 스물아홉 살에 『국부론』을 읽은 것을 계기로 경제학 연구에 골몰했다. 아침 식사를 거하게 하기로 유명했고 손님을 집에 불러들여 심심풀이 도박판을 즐겨 벌였던 이 지주는 '차액지대론'을 통해 지대는 토지의 생산에 기여한 대가가 아니라 법률적 소유권의 산물에 불과하다는 것을 논증함으로써 지주계급의 심기를 불편하게 만들었다. 그는 아담 스미스가 밝힌 분업과 자유거래의 원리를 국제무역에 적용해 지금까지도 그 권위를 의심받지 않는 '비교우위론'을 창안했다.

리카도는 또한 아담 스미스가 산업사회에는 적용할 수 없다고 한 '노동가치론'을 되살려 한 단계 발전시킴으로써 칼 마르크스의 『자본론』 탄생에 큰 영향을 미쳤다. 그는 또 곡물수입 자유화 문제를 두고 맬더스와 벌인 유명한 논쟁에서 이론적·실제적 승리를 거두었다. 그러나 맬더스가 제기했던 과잉생산 공황의 가능성을 가볍게 비웃는 실수를 저지르기도 했다. 20세기 경제학의 '구세주' 케인즈가 후일 "19세기 경제학의 뿌리가 리카도가 아니라 맬더스였다면 오늘날의 세계는 얼마나 더 지혜롭고 풍요한 곳이 되었을 것인가"라고 한탄한 것은 바로 이 때문일 것이다.

론' 이다.

국제무역은 올림픽과는 종류가 다른 게임이다. 축구에서 육상과 체조까지, 올림픽은 '절대우위'를 겨루는 제로섬 게임의 무대다. 전체 메달 수는 처음부터 정해져 있고 오로지 3등 안에 든 선수만이 메달을 거머쥘 수 있다. 어떤 분야에서든 '절대우위'를 확보하지 못하면 메달은 없다. 미국이나 중국처럼 많은 분야에서 절대우위를 구축한 분야에 출전하는 한국 선수들은 그야말로 참가하는 데 의미를 둘 뿐 메달 획득은 꿈도 꾸지 못한다.

하지만 국제무역은 참가자 모두가 많든 적든 이익을 얻는 소위 '윈윈 게임' (win-win game)으로 여기서 문제가 되는 것은 '비교우위'이지 '절대우위'가 아니다. 예컨대 1970년대 한국이 어떤 산업 분야에서 미국에 비해 '절대우위'를 가지고 있었을까? 거의 없었다고 해야 할 것이다. 하지만 많은 분야, 즉 섬유와 봉제, 신발, 합판을 비롯해서 많은 노동집약적 경공업 분야에서 '비교우위'를 확보했고, 여기에 전문화함으로써 수출을 늘였고 산업화에 필요한 자본을 축적했다. 이런 과정은 앞으로도 계속될 것이다. 세계화와 자유무역의 확대에 대한 사회 일각의 공포감이 전혀 근거 없는 것은 아니다. 자유무역이 사회적 혼란과 불평등을 몰고 오는 것은 리카도의 모델에 따르면 불가피하다. 하지만 그것 때문에 자유무역을 거부하는 것은, 바둑으로 치면 귀에서 두 집 내고 사느라고 중앙을 다 내주는 것과 마찬가지로 어리석은 짓이다.

그러나 빛이 밝으면 그림자도 짙은 법. 자유무역도 예외가 아니다. 자유무역은 참가하는 나라의 국부를 증진하고 세계 전체를 더욱 풍요롭게 만드는 좋은 일이기는 하지만 거기에 부작용이 없을 수는 없다. 자유무역론은 분명 '강자의 이데올로기'로 쓰일 수 있으며 실제로도 그런 역할을 했다. 다음은 19세기 열혈 애국자 이자 전투적 민주주의자였던 프리드리히 리스트가 『정치경제학의 국민적 체계』(Das Nationale System der Politischen Oekonomie)에 남긴 말인데, 자유무역론의 이데올로기적 성격을 이렇게 명료하게 지적한 이도 달리 없었다.

공업은 국내외 상업, 해운과 개량된 농업의 기초이며 문명과 정치적 세력의 기초다. 지구상의 모든 공업력을 독점하여 다른 나라의 경제발전을 억누르는 데 성공하여, 그들이 단지 농산물과 원료만을 생산하든지 필요불가결한 지방공업만을 운영하도록 억제하는 국민은 반드시 세계를 지배하게 될 것이다.

이리하여 점차 영국을 맹주로 하는 영국계 국가들이 하나의 세계를 형성하고, 유럽 대륙의 다른 국민들은 별 볼일 없는 2등 국민으로서 영국적 세계 속에 해소되고 말 것이다. 프랑스는 스페인이나 포르투갈과 함께 이 영국적 세계에 최고급 포도주를 공급하면서 자기는 저질 포도주나 마시는 신세가 될 것이다. 프랑스인에게는 기껏해야 화장품 제조 정도가 허용될 것이다. 이 영국적인 세계에서 독일에 맡겨지는 것은 장난감, 목재, 벽시계, 언어학 서적의 제조나, 러시아와 아프리카 황무지에 영국의 상공업 지배권과 언어를 보급하는 데 전념하는 지원군의 역할이 고작일 것이다.

리스트는 이 책의 집필동기를 밝히면서 "내가 만약 영국인이었다면 아담 스미스 이론의 근본원리를 의심하는 일은 아마 없었을 것"이라고 했는데, 그가 의심한 것은 사실 스미스의 이론이라기보다는 리카도의 비교우위론이었다. 조국 독일이 강대국이 되기를 바랐던 애국자 리스트는 그 시점에서의 비교우위를 기준으로 각국이 수출산업에 전문화를 할 경우 국가 발전과 직결되고 높은 부가가치를 내는

Friedrich List 프리드리히 리스트 (1789-1846)

리스트는 프랑스대혁명이 일어난 바로 그 해에 프랑스와 가까운 독일 남서부 뷔르템베르크 왕국에서 피복공의 아들로 태어났다. 나폴레옹의 군대가 뷔르템베르크를 점령하고 있던 기간에 공무원으로 고속승진을 거듭했던 리스트는 1815년 전쟁이 끝나자 부패한 행정을 혁신하고 입헌군주제 헌법을 제정하려는 급진 자유주의 정치운동에 뛰어들었다. 그는 또한 수십 개의 왕국으로 분열되어 제각기 상품 거래에 각종의 통과세와 관세를 매겨 국민경제를 목조르는 현실을 타파하기 위해 관세동맹과 정치적 통일을 추구했다.

리스트는 공업을 지배하는 국가가 세계를 지배할 것이라고 믿었다. 독일을 하나의 시장으로 통합하고 영국 공산품의 수입을 강력하게 통제함으로써 독일 산업의 국제경쟁력을 키운 다음 자유무역으로 나가야 독일의 국익을 지킬 수 있다는 것이 그의 신념이었다 하지만 독일의 권력자들은 리스트를 위험한 선동가로 낙인찍어 박해했다. 결국 리스트는 미국으로 망명했다.

미국 정부와 자본가들은 '독일에서 온 저명한 경제학 교수' 를 열렬히 환영했다. 미국도 영국의 우세한 공업에 대항해서 국내 산업을 보호할 필요성을 절감하고 있었기 때문이다. 리스트는 철도회사를 창립하고 탄광을 개발하는 등 사업가로서 성공을 거두었고 '정치적으로 가장 영향력 있는 독일계 미국인' 이 되었다.

그러나 꿈에도 조국을 잊지 못한 리스트는 함부르크 주재 미국영사 자격으로 귀환했다. 독일의 권력자들은 리스트를 박해하지는 않았지만 무언가 조국을 위해 일할 만한 책임 있는 자리를 주지도 않았다. 계속되는 정치적 좌절과 병마에 시달리던 끝에, 이 열혈 애국주의자는 조국의 통일을 보지 못한 채 굴곡 많았던 삶을 권총자살로 마감했다.

산업을 영국이 독차지할 것으로 보았다. 그는 이런 사태를 도저히 받아들일 수가 없었기 때문에, 국가가 중요한 산업 분야를 육성하면서 충분한 국제경쟁력을 가질 때까지 수입품에 높은 관세를 매겨 보호해야 한다는 주장을 폈으니, 이것이 이른바 보호관세 또는 교육관세(Erziehungszoll)이다.

앞서 살펴본 리카도의 비교우위론은 매우 정교하고 보편성 있는 이론이다. 문제는 어느 나라가 어느 산업에 전문화를 하느냐는 것이다. 앞서 의료 서비스 시장의 정보 불균형 문제를 다룬 제2부의 「의료 서비스 시장과 정보 불균형」에서 잠깐 거론한 바 있지만, 경제학에는 '수요의 소득 탄력성'이라는 개념이 있다. 경제가 성장하고 소득이 증가하면 소위 '열등재'(劣等材)를 제외한 모든 상품과 서비스에 대한 수요가 증가한다. 그러나 그 증가속도는 상품마다 다르다. 수요의 증가속도가 소득의 증가속도보다 빠르면 '수요의 소득 탄력성'은 1보다 크다. 달리 말하면 소득 탄력적이다. 이것이 1보다 작으면 소득 비탄력적이다. 소득 탄력적인 상품을 생산하는 산업은 경제성장과 더불어 그 비중이 증가하며 소득 비탄력적인 상품을 생산하는 산업은 경제성장과 더불어 그 중요도가 감소한다. 당신이 대통령이라면 어떤 산업에 전문화를 하겠는가? 당연히 소득 탄력적 상품을 생산하는 산업이다. 모든 나라의 지도자가 똑같은 목표를 추구할 경우 리카도의 이론이 말하는 '비교우위에 따른 전문화'는 원만하게 진행되기 어렵다.

리카도의 비교우위론에 대한 리스트의 비판은 오늘날에도 여전히 타당하다. '영국적 세계'의 패권은 미국으로 넘어갔고, 미국은 정보통신, 항공우주, 생명공학 등 현재 돈이 되고 있고 앞으로도 돈이 될 거의 모든 산업 분야에서 압도적인 우위를 확보했다. 자유무역론은 한때 영국의 이데올로기였지만 오늘날 그 이데올로기의 주인은 미국이다. 미국은 세계무역기구(WTO)와 국제통화기금(IMF) 등 거의 모든 국제경제기구를 통제하면서 다른 나라들이 이러한 미래지향적 전략산업을 국제경쟁에서 보호하거나 인위적으로 육성하지 못하도록 감시하고 있다. 한때 전세계에서 가장 높은 관세율을 자랑했던, 그리고 조국 독일에서 추방당한 보호무역론의 원조 프리드리히 리스트를 위대한 경제학자로 떠받들었던 과거는 모두 망각 속에 묻어버린 채 말이다.

자유무역론의 두번째 부작용은 리가도의 모델 그 자체에 내포되어 있다. 앞의 수치 예가 말하는 바에 따르면 영국은 옷감 생산을, 포르투갈은 포도주 생산을 전문으로 하는 게 옳다. 물론 말로는 쉽다. 하지만 영국의 포도주 생산업자와 노동자들, 포르투갈의 옷감 제조업자와 노동자들에게 이것은 사망선고나 다름없다. 포르투갈의 경우 기존의 섬유산업 자본가들은 생산량을 줄이거나 문을 닫아야 한다. 옷감 생산에 투입했던 자본을 빼서 포도주 생산으로 돌려야 하기 때문이다. 노동자들은 대량 해고에 직면한다. 이론적으로야 노동력이 섬유산업에서 포도주산업으로 '이동'하면 끝날 일이다. 하지만 실제로는 이것이 매우 심각한 사회적 혼란과 인간적 고통을 야기한다. 노동자들은 최소한 일시적으로라도 실업자가 되어야하고, 새로운 일을 위해 재교육을 받아야 하며, 익숙한 환경과 결별하고 낯선 거리로 일자리를 찾아 나서야 한다. 노동자의 가족들에게 이것은 생존권의 위협을 의미한다.

이론적인 차원에서는 해결책이 없지 않다. 자유무역 덕분에 포르투갈의 포도주산업이 얻는 이익은 그로 인해 섬유산업이 당하는 피해보다 크다. 포도주산업의 이익 가운데 일부를 들어 섬유산업의 피해를 보상하면 된다. 하지만 이런 일을 원만하게 해치우는 정부는 별로 없다. 한국과 중국의 마늘 분쟁을 보면 분명하게 드러난다. 중국과의 무역을 통해 전자제품 제조업체와 수출업체는 많은 이익을 내지만 마늘 재배 농가는 손실을 입는다. 전자제품 수출에서 얻는 이익이 마늘 수입으로 인한 농가의 손실보다 크다는 것은 말할 나위도 없다. 정부가 이익을 본 기업에서 세금을 걷어 마늘 재배 농가의 피해를 직접 보상하면 될 일이다. 하지만 우리 정부가 한 일은 중국에서 사들인 마늘을 저장해 두었다가 수출 보조금을 줘서 제3국으로 재수출하겠다는 것뿐이었다. 국내 마늘 농사가 흉작일 경우 가격 안정을 위해 중국산 저장 마늘을 방출하겠다는 말은 물론 마음속에만 담아둔 채로.

다시 '사무엘슨의 천사' 이야기로 돌아가자. 천사는 마음이 너무 약했다. 인류를 가난에 빠뜨리려면 상품의 국제거래를 봉쇄하는 조처를 취해야 했다. 자유로운 상품 교역의 이익은 너무나 크다. 이것을 허용한 상태에서는 어떤 다른 벌도 별로 효과가 없다. 그런데 '사무엘슨의 천사'는 경제학에 대해서 무식하기까지 했던 것일까? 20세기 종반 본격화한 이른바 '세계화'·'지구화'의 와중에서 인간들은 생산요소의 국제거래, 특히 자본의 국제거래를 급속하게 발전시키고 있다. 이런 현상을 고려하면 천사의 생산요소 거래금지 명령이 인간들을 좀 괴롭힐 것 같기는 하다. 다음 글에서 과연 그런지를 살펴보기로 하자.

자유무역과 기득권

다시 말하지만 '사무엘슨의 천사'는 하나의 국민경제를 자본과 노동력의 보유량 이 상대적으로 다른 여러 국민경제로 나누고, 상품의 교역은 허용하되 생산요소가 국경을 넘어 이동하는 것은 금지했다. 이 조처가 과연 인간들에게 고통을 줄 수 있 을까? 그렇다. 우선 사람과 자본이 제각기 국경 안에 머물러야 하기 때문에 그것이 다른 나라에서 더 생산적으로 쓰일 수 있는 경우에도 그럴 수가 없다. 그래서 두 나라 국민총생산의 합이 이 두 나라가 원래 하나의 국민경제를 이루고 있었을 때 의 국민총생산에 미치지 못할 것이다.

하지만 그렇다고 해서 모든 사람이 그 때문에 다 똑같이 손해를 보는 건 아니 다. 어디서나 흔한 건 가치가 적다. 희소해야 대접을 받는다. 이런 이치에 비추어 보면 자본이 노동력보다 상대적으로 풍부한 나라에서는 노동력 소유자가, 그리고 노동력이 자본보다 상대적으로 풍부한 곳에서는 자본 소유자가 이웃 나라에서보 다 상대적으로 더 좋은 대우를 받게 된다. '사무엘슨의 천사'는 세상을 더 가난하 고 불평등하게 만들어놓은 것이다. 그렇다면 인간은 상품 교역을 통해서 자본과 사람이 제 마음대로 이동할 수 있었던 원래 상태를 회복할 수 있을까? 시간이 좀 걸리더라도 그렇게 할 수 있다면 천사는 결국 효과가 없는 벌을 내린 셈이 된다.

리카도의 비교우위론 모델에서는 생산요소가 노동력 하나뿐이다. 어느 나라가 어느 산업에서 비교우위를 가지느냐는 순전히 그 나라가 보유한 기술의 특성에 달려 있다. 그러나 생산요소를 자본과 노동력 두 가지로 보면 사태는 크게 달라진다. 실제 세계에는 200개가 넘는 독립국가가 있지만 이론적으로는 두 개만 있어도 되기 때문에 여기서는 '천사'가 세계를 두 나라로만 나누었다고 하자. 한 나라는 자본이, 다른 한 나라는 노동력이 상대적으로 풍부하다. 자본이 풍부한 나라로는 미국이나 일본, 독일을, 그리고 노동력이 상대적으로 풍부한 나라로는 중국이나 인도, 인도네시아를 생각하면 될 것이다. 두 나라는 생산요소 보유에서만 차이가 있고 원래 한 나라였던 만큼 기술수준을 비롯한 다른 모든 면에서는 차이가 없다고 가정하자.

이런 조건에서 두 나라는 어떤 분야에 비교우위를 가지게 될까? '자본집약적 산업'과 '노동집약적 산업'이라는 용어를 알고 있으면 누구나 직관적으로 판단할 수 있다. 미국과 일본은 자본집약적 산업에서, 중국과 인도는 노동집약적 산업에서 비교우위를 가진다. 일반화하면 다음과 같이 말할 수 있다. "모든 나라는 그 나라가 상대적으로 풍부하게 보유한 생산요소를 집중적으로 사용하는 산업에서 비교우위를 가진다." 이것이 무역 이론 분야에서 리카도의 비교우위론 다음으로 유명한 '헥셔─올린 정리'(Heckscher-Ohlin theorem)이다. 헥셔와 올린은 스웨덴 학자이기 때문에 이름 철자가 좀 낯설어 보이겠지만 그들이 만든 정리는 그와 관계없이 매끈하다.

이제 두 나라가 제각기 비교우위 산업에 전문화를 해서 상품을 사고 팔면 어

떤 변화가 일어나는지를 보자. 편의상 두 나라가 미국과 중국이고 각각 자본집약
적인 반도체산업과 노동집약적인 신발산업에 비교우위를 가진다고 하자. 반도체
와 신발 둘 모두를 생산하던 두 나라가 무역을 시작하면 미국에서는 수출품인 반
도체 생산이 늘어나고 수입품인 신발 생산이 줄어든다. 반면 중국에서는 신발 생
산이 증가하고 반도체 생산이 줄어든다.

천사가 내린 징벌 때문에 미국의 자본 소유자와 중국의 노동력 소유자는 상대
적으로 나쁜 대접을 받았다. 상품 교역은 이것을 어느 정도 바로잡는다. 우선 미국
을 보자. 여기서는 신발 생산이 감소하면서 이 산업에 투입되었던 자본과 노동력
이 풀려난다. 반도체 생산이 증가하려면 이것이 반도체산업으로 옮아가야 한다.
그런데 반도체는 운동화보다 자본집약도가 높기 때문에 신발산업에서 풀려난 자
본을 반도체산업이 다 흡수하는 경우에도 함께 '해고된' 노동력은 다 고용할 필요
가 없다. 노동력이 남아돌게 되는 것이다. 노동력의 과잉은 불가피하게 임금 하락
을 불러온다. 임금이 내려가지 않으면 상당수가 실업자로 남아 있어야 한다. 전문
화에 바탕을 둔 상품 교역은 소득분배 면에서 미국 자본 소유자를 유리하게 만든
다.

중국에서는 정반대 현상이 일어난다. 반도체산업에서 풀려난 노동력과 자본
은 같은 비율로 신발 생산에 투입되지 않는다. 신발 생산이 노동집약적이기 때문
에 자본이 남아돌게 되고, 이 자본이 신발산업으로 남김없이 흡수되려면 자본의
가격인 이자율이 내려가야 한다. 전문화와 상품 교역은 소득분배 면에서 중국의
노동력 소유자를 유리하게 만든다.

이런 현상을 '스톨퍼―사무엘슨 정리'(Stolper-Samuelson theorem)는 다음과
같이 요약한다. "어떤 상품의 상대가격이 오르면 그것을 생산하는 데 집중적으로

투입되는 생산요소의 가격도 오른다." 이 정리는 원래 무역 이론 분야에 한정된 것은 아니다. 하지만 미국과 중국이라고 가정한 두 나라가 각각 반도체와 신발 생산에 전문화하는 것은 국제시장에서 그 두 상품의 상대가격이 각각 자급자족 상태의 국내 상대가격보다 높기 때문이고, 무역은 곧 미국 반도체 상대가격 인상과 중국 신발의 상대가격 인상을 의미하기 때문에, 상품 교역이 소득분배에 미치는 효과를 분석하는 데에도 이 정리를 활용할 수 있다.

이런 면에서 보면 상품 교역은 분명 '사무엘슨의 천사'가 내린 벌의 효과를 약화시킨다. 원래처럼 세계가 한 나라라면 아메리카 지역에서 상대적으로 찬밥을 먹던 자본은 중국 대륙으로, 그리고 중국 대륙에서 푸대접을 받는 노동력은 미국 대륙으로 이동할 것이다. 그러면 미국에서는 자본이 덜 흔한 생산요소가 되어 이자율이 올라가고 중국에서는 노동력 공급이 줄어 임금이 오를 것이다. 이것은 미국과 중국이 반도체와 신발 생산에 전문화해서 상품을 사고 팔 때 나타난 것과 같은 소득분배의 변화이다. 요약하면 상품 교역은 생산요소의 이동을 대신할 수 있다는 이야기다.

시각을 살짝 바꾸면 이런 현상은 훨씬 손쉽고 명료하게 이해할 수 있다. 생산 활동에 자본과 노동력이라는 두 가지 생산요소가 필요하다는 것은, 달리 말하면 모든 상품은 자본과 노동력을 일정한 비율로 결합한 것에 불과하다는 이야기다. 상품 속에는 일정한 양의 자본과 노동력이 내포되어 있는 것이다. 더 과격하게 말하자면 모든 상품은 일정량의 자본과 노동력으로 분해할 수 있다. 이렇게 볼 경우 서로 다른 나라들이 상품을 사고 파는 것은 결국 거기 들어 있는 자본과 노동력을 사고 파는 것이나 다름이 없다.

천사가 세계를 미국과 중국 둘로 쪼개놓았다는 가정을 유지할 경우 미국의 수출품 반도체에는 수입품 신발에 비해 상대적으로 더 많은 양의 자본이 내포되어 있다. 따라서 중국과의 상품 교역을 통해서 미국은 자본을 내보내고 노동력을 수입하는 셈이 되고, 중국은 거꾸로 노동력을 내보내고 자본을 들여오는 셈이 된다. 그러니 천사가 생산요소 이동을 금지하면서 상품 교역을 허용해 준 것은 아무래도 실수였던 것 같다.

하지만 다음 몇 가지 이유 때문에 그렇게 단언할 수는 없다. 첫째, 세상에는 다른 나라와 사고 팔 수 없는 상품이 있다. 예전에는 쉽게 부패하는 농수산물이 여기에 속했지만 냉장과 운송기술의 발전 덕분에 오늘날에는 살아 있는 생선도 국제거래를 하는 데 별 문제가 없다. 하지만 생산과 소비가 동시에 이루어지는 서비스 상품은 여전히 국제거래의 예외 영역으로 남아 있다. 예컨대 동네 미장원의 머리카락 다듬기, 중국집의 수타 자장면, 요즘 붐을 일으키고 있는 스포츠 마사지, 이런 것들은 수출입이 불가능하다. '사무엘슨의 천사'가 내린 벌은 이런 영역에서는 여전히 힘을 발휘하고 있다.

둘째, 각국이 상대적으로 풍부한 생산요소를 집중적으로 투입하는 산업에 전문화한다는 '헥셔―올린 정리'가 현실적으로는 옳지 않을지도 모른다. 이 정리는 이론적으로 너무나 완벽해 보이기 때문에 한동안 경제학의 세계를 지배했다. 하지만 의심 많은 경제학자들은 이 이론이 현실을 얼마나 잘 설명하고 있는지 여부를 조사했다. 대표적인 인물이 1953년 조사 결과를 발표한 러시아계 미국 경제학자인 레온티에프(W. Leontief)였다.

레온티에프는 미국이 수출하거나 수입하는 상품의 요소 집약도를 계산해 보았는데, 미국은 전세계에서 자본이 가장 풍부한 나라였는데도 수출품이 수입품보다 자본집약도가 더 낮았다. 자본이 풍부한 미국이 평균적으로 더 노동집약적으로 생산한 상품을 수출하고 더 자본집약적으로 생산한 상품을 수입하고 있었던 것이다. 의심할 여지가 없어 보이는 헥셔—올린 정리의 타당성을 전적으로 부정하는 조사 결과에 당황한 경제학자들은 이 이해할 수 없는 현상에다 '레온티에프의 역설'(Leontief paradox)이라는 이름을 붙였다.

셋째, 상품 거래를 촉진하는 다른 요인이 있다. 지금까지 살펴본 것은 모두 '산업간 무역'(inter-industry trade)이다. 앞에서 살펴보았던 리카도의 모델에서 영국은 옷감을 수출하고 포르투갈은 포도주를 수출한다. 헥셔—올린 모델에서는 미국이 자본집약적 상품을 수출하고 중국이 노동집약적 상품을 수출한다. 어느 나라든 수출하는 상품은 수입하지 않는다. 하지만 실제 상황은 그렇지 않다. 예를 들어 미국과 독일과 일본은 최고 품질의 자동차를 생산하는 나라들인데 크라이슬러나 메르세데스, 도요타 승용차를 서로 사고 판다. 한국은 가전제품을 잘 만드는 나라로서 냉장고와 텔레비전과 컴퓨터 모니터 따위를 수출하는 동시에 수입한다. 이것이 같은 산업에 속하는 상품을 서로 사고 파는 이른바 '산업 내 무역'(intra-industry trade)이다.

물론 상품을 산업별로 분류하는 것이 간단한 작업은 아니다. 하지만 국제적으로 널리 통용되는 국제무역 분류기준(Standard International Trade Classification)을 적용하면 주요 산업선진국들의 경우 전체 무역에서 산업 내 무역이 차지하는 비중은 1970년대 후반에 이미 70%를 넘어섰고 시간이 갈수록 증가하고 있다. 이것은 리카도의 모델이나 헥셔—올린 모델로는 설명할 수 없는 현상이다.

경제학자들은 산업 내 무역이 증가하는 현상을 설명하기 위해 갖가지 이론을 만들어냈다. 예컨대 하나의 산업 내에서도 나라에 따라 요소 집약도의 차이가 크다든가, 세계 교역량의 대부분이 비슷한 산업구조를 가진 아메리카와 유럽의 산업

선진국 사이에서 이루어지기 때문이라든가 하는 설명이 그런 것들이다. 이 문제와 관련한 이론 가운데 특별한 관심을 끈 것은 미국 경제학자 크룩먼(P. Krugman)의 상품 차별화(product differentiation) 이론이다. 크룩먼은 그리 복잡하지 않은 수학적 모델을 통해서 산업 내 무역이 다양성에 대한 인간의 본능적 욕구 때문에 발생한다는 것을 논증했다. 크룩먼의 이론을 거칠게 요약하면 다음과 같다.

첫째, 현대직인 공산품들은 균질적인 상품이 아니다. 예를 들어 승용차는 화석연료를 태워서 만든 에너지로 바퀴를 굴려 사람과 짐을 실어 나르는 내구성 소비재다. 그러한 기능 면에서 보면 GM과 도요타와 메르세데스와 현대자동차 사이에는 별반 차이가 없다. 하지만 승용차의 성능과 연비, 안전성과 디자인, 이미지와 가격에서는 적지 않은 차이가 있다. 승용차는 동종 상품이기는 하지만 어떤 회사가 만든 특정한 차종이 다른 회사의 다른 차종을 완벽하게 대체하지는 못한다.

둘째, 인간은 단조로운 것보다는 다채로운 것을 좋아한다. 앞에서 살펴본 적이 있는 한계효용 체감의 법칙을 돌아보자. 어떤 재화의 소비량이 늘어날수록 그 재화를 소비해서 얻는 한계효용은 체감한다. 만약 그 재화가 완전히 균질적인 것이 아니라 조금씩 차이가 있는 것이라면 어떨까? 한계효용 체감의 정도가 덜하지 않을까? 가까운 예로 생선초밥을 생각해 보자. 일식집의 생선초밥은 보통 모듬이다. 1인분에 열 개가 나오면 광어와 새우, 도미와 한치 등 보통 다섯 가지 정도 재료가 다른 것이 나온다. 어째서 이렇게 하는 것일까? 열 개의 초밥을 모두 광어나 새우로 만들면 고객들이 금방 싫증을 낼지 모르기 때문이다.

자동차도 다르지 않다. 강남의 수십억 원짜리 고급 빌라에 사는 어떤 부자가 승용차를 다섯 대 굴린다고 하자. 그가 다섯 대 모두 메르세데스나 도요타, 또는 현대자동차를 구입하는 일은 아마도 없을 것이다. 국민경제도 그와 다르지 않다.

하나의 국민경제 안에는 승용차에 대한 취향이 서로 다른 사람들이 있다. 만약 자동차 수입이 자유롭다면 그들이 모두 한 회사에서 만든 하나의 차종을 몰고 다니는 사태는 절대 일어날 수 없다. 뉴욕과 동경, 베를린과 파리의 도심은 산업 선진국들의 유명한 자동차 메이커들이 만든 수없이 다양한 차종으로 넘쳐난다. 이것은 자동차가 완전히 균질적인 상품이 아니라 여러 측면에서 차별화된 상품이고 사람들의 기호가 다양하기 때문이다. 다양성에 대한 욕구를 충족하기 위해서는 산업 내 무역이 늘어날 수밖에 없다.

지금까지 이야기를 정리해 보자. '사무엘슨의 천사'가 내린 벌은 겉보기보다는 효과가 적었다. 인간은 상품 교역을 통해서 적어도 부분적으로는 생산요소가 국경을 넘어 이동하는 것과 같은 효과를 얻었다. 하지만 인간은 이런 정도로 만족하지 않고 20세기 말 사회주의 체제가 무너진 후부터 천사의 명령을 어기고 생산요소의 국제적 이동을 가로막고 있던 장벽을 철폐했다. 초강대국 미국은 국제무역기구(WTO)와 국제통화기금(IMF) 등 국제경제기구를 앞세워 자본이 자유자재로 국경을 넘나드는 '세계화'·'지구화'의 신시대를 열어나가고 있다. 이것으로 천사가 내린 징벌의 효과는 완전히 사라질 것인가?

단순하게 보면 그럴 것 같다. 자본이 풍부한 나라와 노동력이 풍부한 나라로 갈라진 세계가 예전과 같은 하나의 세계로 돌아가기 위해서 노동력과 자본 둘 모두가 이동할 필요는 없다. 둘 가운데 하나만 이동해도 충분하다. 자본이 이동하든 노동력이 이동하든 마찬가지다. 자본이 풍부한 나라에서 노동력이 풍부한 나라로 자본이 계속해서 흘러가면 어느 시점에선가 두 나라는 생산요소의 보유에서 차이가 없게 될 것이기 때문이다. 하지만 세상은 그렇지가 않다. 자본의 이동만으로는 천사의 징벌이 내리기 전 상황으로 돌아갈 수 없다.

1990년대 미국의 경제학자들은 무척 골치 아픈 문제를 하나 찾아냈다. 1970년 대와 1980년대 약 20여 년에 걸쳐 진행되었던 두 가지 현상이 서로 관계가 있는지, 있다면 어느 정도 밀접한 관계가 있는지에 관한 의문을 푸는 일이었다.

첫째, 산업 선진국의 비숙련 노동자(unskilled labor) 수요가 크게 감소했다. 여 기서 비숙련 노동자란 대학을 졸업하지 못한 사람을 가리킨다. 대학 졸업 또는 그 이상의 학력을 가진 사람은 숙련 노동자(skilled labor)라고 한다. 이런 분류는 학술 논문이나 세계은행의 연차보고서에서도 널리 채택하고 있다. 미국에서는 이 두 집 단의 임금격차가 크게 확대되었을 뿐만 아니라 비숙련 노동자의 실질임금이 절대 적으로도 감소했고, 제도적인 경직성 때문에 임금 하락이 일어날 수 없는 유럽 OECD 회원국에서는 저학력 노동자들의 실업률이 급증했다.

둘째, 선진산업국의 국민총생산과 비교한 신흥공업국과 개발도상국에서의 수 입액 비중이 크게 높아졌다. 미국의 경우 1970년 GNP의 0.4%에서 1990년에 2.5% 로 증가했고 유럽연합에서는 같은 기간 0.5%에서 2.1%로 늘어났다.

경제학자들은 시기적으로 겹친 이 두 가지 현상의 상관관계를 조사하면서 이 미 그 타당성을 의심받고 있던 헥셔-올린 모델을 다시 차용했다. 하지만 그들은 예전과는 달리 산업의 자본집약도를 무시했다. 자본이 국경을 넘어 마음대로 이동 할 수 있는 시대인 만큼 이제 자본을 희소한 자원으로 취급하지 않았다. 그 대신 노동력이 있던 자리에 앞에서 말한 의미에서의 비숙련 노동력을, 그리고 자본이 있던 자리에 숙련 노동력을 집어넣었다. 미국에는 상대적으로 대학 졸업 이상의 고학력 노동력이 풍부하게 존재하는 반면 무역 상대인 신흥공업국과 개발도상국 에는 저학력 노동력이 상대적으로 풍부하다는 데 착안한 것이다.

다시 세계를 숙련 노동력이 상대적으로 풍부한 미국과 비숙련 노동력이 상대적으로 풍부한 중국으로 나누자. 헥셔―올린 정리에 따르면 미국은 숙련 노동력을 더 집중적으로 사용하는 상품, 예컨대 컴퓨터 소프트웨어를 수출하고 중국은 비숙련 노동력을 집중적으로 사용하는 상품, 예컨대 섬유제품을 수출할 것이다.

경제학자들은 무역의 요소 함유량(factor content of trade)을 조사했다. 미국이 개발도상국에 수출하는 상품에 숙련 및 비숙련 노동력이 얼마나 함유되어 있는지를 계산하고 개발도상국에서 수입하는 상품에 대해서도 똑같은 계산을 했다. 결과는 헥셔―올린 정리에 들어맞았다. 미국은 숙련 노동력을 집중적으로 사용하는 상품을 수출하고 비숙련 노동력을 집중적으로 사용하는 상품을 수입하고 있었다. 이는 곧 미국이 숙련 노동력을 수출하고 비숙련 노동력을 수입한 것을 의미한다. 따라서 미국 노동 시장에서 숙련 노동력은 공급이 줄어드는 것과 같아서 그들의 임금은 오른다. 반면 비숙련 노동력은 공급이 늘어나 임금이 떨어진다. 학력별 임금 격차의 확대는 불가피하다.

그런데 문제는 1970년대 이후 지속되어 온 선진국 비숙련 노동자들의 지위 하락과 학력별 임금격차 확대에 이것이 얼마나 큰 영향을 주었느냐는 것이었다. 논란의 불씨를 제공한 것은 애드리안 우드(A. Wood)라는 경제학자였다. 그는 무역의 요소함유량을 측정하는 새로운 방법을 제시하면서, 이 방법으로 계산을 하면 개발도상국과의 상품 교역이 미국 비숙련 노동자들의 집단적 궁핍화를 초래한 주된 원인이었음을 입증할 수 있다고 주장했다.

반면 1995년 무렵 가장 뜨겁게 전개되었던 이 논쟁에서 크룩먼을 비롯한 일군의 학자들은 국민총생산 대비 2.5%에 불과한 개발도상국과의 상품 교역이 미국 노동 시장 전체에 결정적인 영향을 미친다면 그건 마치 꼬리가 개를 흔든다는 주장과도 같다고 비판하면서, 무역이 아니라 컴퓨터의 도입과 같은 기술혁신이 저학력 노동자들의 지위 하락을 야기한 결정적인 원인이라고 주장했다.

이 논란을 해결하는 것은 경제학자들의 몫이다. 적어도 대학원 수준의 무역 이론과 경제성장론을 공부한 사람이 아니고는, 전문 저널에 실린 그들의 주장을 이해할 수 없다. 하지만 대중은 그런 골치 아픈 저널을 읽지 않고서도 이 문제에 대한 나름의 판단을 내린다. 대표적인 사례가 1992년의 미국 대통령 선거였다.

전통적인 민주―공화 양당제제의 틈바구니를 뚫고 제3의 후보로 출마했던 억만장자 로스 페로는 득표율 19%라는 예상치 못한 성공을 거두었는데, 페로의 인기 비결 가운데 하나가 바로 북미자유무역협정(NAFTA) 반대론을 내세운 것이었다. 그는 비숙련 노동력을 대량 투입해 생산한 개발도상국 상품의 수입이 미국의 복지를 위협한다고 주장했다. 멕시코는 바로 그런 나라에 속하기 때문에 북미자유무역협정이 미국 노동자들의 삶의 기반을 무너뜨린다는 것이다. 경제학자들은 여기에 '로스 페로 가설'이라는 이름을 붙여주었다.

이론의 영역에서 자유무역론의 승리는 전혀 새로울 것이 없다. 지난 200년 동안 자유무역론은 단 한 번도 그 확고부동한 지위를 위협받은 적이 없다. 그러나 현실의 영역에서 자유무역론은 언제나 인기 없는 이론이었다. 상품의 자유로운 교역과 생산요소의 자유로운 이동은 폐쇄된 국민경제에서 만들어진 기득권을 위협하는 경우가 많기 때문이다. 자유로운 국제거래는 불특정 다수에게 이익을 주지만 특정한 소수에게 불이익을 준다. 불이익을 당하는 소수는 그것을 사회적·민족적·국가적 손실로 포장함으로써 특정한 상품이나 서비스, 생산요소의 자유 거래를 저지하려 든다. 이런 종류의 보호무역론은 과거 수없이 만들어지고 사라져간 것이며 '로스 페로 가설'은 그 현대적 변종에 불과하다.

인간의 마음속에는 자급자족 경제 또는 제한된 범위의 자유무역만이 존재하는 독립적 국민경제가 이상향처럼 자리잡고 있다. 지구 전체가 하나의 시장으로 변모해 가는 오늘날의 현실은 많은 사람들에게 미지의 세상을 대하는 것과 같은 막연한 두려움을 안겨준다. WTO 총회와 세계경제포럼, G7 정상회담, 아시아 유럽 정상회의를 비판하면서 회의 개최 도시를 일시적 내전 지역으로 만들어버리는 이른바 '세계화 반대 시위' 는 그 두려움이 얼마나 강력한 것인지를 보여준다.

이제 천사의 징벌이 지닌 효과에 대해서 결론을 내리자. '사무엘슨의 천사' 는 쓸데없이 복잡한 벌을 내렸다. 상품 교역이든 생산요소의 이동이든, 그가 특별히 허용하거나 금지할 필요는 없었다. 신의 권위에 도전하는 인간을 분열시키는 것이 목적이라면 그저 나라를 여럿으로 쪼개고 일정 기간, 예컨대 100년 동안은 아무 것도 서로 거래할 수 없도록 하는 정도로 충분했을 것이다. 인간들이 자급자족 국민경제 안에서 이런 저런 기득권을 만들어 더러는 공평하게 더러는 불공평하게 나누어 가지는 데 100년은 충분히 긴 세월이다.

그러면 그 다음은? 그 다음은 그 기득권이 알아서 한다. 누군가 똑똑한 경제학자가 나와서 범지구적 차원에서 상품과 생산요소의 자유로운 이동을 보장하는 협정을 체결함으로써 좋았던 옛날로 돌아가자고 주장해 보아야 소용이 없다. 이 협정으로 인해 기득권을 침해당할지 모르는 집단이 팔을 걷어붙이고 나서서 막을 것이기 때문이다. 대화를 통해서 좋았던 옛날로 돌아갈 수 없다면, 인간이 세계를 하나의 국민경제로 통합할 수 있는 수단은 전쟁밖에 없다. 그러나 핵무기와 첨단 전쟁무기가 즐비한 오늘날, 세계적 규모의 전쟁은 인류 그 자체를 절멸시킬 가능성이 매우 높다. 그러니 이렇든 저렇든 결론은 하나다. 천사가 헛수고를 하진 않았다는 것.

환율의 마법

무역론은 경제학의 여러 영역 가운데서도 가장 이해하기 어려운 분야에 속한다. 서로 다른 여러 가지 화폐가 등장하기 때문에 더욱 그렇다. 하지만 알고 보면 환율이라는, 서로 다른 화폐 사이의 교환비율 문제가 그리 복잡한 건 아니다.

예전에는 수출업자나 수입업자, 국가경제를 관리하는 경제부처의 공무원들이나 환율에 신경을 썼을 뿐 보통 시민들은 별 관심이 없었다. 하지만 지금은 바야흐로 세계화 시대. 해외여행을 떠나는 사람도 많고 자녀를 유학 보낸 사람도 많다. 국내 금융기관에도 달러로 예금을 하는 '거주자 외화예금 제도'가 생겼고 해외에 투자를 하려는 사람도 있다. 한마디로 온 국민이 환율 변동 때문에 이익을 보거나 손해를 보는 시대가 된 것이다.

환율은 우리나라 화폐 단위로 표시한 외국 화폐의 가격이다. 외국 화폐는 여러 가지이지만 편의상 달러만 가지고 이야기하자. 우리 원화로 표시한 1달러의 가격이 달러 환율이다. 환율이 높아진다는 것은 원화에 비해 달러의 가치가 높아졌다는 것을 의미하며, 거꾸로 말하면 우리 원화가 나라 밖에서 가지는 가치가 낮아

진다는 것을 의미한다. 그래서 환율이 올라가는 걸 두고 '원화의 평가절하'라고도
한다.

고정환율제를 실시하던 옛날에는 정부가 환율을 정했다. 하지만 오늘날 환율
은 외환시장에서 결정되며, 달러의 시세는 매순간 변한다. 환율은 도대체 왜 변하
는 것일까? 그리고 환율은 오르는 게 좋은가 내리는 게 좋은가? 이런 의문을 풀어
보는 것이 이 장의 과제다.

원래 화폐는 물건을 사고 팔 때 필요한 교환수단에 불과하다. 그런데 외환시
장에서는 화폐 그 자체를 사고 판다. 교환의 매개물인 화폐가 거래 대상이 되는,
이상한 일이 매순간 벌어지는 곳이 바로 외환시장인 것이다. 우스갯소리 같지만
화폐가 교환되는 것은 그것이 교환의 수단이기 때문이다. 환율 변동의 마법을 이
해하려면 우선 이걸 정확하게 이해해야 한다.

화폐는 인간이 만들어낸 가장 위대한 발명품 가운데 하나이다. 여기에 대해서
는 제2부 「이자는 어디에서 오는가」에서 이미 설명한 바 있다. 화폐는 인간의 경제
생활을 물물교환이 성립하기 위해서 있어야 할 우연과 행운의 지배에서 해방시켰
다. 화폐는 판매 행위와 구매 행위를 분리시켰다. 사회적 분업이 고도로 발달한 현
대사회에서는 개인이 자기가 쓰는 재화와 서비스를 직접 생산하지 않는다. 한 가
지 상품을 온전하게 혼자서 만드는 사람도 극히 드물다. 하나의 상품을 만드는 데
들어가는 조그만 부품을 만드는 일을 생업으로 삼는 이가 대부분이다. 판매와 구
매가 분리되지 않으면 이러한 사회적 분업은 상상할 수조차 없다.

화폐를 교환의 수단으로 보면 환율 변동은 불가피한 일이 된다. 경제학에서
말하는 '일물일가(一物一價)의 법칙' 때문이다. 이 법칙에 따르면 모든 상품에는
하나의 시장가격이 있다. 이론적인 차원에서 운송료를 무시하고 보자. 어떤 상품

이 서로 다른 장소에서 서로 다른 가격으로 거래되는 경우 누군가 싼 데서 사다가 비싼 데서 팔면 돈을 벌 수 있다. 그리고 거래의 자유가 보장되는 시장이라면 눈치 빠른 그 누군가가 이 일을 해치우게 된다. 이처럼 장소에 따른 가격차를 이용해서 거래 차익을 거두는 행위를 '아비트라쥐'(arbitrage : 중개거래), 이런 일을 하는 사람을 '아비트라쉐어'(arbitrageur : 중개거래인)라고 한다. 이 원리를 국제거래에 적용하면 물가 변동이 환율의 변화를 야기한다는 것을 알 수 있다.

모든 국민경제는 생산을 하는 동시에 소비를 한다. 생산은 그 자체가 목적이 아니다. 풍족한 소비생활을 영위하기 위해서는 어쩔 수 없이 치러야만 하는 비용이며, 좀 심하게 말하면 필요악이라고까지 할 수 있다. 마치 생산은 선이고 소비는 악인 것처럼 말하는 사람이 적지 않은데, 이런 분들은 우선 자신이 평생 힘들게 일만 하는 것과 유유자적하게 소비만 하는 것 가운데 하나를 택하라면 어떻게 할 것인지 자문해 보시기 바란다.

폐쇄된 자급자족 경제가 아닌 한 모든 국민경제는 생산된 재화 가운데 일정 부분은 외국에 수출하며 소비하는 재화 가운데 일부는 외국에서 수입해 쓴다. 생산 그 자체가 목적이 아닌 것처럼 수출도 그 자체가 목적이 아니다. 목적은 좋은 물건을 많이 수입해 소비하는 것이다. 좋은 물건을 수입하려면 다른 나라의 화폐가 있어야 하고, 그것을 얻기 위해서는 어쩔 수 없이 무언가를 수출해야만 한다. 그러니 수출도 필요악이라고 할 수 있다.

둘 이상의 상이한 화폐가 사용되는 국제거래에서도 '일물일가의 법칙'은 그대로 통용된다. 국제거래에서도 앞서 말한 '아비트라쥐'가 가능하기 때문이다. 설명을 간단히 하기 위해서 달러와 원화의 교환비율이 1대 1,000이고, 한미간의 상품 이동에 따르는 운송비 등 거래비용이나 무역장벽이 전혀 없다고 가정하자. 그러면 미국에서 1달러 하는 물건은 한국에서 1,000원이라야 한다. 가격 차이가 있으면 누군가 싼 나라에서 사다가 비싼 나라에서 팔 것이기 때문에 가격차는 오래 지속될 수 없다.

그런데 어떤 이유 때문에 한국의 물가가 두 배로 올랐다고 하자. 그러면 똑같은 물건이 미국에서는 1달러에 팔리고 한국에서는 2,000원이 된다. 환율이 1대 1,000이라면 '아비트라줴어'는 떼돈을 벌 수 있다. 한국 돈 1,000원을 1달러로 바꾼 다음 미국에서 물건을 사다가 한국에서 되팔면 2,000원을 손에 넣을 수 있기 때문이다. 그런데 이러한 중개거래는 미국 상품의 수입 증가를 의미한다. 미국 상품을 수입하려면 우선 달러를 구해야 하기 때문에 원화를 팔아 달러를 사려는 사람이 늘어나 달러 값은 오르고 원화 값은 떨어진다. 달러 환율이 오르는 것이다. 이런 과정은 달러와 원화의 구매력이 같아질 때까지 계속되어서 마침내 달러 환율은 두 배가 된다. 같은 물건은 한국에서나 미국에서나 같은 가격에 거래되는 것이다. 두 나라의 상품 가격 차이가 사라지면 가격차를 노리는 중개거래도 사라진다.

이것은 화폐의 교환비율이 개별 국가 물가수준의 영향을 받는다는 것을 의미한다. 물가가 많이 오르는 나라의 화폐는 가치가 떨어지게 되어 있다. 2차대전이 끝난 이후 50여 년간 각국 화폐 사이의 환율 변화를 보면 물가인상률이 높은 나라의 화폐는 그만큼의 가치하락을 경험했다. 우리나라는 지난 1980년대 말까지 언제나 두 자릿수 인플레이션을 기록했기 때문에 물가인상률이 낮았던 나라 화폐인 달러, 엔, 마르크 등의 환율이 계속적으로 상승해 왔다. 1990년대 후반 이후 한국의 물가인상률이 10% 미만으로 떨어졌지만 미국과 서유럽, 일본보다는 여전히 높은 수준이기 때문에 원화의 가치하락 또는 달러, 유러, 엔화 등의 환율인상은 앞으로도 계속될 것이다. 하지만 물가수준의 변화는 장기적인 환율 변동을 설명하는 요소에 불과하다. 이것으로는 몇 달 사이에 환율이 두 배로 오르는 현상을 설명할 수 없다. 단기적 환율 변동의 원인을 해명하기 위해서는 다른 요소들을 고려해야 한다.

달러 환율은 외환시장에서 결정된다. 어디서나 그렇듯 시장가격을 결정하는 것은 수요와 공급의 상호작용이다. 화폐의 가격도 예외가 아니다. 공급량이 수요량을 초과하면 달러 가격은 떨어진다. 정반대 상황이라면 달러 가격은 올라간다.

우선 달러 공급을 보자. 달러는 누가 공급하는가? 첫째, 상품을 해외로 수출하는 수출업자는 수출대금으로 받은 달러를 외환시장에서 원화로 바꾸어 임금과 납품대금 등으로 지출한다. 둘째, 해외에서 달러를 빌려오는 금융기관은 이것을 원화로 바꾸어 기업과 가계 등 고객에게 대출한다. 기업이 해외에서 차입하는 경우에도 마찬가지다. 달러를 빌려오는 금융기관과 기업을 여기서는 자본 수입업자라고 하자. 주식이나 채권, 부동산 등 한국에 투자를 하려는 외국투자가들도 달러를 원화로 바꾸어야 한다. 원화 그 자체를 사고 파는 일로 돈을 버는 국제 환투기꾼들도 원화를 사려고 할 때는 자본 수입업자와 같은 달러 공급자가 된다. 이밖에도 해외에 취업해서 급여를 송금하는 파견근로자와 가족을 돕기 위해 송금하는 재외교민들이 있기는 하지만 비중이 작기 때문에 여기서는 무시하기로 한다. 달러 공급자는 상품 수출업자, 자본 수입업자, 그리고 외국 투자가 세 그룹이다.

그러면 달러 수요자는 누구인가? 첫째, 해외에서 상품을 수입하는 수입업자는 외국 상품을 사기 위해서 원화를 달러로 바꾸어야 한다. 둘째, 금융기관과 기업들이 외국에 돈을 빌려주려고 할 경우 먼저 달러를 매입해야 한다. 이것을 자본 수출이라고 하며 이런 일을 하는 금융기관과 기업을 여기서는 자본수출업자라고 한다. 우리나라 금융기관과 기업이 외국의 주식과 채권, 부동산 등을 취득할 때도 달러를 사야 한다. 국제 환투기꾼들도 원화를 팔아치울 때는 달러 수요자로 나서게 된다. 우리 국민이 해외 유학경비를 송금하거나 국내의 외국 근로자가 가족에게 송금할 때도 달러를 사야 하지만 여기서는 무시하기로 한다. 그러면 달러 수요자는 상품 수입업자와 자본 수출업자, 그리고 국내 투자가, 이렇게 세 그룹으로 볼 수 있다.

이제 국제적 상품 거래와 자본 거래가 환율에 어떤 영향을 미치는지를 살펴보기 위해서 우리 국민과 외국인 사이의 거래 내용과 규모를 알려주는 국제수지표에 대해서 잠깐 알아보자. 복잡한 것 같지만 그림 전체를 파악하기만 하면 별로 복잡할 것도 없는 것이 국제수지표다. 우리 국민이 외국인과 하는 모든 거래는 국제수지표에 잡힌다.

우선 매스컴에 자주 등장하는 경상수지는 상품수지와 서비스수지, 소득수지와 이전수지를 합친 것이다. 우리 기업이 외국에 수출하는 상품의 총액과 외국에서 수입한 상품의 총액을 비교하는 것이 상품수지다. 상품 수출이 수입보다 많으면 상품수지가 흑자, 적으면 적자라고 한다. 우리나라 상품수지는 거의 언제나 적자였다.

항공기와 배 등의 운송 서비스와 관광 서비스 등 무형의 서비스 수출과 수입을 비교하는 것이 서비스수지다. 서비스 수출입의 본보기는 외국 여행이다. 우리 국민이 파리 베르사유 궁전이나 알프스 만년설을 구경할 때 내는 입장료와 철도운임, 호텔 숙박비 따위는 모두 국내로 가지고 돌아오지 않고 현지에서 소비하지만 그 성격상 엄연한 서비스의 수입이다. 반면 일본인 관광객이 서울과 제주도에 와서 쓰는 관광경비는 모두 우리의 서비스 수출이다.

소득수지는 우리나라가 외국에 투자해서 얻는 이익과 이자, 해외 취업 근로자의 보수 등으로 얻는 소득과 같은 항목으로 우리나라가 지불하는 돈을 비교하는 항목이다. 이전수지는 우리나라가 국제기구나 외국에서 얻는 원조와 우리가 외국이나 국제기구에 주는 돈을 비교하는 항목이다. 이 네 항목을 모두 합쳐서 우리가 벌어들인 돈이 지출한 돈보다 많으면 흑자, 그 반대의 경우는 적자가 된다. 우리나라 경상수지는 1990년대 초에 잠깐 흑자를 낸 일을 제외하면 언제나 적자였다.

경상수지 적자는 벌어들인 외화보다 지출한 외화가 많다는 것을 의미하기 때문에 지속적으로 경상수지 적자를 보는 나라는 반드시 외화 부족 사태를 겪게 되어 있다. 달러 부족 사태를 피하기 위해서는 외국에서 자본을 들여와 부족한 달러를 보충해야 한다. 정부나 은행이 외국에서 차관을 들여오거나 외국기업이 한국에 투자하는 경우는 자본이 수입되고, 우리 정부와 은행이 외국에 돈을 꾸어주거나 우리 기업이 해외에 투자를 하면 자본 수출이 생긴다. 들어오고 나가는 자본의 거래 기간이 1년 이상이면 장기 자본 거래, 1년 미만이면 단기 자본 거래라고 하는데, 이러한 자본의 수출입을 비교하는 것을 '자본수지'라고 한다.

앞서 말한 경상수지와 자본수지를 합쳐서 '종합수지'라고 한다. 종합수지가 균형을 이루는 경우 경상수지 적자를 보는 나라는 반드시 자본수지 흑자를 보고, 경상수지 흑자를 내는 나라는 반드시 자본수지 적자를 낸다. 쉽게 말해서 수출로 벌어들인 것보다 많은 외화를 수입하는 데 지출한 나라는 반드시 외국에서 빚을 얻어와야만 국가부도를 면할 수 있다는 이야기가 된다. 가계든 기업이든 국가든 흑자는 선이고 적자는 악이라는 인식이 보편적인데, 자본수지는 흑자를 보면 볼수록 나라 빚이 많아지기 때문에 절대로 좋은 일이라고 할 수 없다.

만약 자본수지 흑자가 경상수지 적자보다 적을 경우, 종합수지는 적자가 된다. 이것은 곧 그 나라의 중앙은행과 금융기관의 외환보유고가 줄어든다는 것을 의미한다. 이런 현상이 장기간 지속되면 그 나라 외환보유고는 언젠가 바닥이 나고, 그 결과는 이른바 '모라토리움', 즉 국가적 대외 지불 불능 사태로 연결된다. 국가부도가 나면 현금 결재를 제외한 모든 국제적 상거래가 중단되며, 에너지와 원자재 등을 수입하지 못해서 그 국민경제는 말 그대로 총체적 파산을 맞이한다. 반면 종합수지가 흑자를 보이는 나라는 외환보유고가 계속 증가한다.

달러의 공급과 수요가 경상수지와 어떻게 관련되어 있는지를 알아보기 위해서, 우선 자본 수출입이 없다고 가정하자. 편의상 비중이 크지 않은 소득수지와 이전수지는 무시하고, 상품수지와 서비스수지만을 합쳐서 '경상수지'라고 하자. 그러면 서울 외환시장의 달러 공급량은 상품과 서비스 수출액과 같다. 수출업자들이 벌어들인 달러를 외환시장에 내놓는다는 이야기다. 마찬가지 이치에서 달러 수요량은 수입액과 같다. 수입업자들이 외국의 상품을 사기 위해 원화를 팔아 달러를 사려고 하는 것이다.

그런데 만약 어떤 이유 때문에 경상수지 적자나 흑자가 생기면 환율이 어떤 영향을 받을까? 우리나라는 IMF 위기가 도래하기 직전까지 5년 연속 경상수지 적자를 기록했는데, 특히 1996년 한 해 동안에는 무려 230억 달러의 적자를 냈다. 이 것은 달러 환율이 지나치게 낮았기 때문에 생긴 현상이다. 달러의 가치는 실제 가치보다 낮게 평가(과소평가)되어 있었고, 원화의 가치는 실제보다 높게 평가(과대평가)되어 있었다는 말이다. 이처럼 원화가 과대평가되어 있으면 우리나라 소비자들은 수입품을 저렴하게 사다 쓸 수 있어서 상품수지가 적자를 낸다. 괌이나 사이판 신혼여행이 제주도행보다 싸게 먹히는 웃지 못할 사태가 일어났으니 서비스수지도 적자가 날 수밖에 없었다. 1996년을 전후하여 수입품 사용과 해외여행이 붐을 이룬 것은 근본적으로 이런 사정 때문이었다.

경상수지 적자는 달러 공급(수출액)보다 달러 수요(수입액)가 많다는 것을 의미한다. 그러면 달러 환율은 올라야 한다. 우리나라 물가에 변동이 없어도, 환율이 오르면 달러로 표시한 우리 제품의 판매가격은 내려가고, 원화로 표시한 외제상품의 값은 올라간다. 그래서 수출은 늘어나고 수입은 줄어든다. 그러면 외환시장에 공급되는 달러가 늘어나고 달러 수요는 줄어든다. 이것은 경상수지 적자를 보는 나라의 화폐는 가치가 떨어져야 다시 경상수지 균형을 회복할 수 있음을 의미한다. 우리나라의 경우 1990년대 중반에 달러 환율이 크게 올랐어야 정상인 것이다.

하지만 실제 환율 변화를 보면 달러의 연평균 환율은 1991년도에 760원대였고, 1995년에는 774원, 무려 230억 달러의 경상수지 적자를 낸 1996년에도 800원 수준에 머물렀다. 미국도 1천억 달러 이상의 경상수지 적자를 낸 나라인 만큼 비교 대상으로서 적절치 않다는 지적을 할지도 모르겠지만, 미국은 어느 정도까지는 경상수지 적자를 내도 달러의 대외가치가 떨어지지 않는 예외적인 나라이다. 왜 그런지는 중앙은행의 화폐 발행권 독점과 그에 따른 이른바 '시뇨리지'(seigniorage) 문제를 다루는 다음 장에서 재론하기로 하고, 참고로 다른 나라 화폐의 환율 변동을 보기로 하자.

연간 700억 달러 이상의 경상수지 흑자를 낸 독일의 마르크 환율은 1991년도에 500원 수준이었고 1993년에는 460원대로 떨어졌으며, 1996년에도 530원 선을 유지했다. 해마다 1천억 달러의 경상수지 흑자를 낸 일본의 엔화 환율은 국제적으로 초강세를 보였지만 1991년도에 100엔당 607원이었고 1994년에 750원까지 폭등했다가, 그후 1996년까지는 730원 수준을 유지했다. 전체적으로 보면 원화의 대외적 가치는 1990년대에 들어 완만하게 하락했다. 그러나 우리나라가 이들 나라보다 해마다 3~6% 정도 높은 인플레를 겪었고 이 기간에 500억 달러가 넘는 누적 경상수지 적자를 기록했다는 사실을 고려할 때, 이런 정도의 환율인상은 너무나 미미한 수준이었다.

왜 이렇게 되었을까? 높은 물가인상률이나 경상수지 적자의 누적말고도 환율에 영향을 미치는 다른 요인이 있기 때문이다. 게다가 물가인상률이나 경상수지는 하루에 달러 환율이 10% 이상 오른 1997년 12월 서울 외환시장의 단기적인 움직임을 설명하는 데는 별로 쓸모가 없다. 환율의 단기적인 변동에 가장 직접적인 영향을 미치는 것은 자본 수입업자와 외국 투자가들이 하는 자본 거래라고 할 수 있다. 자본 거래는 국제적 거래 가운데서 가장 복잡하고 난해한 현상이지만, 자본 거래가 환율에 미치는 영향은 명확하다. 자본 수입은 달러의 공급 증가를 의미하며, 자본 수출은 달러의 수요 증가를 의미한다.

앞에서 말한 바와 같이 경상수지 적자가 나면 달러 수요가 공급을 초과한다. 환율이 제자리를 유지하려면 경상수지 적자만큼의 자본수지 흑자가 나야만 한다. 만약 자본수지 흑자가 경상수지 적자보다 클 경우 경상수지 적자가 나는데도 환율이 오히려 떨어질 수도 있다. 하지만 이런 상황이 장기간 계속될 수는 없다. 어느 시점에서 자본수지 흑자를 낼 수 없는 상황이 오면 반드시 파국이 찾아들기 때문이다. 정부와 은행, 기업들이 더 이상 외국에서 빚을 끌어올 수 없게 되고, 외국 투자가들이 한국에 투자한 돈을 회수해 나간다면, 달러 공급 부족 때문에 환율이 통제할 수 없는 수준으로 폭등한다.

이 경우 환율인상을 막을 수 있는 유일한 방법은 정부가 외환시장에 개입해서 중앙은행이 보유한 달러를 팔아치움으로써 달러 공급 부족을 해소하는 것이다. 달러 공급 부족이 일시적인 현상이라면, 다시 말해서 경상수지 적자를 단기간에 해소하고 흑자로 전환시켜낼 수 있다면 정부의 개입은 효과를 낼 수 있다. 그러나 만

성적인 경상수지 적자를 내고 있는 상태에서는 정부 개입이 힘을 발휘할 수 없다. 한국은행이 보유한 외환을 다 팔아치우고 나면 정부가 개입할 수단은 아무 것도 남지 않기 때문이다.

여기까지가 국제적 분업체제에 깊숙하게 통합된 하나의 국민경제가 외환부족으로 인한 국가 부도 사태에 빠질 수 있음을 알려주는 전통적인 설명 방법이다. 여기에는 그 어떤 마법적 요소도 없다. 초보적인 수준의 화폐 이론이나 국제무역론을 공부한 경제학도라면 웬만큼 알고 있어야 하고 또 알고 있는 이론이며, 경제성장률과 물가인상율, 국제수지 등 이른바 거시경제지표의 동향을 관찰하면 환율 동향은 얼마든지 예측할 수 있다. 그런데도 우리의 경제학자와 경제 전문가들은 1997년의 외환위기가 콧잔등을 후려친 그 순간까지도 그러한 사태가 도래할 것임을 예측하지 못했다.

하지만 그들을 무식하고 무능하다고 도매금으로 몰아치는 것은 옳지 않다. 그들은 이론적인 수준에서 만성적으로 경상수지 적자를 내는 한국경제가 외환위기에 빠질 수 있다는 것을 잘 알고 있었다. 하지만 아는 것은 거기까지였다. 어떤 시점에서, 왜, 어떤 방식으로 그 잠재적인 위기가 현실화할 것인지를 몰랐다는 말이다. 다시 말해서 어느 시점에서 어떤 일을 계기로 우리 기업과 금융기관에 돈을 꾸어주었던 미국과 일본 은행들이 갑자기 한국경제에 대한 믿음을 버리는 사태가 올지를 예측하기는 어려운 것이다. 그들이 대출금 상환만기 연장을 거절하고 원화 자산을 일제히 팔아치울 경우 환율은 천정부지로 치솟고 무역의존도가 매우 높은 한국경제는 하루아침에 국제거래를 하는 데 필요한 달러가 없어 나락으로 굴러 떨어지게 되어 있지만 언제 그런 행동이 나타날지 알 수가 없다는 이야기다.

나중 직무유기 혐의로 법정에 섰던 전직 고위 경제관료들이 무죄선고를 받은 것은 당연한 일이다. 엉터리 예보를 남발한 경제연구소 책임자들이 아무런 책임도 지지 않은 것 역시 당연하다. 그들의 잘못은 위기의 도래를 예측하지 못한 데 있는 게 아니다. 경제학 자체가 그런 신통력을 발휘하기를 기대할 수 없는 원시적인 과학이기 때문이다. 그들의 잘못은 위기를 예측하지 못한 것이 아니라, 위기가 찾아들 가능성에 대해서 경고하면서 언제 어떻게 그런 사태가 올지 모르겠다고 솔직하게 말하지 않고, 그런 일은 없을 것이라고 큰소리를 친 데 있다.

니콜라우스 피퍼(Nikolaus Piper)라는 독일 경제학자는 『위대한 경제학자들』(Die Grossen Oekonomen)이라는 책의 서문에서 경제학 이론의 현실적 효용을 의심하는 우스개를 하나 소개했는데, '아무짝에도 쓸 데가 없는 경제학'이라는 비난이 우리나라에만 해당되지는 않는다는 것을 우리의 경제 전문가들은 큰 위안으로 삼을 수 있을 것이다.

두 남자가 기구를 타고 여행을 하던 중 항로를 이탈해서 방향을 잃은 채 산과 강을 건너 떠돌고 있었다. 한참을 헤매던 끝에 어떤 농부를 발견한 두 사람은 큰 소리로 물었다. "우리가 지금 어디에 있습니까!" 농부가 소리쳤다. "당신들, 지금 기구를 타고 있잖아요!" 잠시 멍하니 얼굴을 맞대고 있던 두 남자 가운데 하나가 말했다. "맞는 말이야. 정확하기도 하고." 다른 하나가 덧붙였다. "그런데 아무짝에도 쓸 데가 없군."

짧은 시간 내에 환율이 큰 폭으로 요동치는 것은 국제적 자본 거래와 금융투기 때문이다. 우리의 경제학자와 경제 전문가들은 투기성 국제금융거래의 위험성을 과소평가했다. 나이가 이미 50대 중반을 넘어선 고위 경제관료와 경제연구소 책임자들이 학위를 따고 논문을 쓰느라고 열심히 공부한 시기는 대체로 1970년대 후반과 1980년대 초반까지로 볼 수 있다. 그들은 그 당시로서는 최신 이론을 공부했지만, 그때는 아직 세계 금융시장을 '글로벌' 한 노름판으로 만들어버린 국제금융투기가 보편화하기 이전이다. 금융자본이 거의 아무런 장애물이 없이 높은 이윤과 이자를 찾아 광속으로 지구상을 돌아다니는 것은 1980년대 말 사회주의체제가 붕괴하고 나서야 그 모습을 드러낸 새로운 현상이다. '환란의 책임자'와 '돌팔이 경제 전문가'들이 부지런히 전문 경제학 저널에 실린 최신 논문들을 읽고, 정상급 경제학자들 사이에 벌어진 논쟁에 주목하고, 우리 경제의 지표들을 면밀하게 점검하고 있었더라도, 1997년의 외환위기를 정확하게 예측하기는 어려웠을 것이다.

우리는 투기성 금융자본이 빛과 같은 속도로 국민국가의 경계선을 넘나드는 시대에 살고 있다. 김대중 대통령이 당선자 시절 국제 금융계의 큰손 조지 소로스를 일산 자택으로 초대해 극진한 대접을 한 적이 있다. 소로스는 1990년대 중반 영국과 프랑스 같은 서유럽 선진국 국민경제를 투기 대상으로 삼아 엄청난 돈을 벌었던 인물로서, 국제금융시장을 혼돈에 빠뜨리고 동남아시아 신흥공업국들과 한국 등 멀쩡한 국민경제를 위기에 몰아넣은 범죄자라는 비난까지 듣고 있던 터였다. 김대중 대통령 당선자와 조지 소로스의 만남은 국제적 자본 이동이 국민국가의 주권을 농락한다는 유럽 지식인들의 진단이 진실임을 증명하는 하나의 사례에 불과하다. 다음은 독일 저널리스트 H. P. 마르틴과 H. 슈만이 함께 쓴 『세계화의 덫』(Globalisierungsfalle)의 한 대목이다.

이른바 세계화와 더불어 국경을 넘나드는 자본 이동에 대한 규제가 제거되면서 자본의 운동은 불길한 힘을 지니게 되었다. 국민국가들이 하나씩 하나씩 그 주권을 상실한 결과 무정부주의적이라고까지 할 수 있는 분위기가 도처에 팽배하게 된 것이다. 자유로운 국제적 자본 이동 때문에 개별 국민국가는 조세 징수권을 잃게 되었을 뿐만 아니라 많은 것을 빼앗기고 농락당하기까지 한다. 자본의 운동을 더 이상 통제할 수 없기 때문에 그들은 조직적인 범죄집단 앞에 무기력하게 서 있는 경찰처럼 되어버렸다.

달러의 세계 지배

"황금을 보기를 돌같이 하라, 최영 장군의 말씀 새기며." 어린이들이 즐겨 부르는 동요 '한국을 빛낸 100인의 위인들' 가사 한 구절이다. 최영 장군이 말한 '황금'은 곧 부(富) 또는 돈을 의미한다. 최영 장군의 말씀이 역사에 남은 것은, 보통 사람들이 황금 보기를 절대 돌같이는 하지 않기 때문이다. 자급자족이 아닌 교환경제에서는 돈을 손에 넣지 못하면 생존할 수가 없다. 개인에게 돈은 매우 희소하고 가치 있는 존재라는 이야기다. 이것은 예나 지금이나 마찬가지여서, 무려 2,000년 전 중국에서 살았던 사마천은 불후의 명작으로 손꼽는 『사기열전』(史記列傳)에서 돈에 대한 인간의 집착을 이렇게 묘사했다.

> 인간은 누구든지 배우지 않아도 부를 원한다. 장수가 전쟁터에서 성을 공격하여 제일 먼저 적진을 함락시키려 하고, 자진하여 화살과 돌을 무릅쓰고 적장을 베고 적기를 탈취하는 것은 큰 상을 받기 위해서다. 거리의 젊은이들이 강도 살인하여 시체를 매장하고 사람을 협박하여 간악한 짓을 하며 무덤을 도굴하고 화폐를 위조하는 것도 사실상

모두가 재물을 목적으로 할 뿐이다. 미녀와 무희들이 곱게 단장하고 비파를 켜고 긴 소매를 나부끼며 추파를 던지고 천리를 멀다 않고 나아가 손님의 노소를 가리지 않는 것도 돈을 구하기 때문이다. 의술을 비롯한 여러 가지 기술을 생업으로 하는 사람들이 노심초사하여 있는 힘을 다 짜내는 것도 사례를 중시하기 때문이다. 관리가 법조문을 곡해하고 가짜 도장을 새기고 문서를 위조하여 벌을 받는 것은 뇌물의 유혹에 빠지기 때문이다.

그런데 부와 돈은 다르다. 물론 개인에게 이 둘은 같다. 돈이 있으면 구하지 못할 것이 없고, 개인의 부는 일정한 액수의 화폐량으로 표시할 수 있기 때문이다. 그러나 사회 전체로 보면 돈 그 자체는 돌만큼의 가치도 없다. 돌은 집을 짓거나 정원을 꾸미거나 도구를 만드는 데 쓸모가 있다. 하지만 돈은 아무짝에도 쓸모가 없다. 돈으로는 집을 지을 수 없다. 동전은 먹을 수도 없으며, 지폐는 땔감으로 쓰기에도 적당치 않다. 사람들이 돈 보기를 돌같이 하는지 여부와 무관하게, 돈 그 자체는 그야말로 '쓸데없는' 물건인 것이다. 개인에게는 무한한 가치를 지니지만 사회 전체로 보면 아무 가치가 없다는 것, 이것이 화폐가 원래부터 지니고 있는 흥미로운 패러독스다. 미국 로체스터 대학 경제학 교수인 스티븐 랜즈버그(S. E. Landsberg)는 『안락의자의 경제학자』(The Armchair Economist)라는 책에서 이 패러독스가 의미하는 바를 다음과 같이 설명했다.

누군가 하루 저녁 내내 돈을 불사른다고 해도 이 세상 전체의 부(富)가 줄어들지는 않는다. 돈 1달러가 재로 변하면 통화공급이 아주 조금 줄어들고, 경제 전체로 보면 물가도 감지할 수 없을 만큼이긴 하지만 분명히 하락한다. 이 사건으로 이득을 보는 것은 돈이 불타는 그 순간에 현찰을 보유하고 있는 사람들이다. 1달러 지폐 한 장을 불태움으로써 발생한 물가 하락 때문에 재산 가치가 늘어난 현찰 보유자의 이익을 모두 합치면 1달러를 불태운 사람의 손실과 정확히 일치한다.

랜즈버그의 말이 옳다는 것은 직관적으로 알 수 있다. 만약 돈이 곧 부라면 가난한 나라란 존재할 수 없을 것이다. 정부가 중앙은행에 화폐를 찍으라고 지시하면 그걸로 만사형통이기 때문이다. 화폐는 그림과 숫자를 인쇄한 종이쪽지에 불과하다. 종이에 그림을 그리는 일로 나라가 부유해질 리는 만무하다.

랜즈버그의 말을 뒤집어보면 돈을 불태우는 것과 마찬가지로 돈을 새로 만드는 행위 역시 사회 전체의 부에 아무런 영향을 미치지 않는다는 이야기가 된다. 누군가 1달러짜리 화폐 한 장을 완벽하게 위조했다면 통화량이 아주 조금 늘어나고, 경제 전체로 보면 물가가 감지할 수 없을 만큼이지만 분명히 올라간다. 이 사건으로 손해를 보는 사람은 그 순간에 현금을 보유하고 있는 사람들이다. 1달러 지폐 한 장을 위조함으로써 발생한 물가인상 때문에 재산 가치가 줄어든 사람들의 손실을 모두 합치면 지폐를 위조한 사람이 얻은 이익과 정확히 일치한다. 이런 면에서 보면 지폐를 불태우는 것은 자선행위가 되고 지폐를 위조하는 행위는 도둑질이 된다.

국가를 합법적인 폭력기구로 보는 견해가 있다. 군대와 경찰의 폭력은 공권력이라는 이름으로 정당화할 수 있지만, 폭력은 국가의 것이든 개인과 사적 집단의 것이든 본질적으로 동일하다는 것이다. 화폐 역시 마찬가지다. 랜스버그의 이론에 따르면 화폐량을 늘리는 행위는 누가 하든간에 불특정 다수에게 손해를 입히는 도둑질이다. 그런데도 국가가 하면 통화공급 확대라는 합법적 행위가 되고 개인이

하면 범죄가 되는 것이다.

　물론 이 둘은 목적이 다르다. 화폐 위조범은 불특정 다수의 재산을 훔치기 위해 일을 저지른다. 그러나 정부는 국민경제가 잘 돌아가도록 하기 위해 화폐를 발행한다. 하지만 목적이 다르다고 해서 그 효과가 달라지는 것은 아니다. 화폐량이 늘어나는 만큼 화폐를 보유한 사람들이 손해를 보며, 그 손해를 모두 합치면 정부가 화폐량을 늘림으로써 얻는 이익과 일치한다는 사실은 변하지 않는 것이다. 화폐 발행권을 국가가 독점하도록 법을 만들어둔 것은 바로 이런 사실 때문이다. 그러면 이제, 랜즈버그가 도대체 무슨 근거로 누군가 화폐를 불사르면 물가수준이 내려간다고 말했는지, 그리고 정부가 어떤 방식으로 화폐 발행에 따르는 이익을 챙기는지 따져보기로 하자.

　경제학도라면 누구나 한 번쯤은 들어보았을 유명한 방정식이 있다. 이른바 '교환방정식'(equation of exchange)이다. 이 방정식은 단 한 줄 짜리로, 초등학교 수준의 수학만 알면 누구나 이해할 수 있을 정도로 간단하다.

$$MV = PQ$$ (M은 통화량, V는 화폐유통속도, P는 물가수준, Q는 거래량)

　우선 우변을 보자. 우변은 한 해 동안 시장에서 거래된 모든 재화와 서비스의 양(Q)에다 물가수준(P)을 곱한 것이다. 거래량에 가격을 곱했으니 우변은 국민경제의 한 해 거래 총액이 된다. 그런데 상품을 거래하면 항상 물건값에 상응하는 액수의 화폐가 건너간다. 이 둘은 언제나 같을 수밖에 없다. 만약 전체 거래액(PQ)이 1,000조 원인데 통화량(M)이 100조 원이라면 화폐는 평균 10번씩 거래에 사용된 셈이 된다. 한 해 동안 화폐가 몇 번이나 거래의 매개수단으로 사용되었는지를 나타내는 것이 바로 화폐유통속도(V)다. 사후적으로 측정해 보면 교환방정식의 좌변과 우변은 항상 일치한다. 이름이 좋아 방정식이지, 사실 아무 의미도 없는(trivial) 항등식에 불과한 것이다.

그런데 화폐유통속도(V)가 일정하다고 가정하면 이 방정식은 중대한 의미를 얻게 된다. 여기서 화폐는 무언가를 거래하는 데 필요한 '지불수단'을 의미한다. 가계와 기업 등 경제주체는 자기가 보유한 자산 가운데 일부만을 화폐 형태로 보유한다. 이것은 화폐를 보유하는 데 비용이 따르기 때문이다. 자산을 부동산이나 유가증권, 또는 정기예금으로 보유할 경우 임대료나 이자소득을 얻을 수 있다. 그러나 현금은 아무리 많이 가지고 있어도 이자가 생기지 않는다. 다른 형태의 자산을 보유함으로써 얻을 수 있는 이익이 현금을 보유하면 없어지는 것이다. 게다가 인플레이션이 있는 경우 현금의 가치는 그만큼 줄어들기까지 한다.

만약 사람들이 화폐(현금 또는 현금과 다름없이 언제나 지불할 수 있는 지불수단)를 되도록 적게 보유하려 한다면 그 국민경제의 화폐유통속도는 빨라진다. 국민경제에서 이루어지는 모든 거래를 성사시키는 데, 그렇지 않은 경우보다 적은 양의 화폐가 필요하다는 이야기다. 사람들의 화폐 보유 습관은 여러 가지 요인에 의해서 형성되며, 다른 습관들과 마찬가지로 짧은 시간 내에는 크게 바뀌지 않는다. 따라서 화폐유통속도가 일정하다는 가정은 어느 정도 현실성이 있다고 하겠다.

교환방정식이 인기를 누리는 것은 통화량(M)과 물가수준(P)의 관계를 이해하는 데 매우 편리하기 때문이다. 만약 화폐유통속도(V)를 상수로 보면 교환방정식은 다음과 같이 쓸 수 있다.

$$P = \frac{V}{Q} M$$

예컨대 한국경제가 성장을 멈추고 현상유지를 한다고 가정하자. 화폐유통속도(V)와 아울러 거래량(Q)도 상수가 된다. 따라서 우변 V/Q 역시 상수가 된다. 만약 그렇다면 물가수준은 오로지 통화량에 의해 결정된다. 이 방정식이 성립하려면 통화량이 1% 증가하면 물가도 1% 상승해야 하는 것이다. 정부의 통화정책과 관련하여 이 방정식은 여러 가지로 해석할 수 있다.

첫째, 장기적으로 볼 때 통화량이 늘어나지 않는 한 인플레이션은 있을 수 없다. 모든 인플레이션은 궁극적으로 정부의 화폐 남발에 기인한다는 이야기다.

둘째, 성장하는 국민경제의 경우 물가안정을 원한다면 정부는 경제가 성장하는 것과 비슷한 속도로 통화공급을 확대해야 한다. 국민경제의 거래량은 실질국민소득 증가율 또는 경제성장률과 결부되어 있다. 실질국민소득이 증가하면 거래량도 따라서 증가한다. 결국 교환방정식 우변 분모에 있는 거래량(Q)이 증가하는 것과 같은 비율로 통화량(M)을 증가시키면 통화공급 부족으로 인한 디플레이션과 통화공급 과잉으로 인한 인플레이션을 모두 방지할 수 있다는 이야기다.

셋째, 통화량을 늘림으로써 경제성장률을 높일 수 있다. 그러면 돈을 찍어서 나라를 부자로 만들 수는 없다는 말과 모순되지 않는가. 그렇지 않다. 길게 보면 이 말이 맞다. 하지만 잠깐 동안은 돈을 찍어서 나라를 조금 더 부유하게 만들 수 있다. 통화량 증가와 물가인상의 시차(時差) 때문이다. 정부는 마음만 먹으면 짧은 시간에 통화량을 증가시킬 수 있다. 그러나 이것이 물가에 반영되는 데는 시간이 더 많이 걸린다. 통화량(M)이 증가했는데 물가수준(P)은 아직 그에 상응하는 비율로 오르지 않은 경우 교환방정식이 성립하려면 어떻게 되어야 할까? 화폐유통속도(V)가 일정하다는 가정을 유지한다면 해결책은 우변 거래량(Q)의 증가밖에 없다. 이것은 결국 실질국민소득의 증가를 의미한다.

이 장의 주제는 교환방정식이 아니라 국가의 화폐 발행권 독점 문제다. 화폐 유통속도가 일정하다고 보거나, 한 발짝 양보해서 일정하지는 않지만 매우 안정적이어서 예측할 수 있다고 주장하면서 재정정책보다는 통화정책을 옹호하는 경제학자들을 통화주의자(monetarist)라고 한다. 그들의 주장을 뒷받침하는 것이 바로 이 교환방정식이다. 그들의 주장이 얼마나 타당한지에 대해서 알고 싶은 독자들께서는 경제학원론 교과서에서 필요한 설명을 발견하실 수 있을 것이다.

그리고 말이 나온 김에 한 가지 더, 도대체 통화량(M)이 무엇을 의미하는지 간단히 짚어보자. 신문 경제기사를 유심히 살피는 독자들은 통화량 문제와 관련해서 M_1(통화)이니 M_2(총통화)니 M_3(총유동성)니 하는 용어를 자주 보셨을 것이다. 이러한 통화지표(通貨指標)는 경제학자들이 어떤 것을 통화량에 포함시켜야 교환방정식이 시사하는 바 물가와 통화량, 국민소득과 통화량의 상관관계를 가장 정확하게 포착할 수 있는지를 고민한 끝에 만든 것들이다. 다시 말하지만 화폐는 거래에 필요한 지불수단을 의미한다. M_1은 지불수단의 범위를 가장 좁게, 그리고 M_3는 가장 넓게 획정한 것이다. 당연히 M_2는 둘의 중간쯤에 있다. 독자들께서 경제학 용어 해설서나 개론서에서 이 세 가지 통화량에 관한 설명을 쉽게 찾아보실 수 있을 것이기 때문에, 여기서는 이러한 분류법의 근본원리만 간단히 설명하기로 하자.

M_1은 쓰는 사람이 아무런 손해도 보지 않고 즉각 지불수단으로 사용할 수 있는 자산만을 포함한다. 구체적으로는 우선 민간가계와 기업이 보유한 현금이 있다. 언제든지 찾아 쓸 수 있는 요구불예금도 여기에 포함시킨다. 요구불예금에 근거를 두고 발행하는 자기앞수표와 당좌수표 등은 현금이나 마찬가지이기 때문이다.

M_2는 M_1에 은행의 저축성예금을 더한 것이다. 정기예금이나 정기적금은 계약

기간이 지나기 전에 해약하면 이자 손실 등 손해가 따른다. 하지만 그보다 더 큰 이익이 나는 거래가 있거나 긴급한 상황에서는 얼마든지 현금화해서 지불수단으로 쓸 수 있다. 저축성예금 역시 지불수단으로 볼 수 있다는 이야기다.

M3는 M2에 투자금융회사와 상호신용금고 등 은행이 아닌 금융기관의 양도성 예금증서(CD), 금융채권, 예수금 등을 합친 것이다. 이런 금융자산을 현금으로 바꾸려면 시간이 좀 걸리며, 경우에 따라서는 제법 손해를 봐야 하는 경우도 있다. 하지만 이것들 역시 넓은 의미에서는 지불수단으로 보는 것이 타당할 것이다.

그러면 이 가운데 어떤 통화지표를 택할 것인가? 우선 물가와 경제성장률 등 실물경제의 동향을 밀접하게 반영하는 지표가 좋다. 그렇지 못한 지표는 아무 데도 쓸 곳이 없다. 그리고 정부가 잘 통제할 수 있는 지표가 좋다. 통제도 할 수 없는 지표라면 알아봐야 별 의미가 없기 때문이다. M1, M2, M3는 이러한 기준에 비추어볼 때 각각 장단점이 있어서 어느 하나가 모든 면에서 다른 것보다 낫다고 하기가 어렵다. 당국이 세 가지 통화지표를 모두 정기적으로 조사하여 정책 판단의 자료로 삼는 것은 바로 그 때문이다.

이제 본론으로 돌아가 국가가 화폐 발행권 독점에서 어떤 이익을 얻는지를 살펴보자. 앞서 말한 바와 같이 경제학자들이 이상적으로 생각하는 완전 경쟁 시장에서 상품의 가격은 그것을 생산하는 데 들어가는 한계비용과 일치한다. 그러나 화폐에 관한 한 이 원리는 전혀 통용되지 않는다. 화폐 생산의 한계비용은 제로이기 때문이다. 한국조폐공사가 한국은행의 주문을 받아 1만 원권 지폐를 찍는 상황을 생각해 보자. 예컨대 한 해 1천만 장을 찍는다고 가정하면 1만 원권 지폐의 한계비용은 999만 9,999장을 생산할 경우의 총 비용과 1천만 장을 찍을 때의 총 비용, 둘 사이의 차액을 의미한다. 1천만 번째의 마지막 지폐 한 장이 일으키는 추가적인 비용은 사실상 0이다.

그러면 1만 원권 지폐의 시장가격은 얼마일까? 화폐의 시장가격은 이자율로 볼 수 있다. 연간 이자율이 10%라면 1,000원, 5%라면 500원이다. 금화나 은화가 통용되던 시대에는 화폐의 한계생산비가 0이 아니었다. 그러나 지불수단으로서 일반적으로 받아들여진다는 사실 하나를 제외하면 그 자체로서는 아무런 사용가치도 없는 지폐의 시대가 도래하면서 화폐는 근본적으로 시장가격과 한계비용이 일치할 수 없는 특수한 상품이 되어버렸다. 정부가 화폐 발행에서 얻는 이익은 화폐의 이러한 특수한 성격에서 나오는 것이다.

지불수단으로서의 화폐를 창조하는 것은 정부(중앙은행)만이 아니다. 개인과 민간 금융기관도 협력해서 화폐를 만든다. 그러나 화폐 창조의 시발점은 언제나 중앙은행이다. 중앙은행은 화폐를 공짜로 시장에 풀어놓지 않는다. 금융기관에 대출을 해주거나, 금융기관이 보유한 유가증권을 사주는 등의 방법으로 돈을 푼다. 그리고 이 모든 경우에 나간 돈에 대해 이자를 챙긴다. 모든 산업국가의 중앙은행은 이런 방식으로 돈벌이를 해서 총재와 직원들에게 봉급을 주고, 건물을 짓고, 지폐 인쇄비용을 지불하는데, 화폐 발행에서 발생하는 이러한 이익을 가리켜 경제학자들은 시뇨리지(seigniorage)라고 한다. 그러고도 남는 돈이 있으면 중앙정부에게 선사한다. 과거에는 중앙은행이 돈을 찍어서 직접 정부에 빌려주기도 했는데, 이런 짓을 하는 나라의 화폐는 조만간 휴지조각이 될 수 있다는 사실을 누구나 알고 있는 요즘에는, 거의 모든 나라가 이런 행위를 법률로 금지하고 있다.

중앙은행이 발행하는 현금은 화폐의 가장 기본적인 형태이지만 전부는 아니다. 중앙은행에 이자를 지불하고 현금을 손에 넣은 금융기관은(편의상 A은행이라 한다.) 이 돈에 그보다 더 높은 이자율을 붙여 민간기업과 개인(여기서는 통틀어 고객이라 한다.)에게 빌려준다. 은행장과 직원들에게 봉급을 주고 멋있는 사옥을 유지하려면 그렇게 해서 무언가를 챙겨야 한다. 돈을 대출받은 고객(편의상 갑이라 하자.)은 그걸 모두 현금으로 인출하지 않는다. 일부는 현금으로 쓰고 나머지는 B은행에 맡겨둔다. 그러면 B은행은 예금의 일부만을 '지불준비금'으로 떼서 한국은행에 맡겨두고 나머지 돈을 고객 을에게 빌려준다. 고객 을은 그중의 일부만을 인출하고 나머지를 C은행에 맡긴다. C은행은 그중 일부를 지불준비금으로 예탁하고 나머지를 고객 병에게 꾸어준다.

이것은 한국은행이 시장에 투입한 최초의 화폐가 고객과 시중은행을 돌고 돌면서 몇 배로 '뻥튀기'된다는 것을 의미한다. 몇 배로 뻥을 튀기느냐는 여러 가지 요소에 좌우되는데, 고객들의 습관과 법정 지불준비율이 가장 중요하다. 은행 고객들, 즉 기업과 가계가 자산 가운데 현금의 비중을 높게 유지할 경우 은행시스템에서 빠져나가는 양이 많기 때문에 뻥튀기가 덜 된다. 또 정부가 지불준비율을 높게 책정할수록 예금 가운데 대출할 수 있는 돈의 비중이 줄어들기 때문에 역시 뻥튀기가 줄어든다. 경제학에서는 한국은행이 발행한 화폐가 은행시스템을 돌면서 뻥튀기되는 것을 가리켜 '금융시스템의 통화 창조'라고 하며, 그 뻥튀기의 정도를 나타내기 위해 '승수효과'(multiplier effect)라는 고상한 표현을 쓴다. 관심 있는 독자들께서는 경제학원론 교과서 말미의 색인 페이지에서 승수효과를 찾아 본문을 펼쳐보면 뻥튀기의 정도를 결정하는 수학적 공식을 발견할 수 있을 것이다.

마법사가 검은 모자에서 뭔가를 꺼내지만 무에서 유를 창조하지는 못한다. 중앙은행 역시 그런 마법을 부리는 것처럼 보이지만 주문과 괴상한 손놀림으로 시뇨리지를 불러낸 것은 아니다. 화폐를 발행하는 그 자체로 사회의 부가 늘어나지 않는다는 것은 명백한 사실이다. 그런데도 한국은행은 시뇨리지라는 물질적 이익을 챙긴다. 이건 어디서 온 것일까? 물론 누군가 다른 사람들, 즉 화폐를 사용하는 기업과 개인에게서 나온 것이다.

시뇨리지의 원천은 두 가지다. 첫째는 통화량 증가로 인해 발생하는 인플레이션 때문에 화폐 보유자들이 입는 손실이다. 이것은 중앙은행이 불특정 다수인 화폐보유자의 재산을 훔쳐가는 행위지만 법률적으로는 완전히 합법이다. 둘째로 중앙은행은 아무에게도 손해를 입히지 않고 시뇨리지를 챙길 수 있다. 앞서 보았던 교환방정식에서 우변 거래량(Q)이 증가하는 만큼 좌변의 통화량(M)을 증가시키면 물가수준(P)에는 아무 일도 일어나지 않는다. 거래량이 증가하는데도 통화량이 늘지 않으면 물가수준이 내려가야 한다. 그런데 만약 물가수준이 거래량 증가와 반비례해서 하락하지 않을 경우 교환방정식이 성립하기 위해서는 거래량이 도로 줄어들어야 한다. 거래량의 감소는 곧 경기후퇴, 불황, 실업과 같은 불행한 현상이 일어난다는 것을 의미한다. 중앙은행은 이런 사태를 예방하는 '착한 일'을 하면서 돈을 벌 수 있다. 물가인상률이 0이라고 해서 중앙은행이 공짜로 시중은행에 돈을 빌려주는 일은 없기 때문이다.

한국은행이 시뇨리지를 챙긴다고 해서 크게 억울해 해야 할 이유는 없다. 보통은 부자일수록 거래도 많이 하고 현금 보유도 많이 하니까, 소득세나 재산세처럼 더 가진 사람이 정부에 돈을 더 많이 낸다고 보면 된다. 이런 면에서 보면 자기의 자산 규모에 걸맞지 않게 많은 현금을 쓸데없이 보유하는 건 멍청한 짓이다. 그런데 만약 시뇨리지가 미국으로 나간다면 어떨까? 한마디로 국부 유출이니 누구도 반기지 않을 나쁜 일이다. 그런데 현실은 거꾸로다. 미국 연방준비은행에 엄청나게 많은 시뇨리지를 안겨주는 행위를 정부는 자랑으로 삼고 언론과 국민은 그것 좋은 일이라며 박수를 친다. 한국정부가 마지막 남은 IMF 대출금을 조기 상환하면서 'IMF 졸업'을 선언한 2001년 8월 현재 우리나라의 외환보유고는 무려 1천억 달러에 육박했다. 외환보유고가 넉넉하면 한국경제의 국제신인도가 올라가서 좋은 일이란다. 물론 그렇다. 하지만 이게 엄청나게 많은 비용이 드는 일이란 것 역시 분명하다.

교환방정식은 하나의 국민경제 내부에도 적용할 수 있지만 국제교역에도 그대로 적용할 수 있다. 화폐량(M)을 국제결제에 사용되는 화폐의 유통량으로, 거래량(Q)을 서로 다른 나라 사이의 거래량으로, 물가수준(P)을 국제시장의 물가수준으로 보면 된다. 제2차 세계대전 이후 국제거래의 규모는 기복이 없지는 않지만 지속적으로 성장했으며, 물가수준 역시 지속적으로 상승했다. 이 거래를 성사시키는 데 점점 더 많은 국제적 지불수단이 필요한 건 당연한 일이다. 그런데 지불수단으로 가장 널리 통용되는 화폐는 달러다. 전체 거래액 가운데 달러가 차지하는 비중은 최소한 60%가 넘는다. 따라서 국제교역의 급속한 확대를 뒷받침하려면 달러의 국제적 유통량이 늘어나야 한다.

달러는 어디서 나오는가? 미국 연방준비은행이다. 이 달러가 국제적으로 통용되려면 미국 밖으로 나가야 한다. 어떻게? 첫째는 대출이다. 미국 연방준비은행이 민간 금융기관에 여러 가지 방식으로 돈을 꾸어주고, 미국 금융기관이 더 높은 이자를 붙여 그 돈을 외국 금융기관이나 기업에 꾸어줌으로써 달러가 국경 밖으로 나간다. 둘째는 무역적자다. 세상에서 무역적자만큼 좋은 일도 드물다. 전세계에서 좋은 물건을 가져다 쓰면서, 종이에 잉크를 묻혀서 만든 지폐로 그 대가를 지불하면 되니까, 이보다 더 좋은 일이 달리 있을까? 그런데 이런 좋은 일은 아무 나라나 다 누릴 수 없다. 앞서 살펴본 것처럼 장기간 무역적자를 보는 나라의 화폐는 값이 떨어지게 되어 있다. 누구나 값이 떨어질 것으로 예측할 수 있는 화폐는 금방 국제무대에서 퇴장당하게 된다.

그러나 미국은 예외다. 미국은 지난 반세기 동안 계속해서 경상수지 적자를 기록했다. 하지만 달러는 그 가치가 좀 떨어지기는 했지만 국제적 지불수단으로서의 지위를 별 문제 없이 그대로 유지하고 있다. 다른 모든 나라들이 무역흑자를 통해 달러를 확보하려고 아우성을 쳤고 지금도 아우성을 치고 있기 때문이다. 미국은 세계경제를 위해서 앞으로도 계속 무역적자를 보는 게 좋다. 그렇지 않으면 달러 부족 사태로 인해 국제교역이 위축되어 세계경제가 불황의 늪에 떨어질지도 모른다.

실력 있는 위조지폐범의 성공한 완전범죄를 제외하면 세상의 모든 달러가 다 미국에서 나왔기 때문에 세계적 범위의 달러 쟁탈전은 미국에 해마다 막대한 시뇨리지를 안겨주고 있다. 이 시뇨리지는 달러를 보유한 전세계 정부와 기업, 개인에게서 나온다. 그리고 수혜자는 미국정부와 민간 금융기관, 그리고 미국 국민들이다.

우리나라가 보유한 1천억 달러의 외환은 모두 현금이거나, 즉각 현금화할 수 있는 대신 수익률이 극히 낮은 자산으로 구성되어 있다. 연리 5%를 적용할 경우 1천억 달러 외환보유로 인한 손실은 50억 달러가 된다. 같은 액수를 벌어들이려면 자동차와 반도체 따위를 얼마나 수출해야 할까? 매출 대비 수익률을 아주 후하게 5%로 잡아도 1천억 달러어치를 수출해야 한다.

지난 냉전시대에는 러시아나 북한 등 사회주의 국가에서 달러를 위조한다는 언론보도가 심심치 않게 나오곤 했다. 이런 것을 소재로 만든 소설이나 영화도 드물지 않았다. 그러나 엄밀하게 말해서 달러 위조는 범죄가 아니다. 국내에서야 국가의 화폐 발행의 독점권을 유지하려니까 민간의 화폐 제작을 처벌할 수밖에 없고 그와 같은 국가의 독점권은 헌법과 법률의 보호를 받고 있다.

그러나 국제무대에는 세계정부도 세계법도 없다. 실패한 달러 위조는 선의의 피해자를 발생시키고 유통질서를 불안하게 만드는 부작용이 있어서 문제가 있다. 하지만 성공한 달러 위조에는 그러한 부작용이 전혀 없다. 달러의 독점적 지위를 보장하는 법률이 있는 것도 아니다. 게다가 세계경제는 해마다 더 많은 달러를 요구한다. 이 요구에 성공적으로 부응하는 것을 비난할 이유가 없는 것이다. 어디, 정말 솜씨 좋은 화폐 위조 기술자 없나?

국제금융자본의 '모럴 해저드'

제도의 허점을 악용해 내 이익만 챙기려는 모럴 해저드(moral hazard : 도덕적 해이) 현상이 사회 전반에 독버섯처럼 확산되고 있다. 신의와 성실 의무를 다하지 않는 도덕적 해이 현상이 심각한 '한국병'으로 자리잡아 개혁의 발목을 잡고 있는 것이다. 최근 금융기관의 잇따른 현금사고는 빙산의 일각에 불과하다. 국민은행 금고관리 직원이 21억 원의 현금을 빼돌렸다 붙잡혔고 농협 직원이 2억 원을 훔치는 등 금융사고는 고객의 돈을 내 돈인 것처럼 착각하고 있는 현실에서는 필연적으로 일어날 수밖에 없다. 또 환자를 볼모로 자신들의 이익을 관철하려 한 사상 초유의 의료대란도 모럴 해저드의 범위에 들어간다.

이 글은 각종 사건 사고와 집단적 이해 대립 때문에 사회가 몹시 어수선했던 2000년 여름 어느 신문의 기획기사 일부를 요약한 것이다. 굳이 어느 신문이라고 밝힐 필요는 없다. 당시 내로라 하는 신문들이 모럴 해저드 현상에 대해 거의 비슷비슷한 기획기사를 앞다투어 실었기 때문이다. 그런데 은행 직원이 고객 돈을 훔처 술값으로 탕진하고, 의사들이 의약분업에 반대하면서 파업을 벌인 걸 두고 모럴 해저드라고 할 수 있을까? 이 말을 이런 데 마구잡이로 쓰는 분들에게는 죄송한 말씀이나, 이런 건 '범죄'나 '반사회적 집단행동'이라고 해야지 '모럴 해저드'라고 해서는 곤란하다. '빅딜'이니 뭐니, IMF 경제위기 이후 이역만리 한국에 와서 고생하는 영어 단어가 한둘이 아니지만, 모럴 해저드는 그 오남용의 정도가 심해도 너무나 심하다. 특히 경제학을 전공한 사람들이 거기 가담하는 것은 무지의 소치로 볼 수밖에 없다. 왜냐하면 모럴 해저드는 '합리적 경제인'의 신중한 선택에 따른 행동이고, 따라서 도덕적 비난이나 법률적 처벌의 대상이 될 이유가 없는 '합리적 행동'이기 때문이다.

우리 사회의 모럴 해저드 남용 현상은 아마도 '모럴'이라는 수식어 때문이 아닌가 싶다. 대한민국의 자칭 지도층과 전문가들이 '도덕'으로 국민을 '훈육'하는 데 남다른 재능과 열정을 가진 사람들이니 그럴 법하지 않은가. 이런 분들의 말씀에 따르면, 파산 직전의 증권회사 임직원들이 종업원 전원을 해고하는 대신 목돈을 쥐어주고 명예퇴직시키기로 합의한 것이나, 퇴출은행 직원들이 잔돈푼 입출금을 계속함으로써 인수은행의 창구업무를 마비시킨 것도 모럴 해저드다. 사용자의 감시가 없을 때 노동자가 게으름을 피우는 것도 그렇고, 1인당 국민소득이 1만 달러밖에 안 되는 나라 국민이 2만 달러가 넘는 나라로 김포공항이 미어터지도록 해외여행을 다니는 것도 마찬가지로 모럴 해저드란다. 이런 말씀들은, 적어도 모럴 해저드와 관련해서는, 모두 몹시 부적절하고 엉뚱한 것이다.

모럴 해저드는 원래 보험시장에서 처음 관찰된 현상이다. 보험은 사망·질병·화재 등 통계적으로 확률을 계산할 수 있는 위험이 현실화할 때 발생하는 경제적 비용을 보험회사가 책임지는 대신, 가입자가 평소 일정액의 보험료를 보험회사에 납부하는 계약을 말한다. 그런데 보험회사에게는 해결하기 어려운 사업상의 문제가 하나 있다. 가입자가 보험계약을 맺은 다음에 예전보다 사고가 일어날 확률이 높은 위험한 행동을 하거나, 보험회사의 재정적 부담을 크게 가중시키는 행동을 하더라도 그걸 일일이 감시하거나 제지할 수 없다는 것이다.

이런 일반론적인 설명은 너무 따분하니까 구체적인 예를 하나 들어보자. 불조심을 잘 하는 사람이 하나 있다고 하자. 그는 누가 시키지 않아도 꺼진 연탄불을 다시 살펴보고 침대에서는 담뱃불을 조심한다. 정기적으로 누전 점검도 하고 소화기도 때가 되면 새것으로 갈아둔다. 그런데 이 사람이 화재보험에 가입했다고 하자. 만에 하나 불이 나면 죽을 수도 있으니까 여전히 조심을 하긴 할 것이다. 하지만 그 조심하는 자세가 예전만큼 철저하지 않을 수는 있다. 불이 나더라도 보험회사가 피해를 보상해 줄 것이기 때문이다. 게다가 누전 점검이나 소화기 교체에는 비용이 들고 침대에서 느긋하게 담배 피우는 즐거움을 참는 '괴로움' 도 비금전적 비용이라고 할 수 있다. 어차피 보험회사에서 책임을 질 텐데 내가 뭐하러 돈 들이고 신경을 써야 하나, 이렇게 생각하게 되면 이 사람이 불을 낼 확률은 보험 가입 이전보다 높아진다. 이처럼 보험계약의 존재로 인해 보험계약이 없는 경우보다 사고가 날 위험이 높은 행동을 하게 되는 것을 '사전적(事前的, ex-ante) 모럴 해저드' 라고 한다.

문제는 여기서 그치지 않는다. 실제로 불이 났을 경우 이 사람은 어떻게 할까? 보험이 없다면 일단 불을 끄려고 최선을 다할 것이고, 실패하는 경우 가능하다면 귀중품과 현금 정도는 챙겨서 나오려고 할 것이다. 하지만 보험에 가입해 있다면 굳이 목숨을 걸고서 그런 일을 할 동기가 줄어든다. 이렇게 되면 화재 피해액은 높아지게 마련이다. 보험계약의 존재로 인해 위험이 현실화할 경우 그 피해규모가 보험이 없을 때보다 커지는 것이다. 이것을 '사후적(事後的, ex-post) 모럴 해저드' 라고 한다.

이런 현상은 민간보험과 사회보험을 막론하고 모든 종류의 보험시장에서 관찰할 수 있다. 의료보험이 없다면 사람들은 질병 예방에 더 신경을 쓸 것이고, 병에 걸릴 경우에도 되도록 돈이 적게 드는 치료 방법을 쓰려고 할 것이다. 스키 초보자가 겁도 없이 곧바로 슬로프를 타는 무모한 행위도 아마 줄어들 것이다. 자동차보험이 없다면 운전자들이 안전운전에 더 신경을 쓸 것이다. 고용보험이 매우 잘 갖추어져 있는 경우 노동자들은 그렇지 않은 경우보다 해고당할 위험이 높은 행동을 할 수 있다.

모럴 해저드는 보험이라는 좋은 제도를 실시하는 데 따르는 불가피하고도 자연스러운 동반증상이다. 그 밑바닥에는 자기의 금전적·비금전적 이익을 최대화하고 비용을 최소화하려는 '합리적 경제인' 의 이해타산이 놓여 있으며, 이것은 자유로운 시장경제와 개인의 자유를 기본원리로 삼는 사회와 썩 잘 어울린다. 모럴 해저드는 '제도의 허점을 이용해 내 이익만을 챙기려는 한국병' 이 아니며 반사회적 범죄행위는 더더욱 아니다. 소위 '지도층' 과 언론이 비난을 퍼붓는다고 해서 없어질 그런 현상도 물론 아니다.

모럴 해저드 현상은 대처하기가 쉽지 않다. 자칫 잘못 대응했다가는 보험시장이 무너지고 만다. 어느 시점에서 자동차보험 제도가 처음 도입되었다고 가정해 보자. 보험회사는 연평균 자동차 사고율과 평균 피해액수를 토대로 보험금 지급 규모를 추정할 수 있다. 여기에다 직원들의 인건비와 관리비 등 경비도 써야 한다. 또 투자자금에 대한 보상과 차입금에 대한 이자도 지불해야 한다. 가입자 수에다 보험료를 곱한 만큼 되는 수입이 이 모두를 감당할 수 있는 수준에서 보험회사는 보험료를 결정할 것이다.

그런데 보험회사는 운전자 개개인이 사고를 낼 확률이 얼마나 높은지를 알 수 없다. 물론 운전자들은 자기가 얼마나 안전하게 또는 난폭하게 운전을 하는지 알고 있다. 안전에 몹시 신경을 쓰는 운전자(좋은 고객이라고 하자)는 보험회사에 그런 이야기를 하고 보험료를 깎아주기를 원할 것이다. 하지만 그런 말을 한다고 해도 보험회사로서는 받아들일 수가 없다. 사실 여부를 일일이 확인할 도리가 없기 때문이다. 반면 난폭운전자(나쁜 고객이라고 하자)는 자기가 사실 사고 칠 위험이 크다고 보험회사에 고백할 이유가 없다. 누가 손해볼 짓을 하겠는가.

가입자 개개인의 사고확률을 알 수 없기 때문에 모든 가입자에게 똑같은 보험료를 물린다면 어떤 일이 벌어질까? 보험회사는 사전적·사후적 모럴 해저드 때문에 예전의 통계보다 사고율도 높고 피해규모도 크다는 사실을 알게 된다. 적자를 보는 건 당연하다. 보험회사는 보험급여를 줄이거나 보험료를 올려야 한다. 그러면 제일 '좋은 고객'들은 자기가 각종의 금전적·비금전적 비용을 들여 차를 제대로 정비하고 안전운전을 했는데도 보험료가 올랐기 때문에 보험을 탈퇴하려 할 것이다. 반면 '나쁜 고객'은 좀더 많은 보험료를 내더라도 그대로 남는 것이 유리할 것이다.

고객 가운데 '나쁜 고객'의 비중이 높아지면 보험회사의 경영은 더욱 어려워진다. 또다시 보험료를 인상하면 그 다음으로 '좋은 고객'들이 보험을 떠나기 때문에 문제는 더욱 악화된다. 이런 일을 반복하면 결국 보험회사는 '좋은 고객'을 모두 몰아내고 '나쁜 고객'만 골라 거래를 하는 결과가 된다. 보통 말하는 선택이란 나쁜 것을 버리고 좋은 것을 골라잡는 것을 말한다. 그런데 이 경우에는 보험회사가 좋은 것을 버리고 나쁜 것을 택한 셈이기 때문에 이것을 '역선택'(逆選擇,

adverse selection)이라고 한다.

자동차보험에는 본인부담금이 있다. 이것이 없으면 보험료가 훨씬 비싸다. 스스로 사고 위험이 높다고 생각하는 '나쁜 고객'은 돈을 많이 내고 이런 보험에 들고, 조심해서 운전하는 '좋은 고객'이라면 본인부담금이 있는 대신 보험료가 싼 쪽에 들라는 것이다. 운전자의 나이와 성별에 따라서 보험료에 차등을 두는 것은 사고율이 다르게 나타나기 때문이고, 무사고 기간을 기준으로 보험료를 할증하거나 할인하는 것도 검증된 '좋은 고객'에게 걸맞는 대우를 해줌으로써 '역선택'을 막기 위함이다. 마찬가지 이치에서 의료보험에도 본인부담금이 있다. 건강을 보살피는 데는 비용이 들게 마련이고, 이런 비용을 들이는 사람은 병원을 덜 찾기 때문에 본인부담금을 절약할 수 있다.

그런데 모럴 해저드가 보험회사와 사회보험 관리자들만 괴롭히는 것은 아니다. 경제학자들은 더욱 괴롭다. 이것이 아담 스미스에서 시작돼 신고전파 경제학자들이 완성한 이른바 주류경제학의 조화론적 세계관을 심각하게 위협하기 때문이다. 스미스는 "개개인이 자유롭게 자기의 이기적 욕망 충족을 추구할 때, 사회 전체의 후생 또는 국부(國富)의 증진이라는 공동선이, 일부러 그렇게 하려고 할 때보다 더 잘 이루어진다"는 시장경제의 기본원리를 논증했다. 신고전파 경제학자들은 이것을 일종의 신앙으로 승격시켰으며, 오늘날 '시장은 선이요, 국가는 악'이라는 모토를 들고 기업의 자유를 소리 높여 외치는 시장 광신도들은 아직까지도 이 교조를 믿어 의심치 않는다.

그런데 모럴 해저드라는 기묘한 현상은 이기적 욕망을 좇는 개인의 합리적 행동이 국민경제를 망치고 사회 전체의 후생을 갉아먹는다는 것을 보여준다. 보험 가입자들의 모럴 해저드는, 개인의 관점에서 보면 주어진 조건 아래서 최대한의 이기적 욕구 충족을 추구하는 '합리적 행동' 이지만, 사회 전체로 보면 감당할 수 없는 부담을 초래하는 '파괴적 행동' 인 것이다. 만약 보험뿐만 아니라 경제활동의 다른 영역에서도 광범위하게 같은 현상이 벌어질 경우 스미스의 이론을 계승한 시장주의자들의 조화론적 세계관은 치명타를 맞고 만다. 그런데 불행하게도 모럴 해저드는 한국과 같은 개별 국민경제뿐만 아니라 국제금융시장에서까지도 횡행하는 '글로벌'(global)한 문제로 드러났다. 그것은 '한국병' 이 아니라 '세계병' 이다.

우리나라 금융기관과 대기업들은 도산이라는 위험에 대비한 '의사(疑似)보험' 을 만들어놓았다. '의사' (疑似)란 진짜는 아니지만 아주 비슷한 어떤 것을 말한다. 아무런 보험계약도 존재하지 않지만 대기업과 금융기관들에게는 국가가 보험회사 같은 존재라는 이야기다. 이른바 '은행불사' · '재벌불사' 신화는 이러한 '의사보험' 의 존재 때문에 생긴 것이다.

앞에서 이미 말한 바와 같이 넓고 복잡한 사회적 분업과 경제생활의 상호의존성을 본성으로 하는 고도 산업사회는 일종의 고등동물과 같다. 금융기관은 분업사회라는 고등동물의 대동맥이다. 이것을 통해서 화폐가 혈액처럼 국민경제의 구석구석까지 순환한다. 생산의 큰 몫을 담당하는 재벌그룹들은 노동하는 손과 발이라고 할 수 있다. 금융기관과 재벌기업이 쓰러지는 것은 대동맥이 막히고 손발이 잘리는 것을 의미한다. 국민경제 전체가 회복하기 어려운 치명상을 입는 셈이다. 따라서 어떤 정부도 대규모 금융기관과 재벌의 도산을 방치할 만큼 무모하지는 않을 것이라고 누구나 예측할 수 있다.

국가가 금융기관과 대기업의 도산을 막아준다면 보험회사나 다를 바 없다. 그 덕분에 재벌과 금융기관들은, 이익은 사유화하고 손실은 사회의 책임으로 떠넘기는 식의 '합리적이고 이기적인 행동' 을 할 수 있었다. 원래 시장은 효율적인 기업에게는 이윤이라는 상을 주고 비효율적 기업에게는 도산과 퇴출이라는 벌을 내린다. 그러나 국가가 금융기관과 대기업의 도산과 퇴출을 막는 보험자 역할을 하면 적자생존의 원리를 실현하는 시장의 상벌 기능은 효력을 잃고 만다.

상벌 기능이 정지된 시장은 효율성을 상실한다. 금융기관이 부실대출을 일삼고 대기업이 위험도가 매우 높은 대형투자를 마구잡이로 할 수 있었던 것은 바로 국가라는 보험회사가 있었기 때문이다. 이것은 보험료를 받는 정상적인 보험회사가 아니다. 그래서 은행과 재벌기업 경영자들은 이 괴상한 보험을 운영하는 대통령과 유력 정치인, 정당과 공무원들에게 개별적으로 '보험료'를 냈다. 정권이 바뀔 때마다 끝없이 불거지는 대형 뇌물 사건은 은행과 대기업을 위한 '도산보험'(倒産保險) 시장의 규모가 엄청나게 크다는 것을 의미한다.

이러한 '정경유착'은 재벌총수와 자유기업원을 비롯한 재벌의 이데올로그들이 주장하는 것처럼, 주어진 정치적 조건에서는 불가피한(아마도 내심으로는 '최선'이라고 말하고 싶겠지만) 선택이었다. 재벌기업 입장에서 보면 합리적인 행동이었다는 말이다. 물론 옳은 말이다. 그러니 이 문제와 관련해서 재벌총수나 은행장 개개인을 '도덕적'으로 비난하는 것은 별 의미가 없다. 그들로서는 그렇게 하는 것이 '이문이 남는' 합리적이고 현명한 일이었다. 만약 부실 금융기관과 부실기업의 회생을 위한 자금(보험금)이 보험료를 받아먹은 정치인과 공무원들의 호주머니에서 나온다면 아무런 문제가 없는 일이다. 문제는 그 보험금을 궁극적으로 납세자들의 호주머니를 털어 조성한다는 데 있다. 이런 점에서 전경련과 개별 재벌그룹들이 돈을 대는 연구소에 몸담고 있는 '경제 전문가'들이 남의 모럴 해저드를 비난하는 것은 무척이나 뻔뻔스러운 짓이다. 자기네가 바로 모럴 해저드의 수혜자가 아니던가.

모럴 해저드는 일국적인(national) 문제가 아니라 글로벌(global)한 골칫거리다. 사회적 분업과 상호의존성이라는 면에서 '세계화된 세계경제' 역시 하나의 고등 동물이다. 한국이 경제위기에 빠지면 뉴질랜드의 신문용지 공장이 도산을 하고, 아시아 위기가 깊어지면 미국의 사치품 제조업체가 휘청거린다. 미국에서 공황이 발생할 경우 세계경제 전체가 멍든다는 것은 불문가지의 사실이다. 미국을 비롯한 선진 자본주의 국가 정부들은 그래서 멕시코나 인도네시아, 말레이시아와 한국 같은 상대적으로 조그만 국민경제의 '도산'을 방치하지 못한다. 고등동물은 손가락 하나만 잘려도 잘못하면 목숨을 잃을 수 있다. 아니 죽지는 않아도 최소한 몸 전체가 통증을 느낀다.

국제금융시장의 투기꾼(이건 욕이 아니다. 자본주의 사회에서 이루어지는 모든 형태의 거래에는 많든 적든 투기적 요소가 포함돼 있다. 따라서 조지 소로스 같은 인물은 투자자라고 해도 좋고 투기꾼이라고 해도 무방하다.)들은 스스로 이런 점을 잘 알고 있으며, 선진 7개국 국가원수와 IMF 고위인사들이 이런 사실을 잘 안다는 것까지도 확실하게 안다. 예컨대 멕시코가 대외채무 지급불능(이른바 모라토리움)을 선언하면 미국 투자은행이 엄청난 손실을 보고, 그러면 미국경제가 악영향을 받아서 집권당이 재집권하는 데 애로사항이 많아진다. 인도네시아나 한국의 경우도 크게 다르지 않다. 그러니 세계경제의 손가락 하나에 종기가 생기면, IMF가 나서서 응급처방을 하고 고름을 빼고 붕대를 감아준다. 물론 그렇게 해서 손가락이 멀쩡해지는 것은 아니지만 어쨌든 당분간 견딜 만해지는 것은 사실이다.

미국의 금융기업들은 합법적 정치헌금 형식으로 미국의 정당에 적지 않은 '보험료'를 낸다. 일본과 독일 등 다른 선진국에서도 스토리는 비슷하다. 캉드쉬 총재는 연봉을 많이 받으니까 굳이 뇌물을 먹일 필요도 없을 것이다. 미국의 대형 투자

은행을 비롯한 국제금융 투자가들은 자국 내에서보다 몇 배나 높은 이자를 받고 아시아와 라틴 아메리카 신흥국가 기업과 금융기관에 돈을 빌려주었다. 떼일 염려가 없으니까 마음놓고 빌려준 것이다. 문제가 생기면 IMF가 개입할 것이고, 그러면 해당 국가 정부의 지불보증을 받아서 중장기 채권으로 전환해주고, 또 리스크(risk)가 높다는 이유를 달아서 이자를 더 받을 수도 있다. IMF가 빌려주는 돈은 결국 선진산업국 정부가 자기네 납세자들의 부담으로 조성할 것이고, 그 이자는 국가부도 위기에 빠진 나라 납세자들이 낼 것이다. 우리는 1997년 가을 외환위기 이후 몇 년 동안 이런 사태를 정확하게 목격했다.

태국과 말레이시아, 한국의 경제를 위기에 빠뜨렸고, 러시아와 라틴 아메리카 나라들을 위협하는 국제 금융위기는 이렇게 해서 시작되고 진행된 것이다. 미국 국무장관을 지낸 슐츠는 차라리 IMF를 없애버리는 편이 낫겠다고 개탄해서 여러 사람을 놀라게 한 적이 있는데, 세계경제를 지배하는 미국의 국무장관으로서 IMF가 국제금융시장의 모럴 해저드를 부추기는 것을 누구보다도 가까이서 목격한 사람의 말이니만큼 그대로 믿어도 좋을 것이다.

시장경제의 가장 중요한 원칙 가운데 하나가 '자기책임의 원리' 다. 시장은 위험과 불확실성이 지배하는 경쟁 무대이고, 이 경쟁에 참가하는 자는 자기가 한 선택의 결과에 대해 자기가 책임져야 한다. '이익의 사유화' 와 '손실의 사회화' 를 도모하는 모럴 해저드는 개인의 입장에서는 합리적이지만 사회 전체로 보면 '자기책임의 원리' 를 무너뜨리는 결과를 초래한다. 모럴 해저드는 도덕적 훈계가 아니라 제도적 보완을 통해서만 완화할 수 있다.

국제금융시장의 모럴 해저드를 완화하는 제도적 장치는 이미 개발되어 있다. 노벨경제학상 수상자인 제임스 토빈(James Tobin)은 IMF가 관리하던 국제적 고정

환율 제도가 붕괴한 1970년대 초, 국제금융자본의 투기행위로 인한 국제금융시장의 혼란을 예견하고 투기적인 외환거래에 대한 과세를 주장했다. 토빈의 제안은 당시로서는 기우(杞憂)처럼 보였다. 하지만 컴퓨터 통신망의 발전으로 날개를 단 투기자본이 눈 깜짝할 사이에 뉴욕에서 지구 반대편에 있는 동경으로 건너가 거래를 성사시키는 오늘날의 현실에 비추어보면 한 시대를 앞서간 선견지명이었다.

토빈의 아이디어는 단순하다. 국가의 경계선을 넘어서는 금융거래가 자유롭게 이루어지고 그 거래비용이 매우 적으면 0.1% 수준의 수익률 차이만 있어도 대규모 자금이 이동한다. 이러한 국제적 금융거래에는 상이한 화폐 사이의 교환이 따른다. 그런데 이 가운데 상품과 서비스의 국제거래를 직접 뒷받침하기 위한 금융거래는 일부 전문가들의 추정에 따르면 전체의 2%에 불과하다. 나머지는 실물경제와 직접 관련이 없는 투기적 금융거래인 것이다. 예컨대 0.1%의 수익률 격차 때문에 지구 반대편까지 이동하는 뭉칫돈은 도처에서 환율 파동을 야기하고 취약한 국민경제를 유동성 위기에 빠뜨린다. 토빈의 표현에 따르면 이것은 너무 빨리 넘어가는 자동차 변속기와 같다. 이것을 좀 늦추려면 흙을 뿌려야 한다. 한 번 국제거래를 할 때마다 거래액의 0.1% 정도를 세금으로 징수하자는 것이다. 이것이 토빈세(Tobin-tax)다.

미국의 자본이 일본으로 갔다가 다시 미국으로 돌아오려면 두 번 세금을 내야 한다. 미국과 일본의 이자율 격차가 0.2%를 넘지 않는 한 이 거래를 하면 손실을 입는다. 국제금융거래에 들어가는 비용을 키우면 투기적 금융거래가 줄어들 수밖에 없다는 것이 토빈의 착상이었다. 이렇게 조성한 세금으로 국제금융질서를 건전하게 유지하고, 세계화 과정에서 어려움을 겪는 저개발 국가의 발전을 지원한다면 금상첨화라는 제안도 덧붙여졌다.

토빈세는 프랑스와 독일을 비롯해서 사회민주당 등 좌파 정권이 수립된 유럽에서 큰 관심을 끌고 있다. 프랑스 조스팽 총리와 독일 슈뢰더 총리 등은 토빈세를 도입하자는 반세계화 운동 단체들의 주장에 동조하고 있다. IMF 쾰러 총재도 NGO 대표들과 만난 자리에서 토빈세 도입을 검토하겠다는 개인적 견해를 밝힌 바 있다. 그러나 현재로서는 토빈세가 도입될 가능성은 매우 희박하다. 토빈세 도입을 위해서는 어느 한두 나라가 아니라 전세계 국가의 공동행동이 필요한데, 국제금융시장의 맹주인 미국이 코웃음을 치고 있기 때문이다. 이건 물론 국제금융시장의 모럴 해저드를 즐기는 투기적 금융자본의 본거지가 미국이기 때문이다.

다시 말하지만 국제금융시장의 투기꾼들을 '도덕적'으로 비난하는 것은 아무런 의미가 없다. 그들은 어디까지나 '이윤 극대화'를 추구하는 경제인으로서 당연히 해야 할 '합리적 행동'을 했을 뿐이다. 비난을 받아야 할 사람은 경제학과 경제학자들이다. 경제학자들은 모럴 해저드 현상이 경제생활의 다양한 영역에서 일상적으로 표출되고 있는데도 강의실에서는 여전히 "각자가 이기적 욕망을 추구하면 일부러 그렇게 하려고 하는 경우보다 더 잘 사회적 공동선이 이루어진다"는 조화론적 세계관을 가르치고 있다.

모럴 해저드를 비판하는 경우에도 자기는 슬쩍 빠져나간다. 우리가 외환위기를 맞았을 때 한국 금융기관과 재벌의 모럴 해저드를 강도 높게 비판했던 폴 크루그먼 같은 세계적 경제학자도 미국의 투기자본이 야기하는 국제금융시장의 모럴 해저드에 대해서는 입을 굳게 다문다. 금융기관 경영진과 노동조합 지도자들의 모럴 해저드를 비난하고, 국민연금과 고용보험을 비롯한 사회보험이 모럴 해저드를 조장한다고 외치는 전경련 산하 한국경제연구원이나 자유기업원의 이데올로그들은 재벌기업과 그룹 총수들의 모럴 해저드에 대해서는 모르쇠로 일관한다.

너른 아량으로 이해해 주자. 자본가의 존재 근거는 이윤이지만 경제학자의 존재 근거는 이데올로기의 생산임을. 이데올로기도 때로는 진실을 담지만, 그 진실이란 것도 알고 보면 반쪽짜리이게 마련인 법. 스스로 자기 먹을 것을 생산하지 못하는 경제학자의 슬픈 운명을 이해한다면, 반쪽의 진실만을 이야기함으로써 생존의 근거를 마련하는 행위도 눈감아줄 수 있는 일 아니겠는가.

더 깊이 알고자 하는 독자를 위한 권장도서

1 인터넷서점 알라딘에 들어가 『경제학원론』을 검색하면 국내 학자가 쓴 똑같은 제목의 책이 무려 50여 권이나 뜬다. 이 책을 쓰면서 주로 참고한 교과서는 이준구·이창용, 『경제학원론』(1997, 법문사)이다. 내용이 본질적으로 다른 건 아니지만 초보자가 겪는 어려움을 고려하여 친절하게 서술하였고 현실의 경제문제에 접근하고 경제이론의 역사적 배경을 이해시키려는 노력이 돋보이는 좋은 교과서이기 때문이다. 외국 학자가 쓴 책으로 딱 한 권만 든다면 그레고리 맨큐, 『맨큐의 경제학』(김경환·김종석 옮김, 제2판, 2001, 교보문고)을 권할 만하다.

2 경제현상에 대한 기술적인 분석방법을 배우기보다는 경제학적 사고방식을 익히고 경제현상에 대한 다양한 접근방식을 폭넓게 이해하고 싶은 사람들은 경제학 교과서를 읽을 필요가 없다. 오늘날의 경제학이 만들어진 역사와 거기서 한몫을 한 경제학자들의 삶을 흥미진진하게 묘사한 책이 얼마든지 있기 때문이다. 경

제사상과 이론과 역사에 대한 관심이 많은 독자들은 토드 부크홀츠, 『죽은 경제학자의 살아있는 아이디어』(김영사, 1994), 로버트 하일브로너, 『고전으로 읽는 경제사상』(민음사, 2001), J. K. 갤브레이스, 『불확실성의 시대』(홍신문화사, 1995), E. K. 헌트, 『경제사상사』(풀빛, 1983), 이근식, 『자유주의 사회경제사상』(한길사, 1999)에서 큰 지적 쾌락을 얻을 수 있을 것이다.

3 경제학이 선택에 관한 학문인 만큼 그 응용범위에는 사실상 한계가 없다. 인간생활의 일상사를 모두 경제원리에 입각해서 분석하고 평가할 수 있다는 이야기다. 좁은 의미의 경제현상을 벗어나 사회·문화 생활 전반의 문제에 경제학이 어떻게 대응하는지에 관심이 많은 독자들에게는 아마티아 센, 『자유로서의 발전』(세종연구원, 2001), 다니엘 랜스버그, 『안락의자의 경제학자』(한화경제연구원, 1997), 토드 부크홀츠, 『유쾌한 경제학』(김영사, 1997)을 추천한다.

4 이 책을 포함하여 웬만한 경제학 책에는 한 번쯤 그 이름이 나오는 경제학 고전으로 오늘날의 독자들이 그나마 흥미를 유지하면서 읽을 만한 것으로는 아담 스미스, 『국부론』(두산동아, 1992), 헨리 죠지 『진보와 빈곤』(비봉출판사, 1997), J. M. 케인즈, 『고용 이자 및 화폐의 일반이론』(비봉출판사, 1989), T. R. 맬더스, 『인구론』(을유문화사, 1988), F. A. 하이예크, 『노예의 길』(자유기업센터, 1999) 등이 있다.

5   신문 방송의 경제 관련 보도에 자주 등장하는 용어를 이해하고 경제학 지식을 실생활에 요긴하게 사용하고 싶은 독자들은 다음과 같은 실용적인 책을 참고할 수 있다.

곽해선, 『경제기사 궁금증 300문 300답 - 2002년판』(동아일보사, 2002)

박동운, 『Q&A 형식으로 엮은 시장경제 이야기』(FKI미디어, 2001)

김경훈, 『어, 그래! 경제를 알아야 돈이 보인다』(더난출판사, 2001)

김상규, 『도랑 치고 경제 잡는다』(오늘의 책, 2001)

송양민, 김영진, 『경제기사는 지식이다』(21세기북스, 2001)

6   경제학적 지식의 폭을 넓히고 깊이를 더함으로써 현대경제학의 흐름을 따라잡으려 하는 독자, 세계화에 수반되는 문명의 변화를 경제학적 시각에서 조망해 보고 싶은 독자들은 그에 걸맞은 정신적 긴장을 비용으로 지불해야 한다. 그럴 각오가 되어 있다면 다음 책들의 도움을 받아 경제적 교양을 갖출 수 있을 것이다.

미하일 고르바초프, 고명식 역, 『페레스트로이카』(시사영어사, 1990)

한스 피터 마르틴·하랄드 슈만, 『세계화의 덫』(영림카디날, 1997)

W. C. 비븐, 『누가 케인즈를 죽였나』(교문사, 1991)

폴 크루그먼, 『경제학의 향연』(도서출판 부키, 1997)

프랜시스 후쿠야마, 『트러스트』(한국경제신문사, 1996)

피터 L. 번스타인, 『황금의 지배』(경영정신, 2001)

마이클 J. 울프, 『오락의 경제』(리치북스, 1999)

앨빈 토플러, 『권력이동』(한국경제신문사, 1990)

로버트 라이시, 『부유한 노예』(김영사, 2001)

수잔 스트레인지, 『매드 머니 - 정보의 통제를 벗어난 시장』(푸른길, 2000)

시오자와 요시노리, 『왜 복잡계 경제학인가』(푸른길, 1999)

7 다음은 참고문헌 가운데 독자들에게 권할 생각이 별로 또는 전혀 없는 것
들을 모은 것이다. 혹시 학술적인 욕구가 남다른 독자가 있을 경우에 대비한 것이
기 때문에 경제학이나 관련 학문을 전공하지 않는 분들은 무시하고 지나쳐 마땅한
목록이다.

변형윤·이정전, 『분배의 정의』(집문당, 1994)

이준구, 『소득분배의 이론과 현실』(다산출판사, 1992)

안두순·안석교·Peter Mayer 엮음, 『사회적 시장경제 - 독일의 경험과 한국에
　　주는 교훈』(세계문화사, 1999)

나린다르 싱, 『경제학과 환경위기』(비봉출판사, 1986)

죠셉 A. 슘페터, 『10대 경제학자』(한길사, 1982)

Binmore, Ken, Fun and Games: A Text on Game Theory, D.C.Heath and

Company,1992

Eucken, W., Grundsätze der Wirtschaftspolitik, 6.Aufl., UTB 1572, 1990

Leipold, H., Wirtschafts- und Gesellschaftssysteme im Vergleich, 5.Aufl., UTB
481, 1988

Leamer, E. E., What's the Use of Factor Contents?, NBER Working Paper
5448, 1996

Mill, J. S., Principles of Political Economy, New York: Augustus M. Kelley,
1965

Piper, N.,(Hrsg), Die Grossen Ökonomen, 2.Aufl., Schäffer-Poeschel, 1996

Rubner, Axel, The Economics of Gambling, Macmillan, 1966

Spree, R., "Veränderungen des Todesursachen-Panoramas und
sozioökonomischer Wandel- Eine Fallstudie zum 'Epidemiologischen
Übergang'", in: Gäfgen, G.(Hrsg.): Ökonomie des Gesundheitswesens,
Berlin, 1986, pp.73-100.

Suntum, Ulrich van, Die Unsichtbare Hand, Springer-Verlag, 1999

Wong, Kar-yiu, International Trade in Goods and Factor Mobility, The MIT
Press, 1995

Wood, A., North-South Trade, Employment and Inequality: Changing

Fortunes in a Skill-Driven World, Oxford: Clarendon Press, 1994

World Bank, Workers in an Integrating World: World Development Report 1995, Oxford University Press.

Zohlhöfcr, W., "Das Steuerungspotential des Parteienwettbewerbs im Bereich staatlicher Wirtschaftspolitik", in E. Böttcher, P. Herder-Dorneich, K. E. Schenk(hrsg.), Neue Politische Ökonomie als Ordnungstheorie, Tübingen, 1981